Aufladung Entladung

Spachteltechnik

Eine Einladung in die Kunstwelten der Gabriele Musebrink

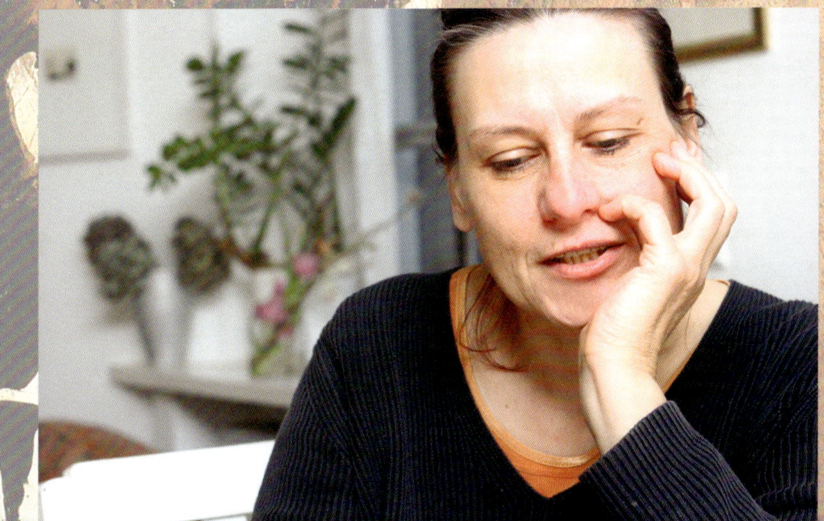

ars momentum.

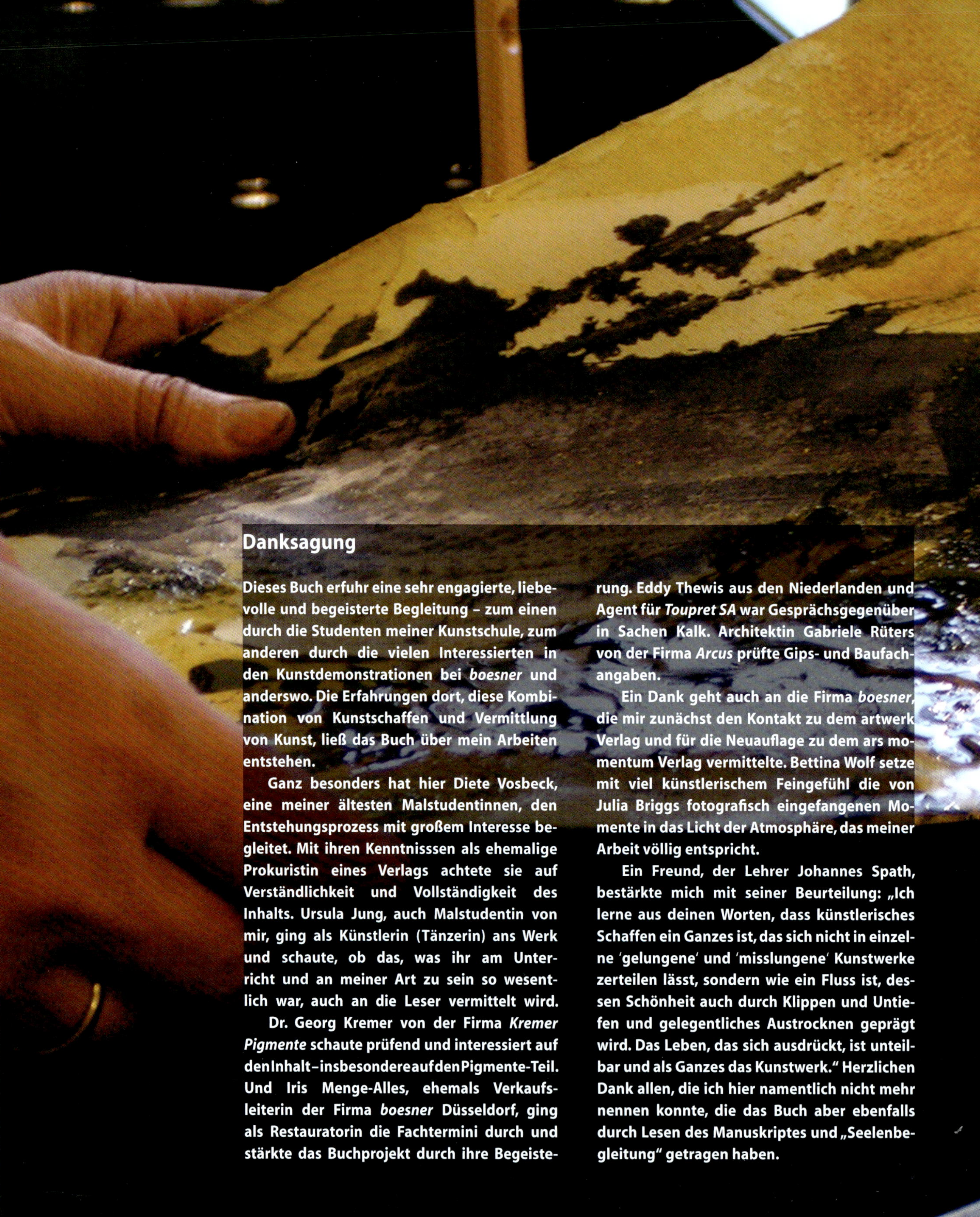

Danksagung

Dieses Buch erfuhr eine sehr engagierte, liebevolle und begeisterte Begleitung – zum einen durch die Studenten meiner Kunstschule, zum anderen durch die vielen Interessierten in den Kunstdemonstrationen bei *boesner* und anderswo. Die Erfahrungen dort, diese Kombination von Kunstschaffen und Vermittlung von Kunst, ließ das Buch über mein Arbeiten entstehen.

Ganz besonders hat hier Diete Vosbeck, eine meiner ältesten Malstudentinnen, den Entstehungsprozess mit großem Interesse begleitet. Mit ihren Kenntnisssen als ehemalige Prokuristin eines Verlags achtete sie auf Verständlichkeit und Vollständigkeit des Inhalts. Ursula Jung, auch Malstudentin von mir, ging als Künstlerin (Tänzerin) ans Werk und schaute, ob das, was ihr am Unterricht und an meiner Art zu sein so wesentlich war, auch an die Leser vermittelt wird.

Dr. Georg Kremer von der Firma *Kremer Pigmente* schaute prüfend und interessiert auf den Inhalt – insbesondere auf den Pigmente-Teil. Und Iris Menge-Alles, ehemals Verkaufsleiterin der Firma *boesner* Düsseldorf, ging als Restauratorin die Fachtermini durch und stärkte das Buchprojekt durch ihre Begeisterung. Eddy Thewis aus den Niederlanden und Agent für *Toupret SA* war Gesprächsgegenüber in Sachen Kalk. Architektin Gabriele Rüters von der Firma *Arcus* prüfte Gips- und Baufachangaben.

Ein Dank geht auch an die Firma *boesner*, die mir zunächst den Kontakt zu dem artwerk Verlag und für die Neuauflage zu dem ars momentum Verlag vermittelte. Bettina Wolf setze mit viel künstlerischem Feingefühl die von Julia Briggs fotografisch eingefangenen Momente in das Licht der Atmosphäre, das meiner Arbeit völlig entspricht.

Ein Freund, der Lehrer Johannes Spath, bestärkte mich mit seiner Beurteilung: „Ich lerne aus deinen Worten, dass künstlerisches Schaffen ein Ganzes ist, das sich nicht in einzelne 'gelungene' und 'misslungene' Kunstwerke zerteilen lässt, sondern wie ein Fluss ist, dessen Schönheit auch durch Klippen und Untiefen und gelegentliches Austrocknen geprägt wird. Das Leben, das sich ausdrückt, ist unteilbar und als Ganzes das Kunstwerk." Herzlichen Dank allen, die ich hier namentlich nicht mehr nennen konnte, die das Buch aber ebenfalls durch Lesen des Manuskriptes und „Seelenbegleitung" getragen haben.

Inhaltsverzeichnis

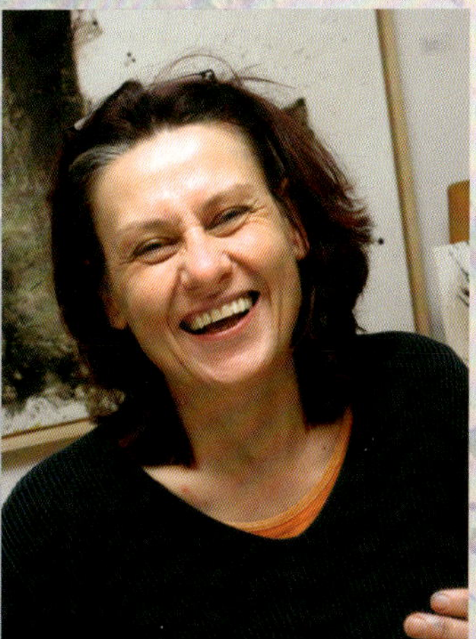

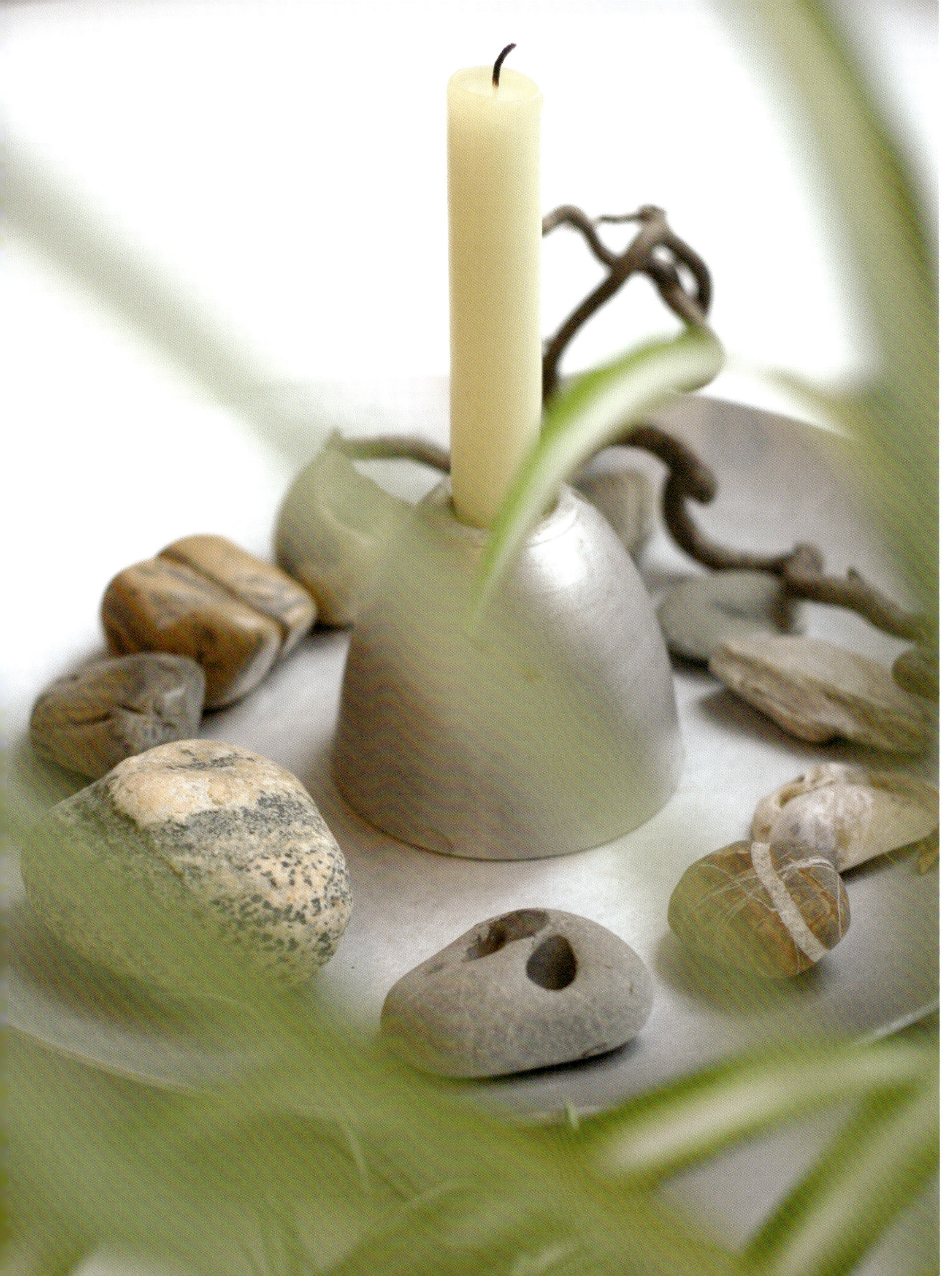

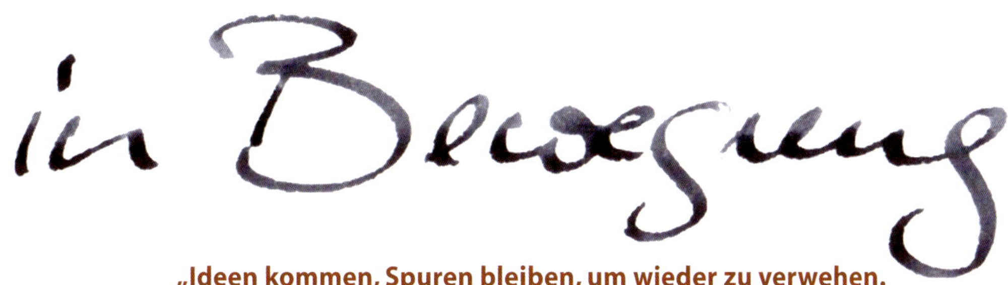

„Ideen kommen, Spuren bleiben, um wieder zu verwehen. Das einzig Beständige in unserem Dasein ist der Wandel. Wenn man sich das vor Augen führt, ist jeder Augenblick der Ausdruck einer Umformung. Alle Gegenwart wird eingeschmolzen auf einen Punkt. Was stirbt, das wird."

Gabriele Musebrink

Einführung

„Das Material macht nicht, was es soll. Und genau das ist das Spannende, das ist Leben pur."

Sie begegnen hier einem Buch, dessen Inhalt mit einer Technik zu tun hat, die in einem starken Maße dem Material an und für sich einen Stellenwert in der Entwicklung des Kunstwerks einräumt – und wie Sie sehen werden, unbedingt einräumen muss. Kommunikation ist gefordert: Das Material fordert den Malenden heraus, weil es nicht immer genau das tut, was man von ihm verlangt. Ohne ein Nachdenken darüber, ob Sie nun zu den „wahrhaft Kreativen" gehören oder nicht, macht das Material etwas: Es bekommt Risse und eine Lebendigkeit an Stellen, wo Sie es nicht vorgesehen hatten und unvermittelt sind Sie kreativ, befinden sich im Fluss intuitiven Tuns. Es geht nicht um das WAS, womit gemeint ist, dass ein neues technisches Gebiet durchgearbeitet wird. Es geht um das WIE. Und zu diesem schöpferischen Akt des kreativen Handelns mit dieser sinnlichen und stofflichen Materialität, zu diesem Spiel und dem Sich-Ausprobieren lade ich die Leser ein.

In diesem Buch werden umfassende Seiten des Einsatzes von Spachteltechniken präsentiert. Es ist und bleibt der spezielle Zugang durch mich als Künstlerin, die sich vor nunmehr zwanzig Jahren auf den Weg gemacht hat, ihre malerischen Oberflächen „in Bewegung" zu versetzen. Sie werden hier in selbst erarbeitete Zugänge eingeweiht. Gebrauchsanweisungen auf fertig zu kaufenden Spachtelmassen gibt es hinlänglich genug und lesen kann jeder. Bücher über den Einsatz dieser Massen gibt es viele auf dem Markt. Dieses Buch soll Ihnen vielmehr den Spannungsbogen bieten von Anleitung, technischen Hintergründen bis hin zu dem Aspekt, dass jede Entwicklung des Materials zulässig ist. Das Buch soll eine Basis bilden und gleichzeitig zu weiteren kreativen Ausdrucksformen einladen. So bin ich mit mir, so bin ich im Unterricht mit den Studenten, so ist das kreative Potential in jedem.

Die Fragen, die jeder für sich beantworten sollte, sind doch zunächst die: „Warum eigentlich so arbeiten: mit Strukturen?" „Warum existiert hier dieses Interesse und wieso fokussieren Sie ihre Aufmerksamkeit nicht allein auf den Auftrag der Farbe mit dem Pinsel?" Und in meinem Fall: „Warum den Pigmenten statt den fertigen Farben den Vorrang einräumen?" Warum das Unverständnis in Kauf nehmen: „Wie nennt man denn diese Technik?" Oder: „Ach ja, das ist ja in! Keiner braucht da mehr richtig malen zu können." Und für professionell arbeitende Künstler ist von Gewicht: Die Bilder mit ihrer Oberflächenbeschaffenheit sperren sich bei der Wiedergabe auf einer zweidimensionalen Ebene der Übermittlung, sie entziehen sich dem Zauber und der Unmittelbarkeit, die sie bei der direkten Ansicht vermitteln. Das macht das Präsentieren schwierig.

Die Antwort ist für mich sehr einfach: Als Künstlerin kann ich nur dem folgen, was sich und wie sich mir die Dinge öffnen. Die Frage nach dem „WARUM" ist ohne Relevanz, weil es offensichtlich ist, was geschieht.

Unmittelbarkeit

Modeerscheinungen und das, was en vogue ist in der Kunstszene, können überhaupt nicht interessieren. Sie beeinträchtigen allenfalls die Chance, dass die Arbeiten leichter oder schwerer ihren Standort auf dem Kunstmarkt erhalten. Diese Orientierung nach Außen sollte für keinen kreativ tätigen Menschen von irgendeinem Interesse sein. „Dem folgen, was sich durch einen ausdrücken möchte", darin liegt die Kraft und die Authentizität und nirgendwo anders. Jeden, der zu mir kommt und mit mir arbeiten möchte, ermutige ich zu diesem Schritt.

Zudem ist es eine Freude, wenn die Unmittelbarkeit und Körperlichkeit der Arbeiten in der direkten Schau andere auffordern, selbst kreativ zu werden, selbst zu handeln und sich auszuprobieren. Und dies ist die häufig unmittelbare Folge, wenn Menschen meine Bilder im Original gesehen haben. Sie sind bereit, Wege auf sich zu nehmen, um an einem Workshoptag oder Wochenende die Technik und ihre Hintergründe direkt kennen zu lernen.

Die Liebe zur Verwendung des Pigments, dem Ausgangsmaterial Ihrer Farbe, hat mit der Reinheit der Farbe und der Nähe zum Ursprünglichen zu tun. Doch dies war anfangs keine konzeptionelle Entscheidung, sondern entwickelte sich organisch aus einem inneren Impuls. Bei meinen ersten Arbeiten mit Pigmenten verwendete ich tatsächlich gefundene Erden, verkohlte Holzstücke und farbige Sande. In meiner über zwanzigjährigen Lehrtätigkeit wurde eines deutlich: Ob als Profession, ob in der Betrachtung oder ob als intensiv betriebenes Hobby: Schöpferischer Ausdruck berührt etwas tief in uns, was wir unterschiedlich bezeichnen und doch stets um dasselbe kreist. Wir nennen es „Authentizität", „Lebendigkeit", „Stille" und „Mitte". Studenten von mir erklären beispielsweise folgendermaßen, weshalb sie malen: „Malen bedeutet für mich Entspannung und Zulassen von Emotionalität", „Farben sind für mich Schlüssel zur Seele", „Das Experiment Leben lote ich auch in meinen Bildern aus", „Malen ist für mich wie Meditation", „Kreativität brauche ich wie Luft zum Atmen", „Sehen und Fühlen der Farbe ist Leben", „Ich möchte die Wirkung der Farben, den Einfluss des Zufalls und des Unbewussten kennen lernen" und „Durch Experimentieren mit unterschiedlichem Material und Gestaltungstechnik werde ich aus meiner Reserve gelockt: Lebensprozesse werden mir bewusst – und ich fühle mich voll und ganz als Mensch."

Es ist offensichtlich ein Grundbedürfnis zu gestalten. Auf diesem Lebensweg des Ausdrucks begegnen uns Situationen, Bücher und Menschen, die scheinbar direkt und genau im richtigen Moment zu uns kommen und sprechen. Bei mir waren es explizit fünf Künstler: Käthe Kollwitz beeindruckte mich mit ihrer für Frauen ihrer Zeit außergewöhnlichen bedingungslosen Hingabe an die Kunst. Alberto Giacometti ist die vielleicht wichtigste Begegnung: Seine Schnörkellosigkeit und sein tiefes Ringen um den authentischen Ausdruck berühren meine tiefsten Schichten. William Turners Aquarelle, gesehen in London, rührten mich zu Tränen und diese Grenzenlosigkeit der Bilder verliehen mir Flügel, sodass ich für einen Moment den Ausstellungsraum verlassen musste, um die Bilder nehmen zu können. Emil Schumachers Bilder in einer Ausstellung in Düsseldorf konfrontierten mich mit einer nicht auszuweichenden Kraft und Gradlinigkeit. Und Mstislaw Rostropovics Cellospiel in einem Konzert in Wuppertal erfüllte meinen gesamten Körper mit sprengender Energie. Zen-Meditation und die bewusstseinsvertiefende

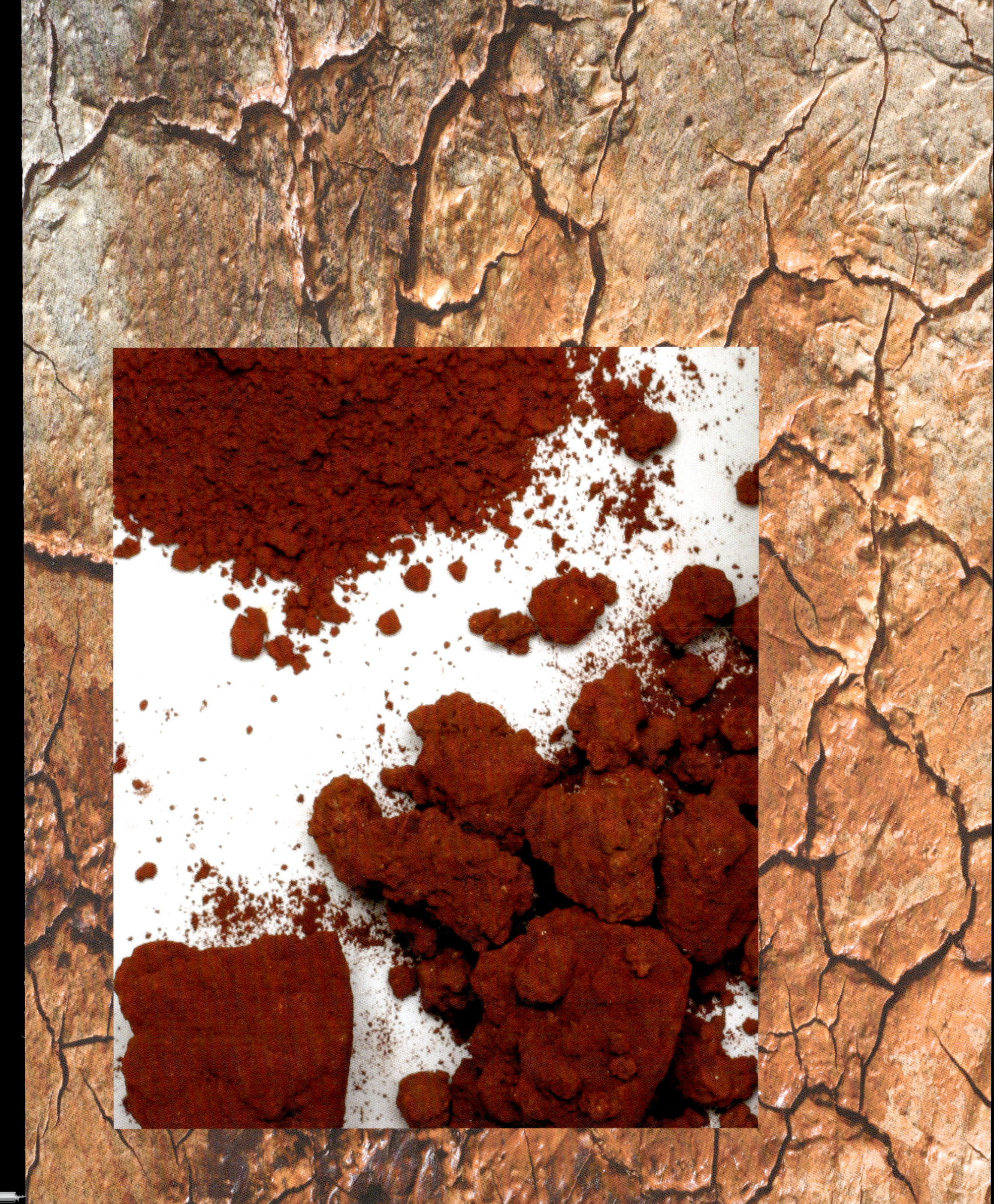

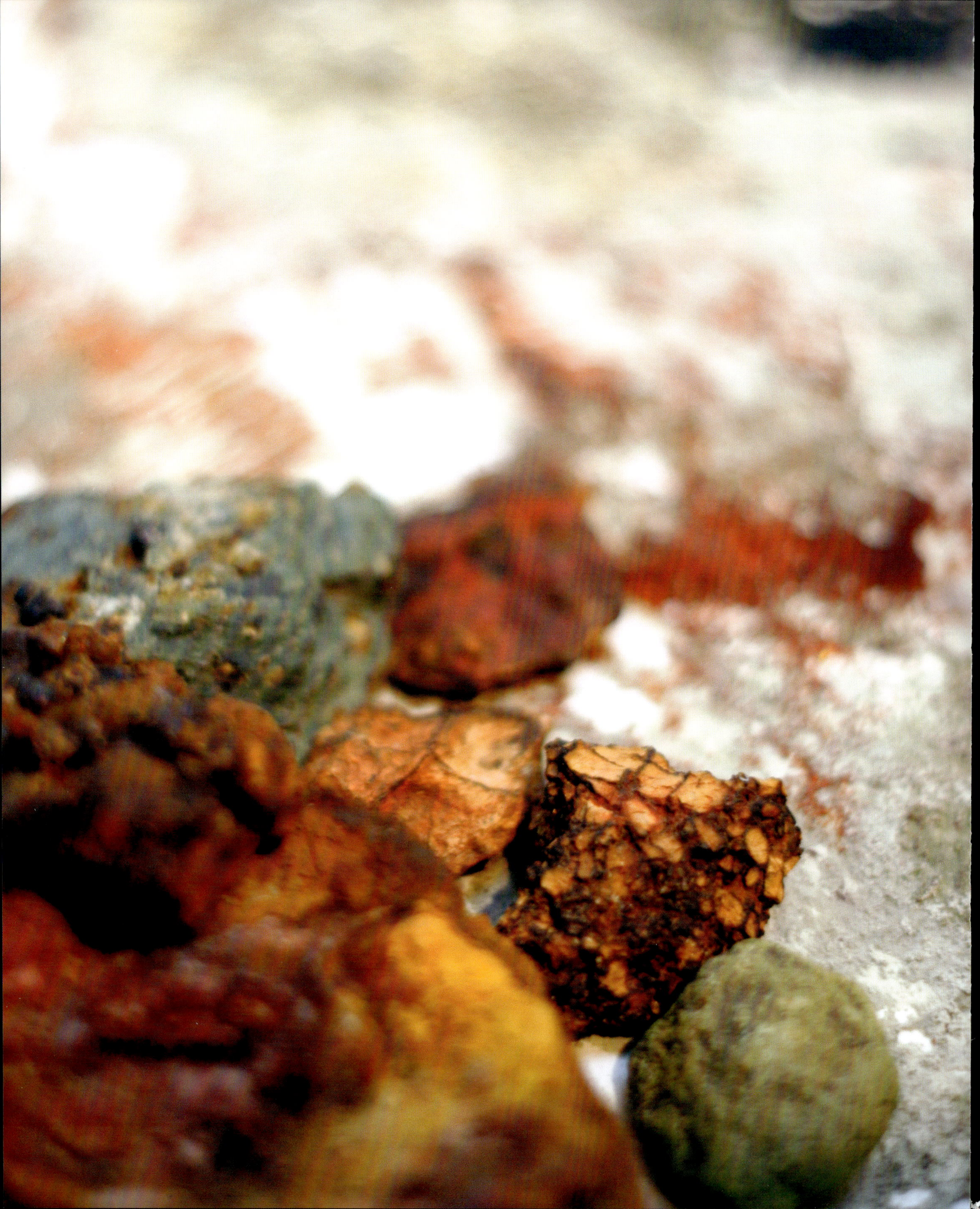

Arbeit mit OM C. Parkin stellten mir den Raum der Innenschau und Vertiefung an die Seite. Durch viele weitere Begegnungen „geschah" Lernen und mir wurde bewusst: Nichts von dem wäre in mein Leben getreten, wenn es nicht bereits einen Platz in mir gehabt hätte.

Und so ist es bei jedem Menschen: In jedem steckt ein ungeheures schöpferisches Potential. Die größte Herausforderung bietet das Leben und das Mittendrinsein. Und Kunst ist eine Möglichkeit, dieser Herausforderung Ausdruck zu verleihen: Wenn Sie den Pinsel führen, führen Sie den Pinsel, wenn Sie Sand auf die Leinwand werfen, werfen Sie Sand auf die Leinwand. Praktisch, bodenständig da sein, wo sie sind. Und das Arbeiten mit den in diesem Buch vorgestellten Spachtelmassen ist genauso, ist nur bedingt kontrollierfähig.

Als junge Frau stellte sich mir das Leben allerdings sehr anders dar: Es erschien mir höchst zweigeteilt. In der Kunst erfuhr ich mich „ganz", allein in meinem Atelier mit Innerlichkeit und Tiefe verbunden, ein Eingebundensein und Fühlen mit der ganzen Welt. Demgegenüber stand das scheinbar gegensätzliche Leben außerhalb des Ateliers, in dem ich mich unbeholfen, ängstlich und unfrei empfand. Die zwei Welten fügten sich lange nicht zusammen.

Doch das Leben stellt einem Wegbegleiter, Freunde und wunderbare Lehrer an die Seite. Alle erfuhr und erfahre ich als unschätzbare „Freischäler" von Potential. In der direkten Situation der Ereignisse ist zunächst der Blick für dieses Potential versperrt, da es nicht den gewohnten Vorstellungen entspricht. Doch jede Situation und auch jedes „missglückte" Bild ist in Wahrheit einfach nur ein Neubeginn – eine Reibungsfläche, die jeden lehrt: Das ist einfach die weltumspannende Harmonie der Kräfte von Ebbe und Flut, von Tag und Nacht, von Aufbrechen und Verschließen. Ein Teilnehmer während einer Malreise war beispielsweise nicht sehr gut im geduldigen Zuhören. Innerlich notierte er sich nicht die Verhältnisse von Wasser, Rotband und Dispersionsbinder. Vom Aufschreiben hielt er überhaupt nichts. Er bearbeitete ganz phantasievoll und im gelungenen Spannungsverhältnis die Leinwand. „Eine gute Arbeit", wie er zufrieden feststellte. Doch nach dem Trocknen gab es nicht die strukturunterstützende und äußerst haltbare Rissbildung, sondern die Strukturschicht begann zu bröckeln. In diesem Fall rate ich stets, alles herunter zu holen, was nicht richtig haftet. Es blieb nur wenig. „Was nun?" „Das ist einfach nur die neue Ausgangsbasis", riet ich ihm. Er nahm die Herausforderung an, wir lachten und dieses Bild wurde eine viel bestaunte und sehr lebendige Arbeit in der folgenden Ausstellung. Laut Heraklit zwingt uns das Leben, genau diese Konfrontation zu berücksichtigen: Das perfekte Gleichgewicht, das aus dieser Konfrontation hervorgeht, beschreibt genau diese Beständigkeit.

Ein und dasselbe ist Lebendiges und Totes und Wachendes und Schlafendes und Junges und Altes, denn dies schlägt um und ist jenes, und jenes wiederum schlägt um und ist dies.
(Heraklit)

Schöpfungskraft: Sie findet Aussagen oder Werke von Kollegen, die zu Wegbegleitern werden. In einem Buch von Keith Jonestone fand ich bereits in jungen Jahren ein Zitat von Schiller über den *„Kreativen Kopfe"*: Schiller schrieb von einer *„Wache an den Thoren des Verstandes, der die zuströmenden Ideen zu scharf mustert. Bei einem schöpferischen Kopfe hingegen, däucht mir, hat der Verstand seine Wache von den Thoren zurückgezogen, die Ideen stürzen pêle-mêle herein, und alsdann erst übersieht und mustert er den großen Haufen. Er meinte, unschöpferische Menschen schämten oder fürchteten sich vor dem augenblicklichen, vorübergehenden Wahnwitze, der sich bei allen eigenen Schöpfern findet. (...)*

Eine Idee kann, isoliert betrachtet, sehr unbeträchtlich und sehr abenteuerlich sein, aber vielleicht wird sie durch eine, die nach ihr kommt, wichtig; vielleicht kann sie in einer gewissen Verbindung mit anderen, die vielleicht ebenso abgeschmackt erscheinen, ein sehr zweckmäßiges Glied abgeben." (Schiller, zit. aus: Keith Jonestone, S. 134)

Oder Keith Jonestone: Er berührte mich in seinem Buch *Improvisation und Theater* einprägsam mit einer Geschichte über den Stellenwert der *„intelligenten Worte"*. Ich fühlte mich von jeher unwohl mit Menschen, die viel redeten, große Worte schwingen konnten, ihnen aber keine Taten folgen ließen. Kreativität hat für mich immer praktische Konsequenzen. Sie erleichterte mich zudem, da ich selbst in den Strudel der Ansprüche geraten war, belesen und wissend sein zu müssen. Jonestone schreibt in seinem Buch darüber, wie ihn der Film *Erde* von Alexander Dowschenko berührte: Die Kamera folgt dem Helden Wassili in die Abenddämmerung. Ein seitlicher Schwenk blendet Bauern ein, die Seite an Seite liegen, die Männer mit den Händen in den Blusen der Frauen, bewegungslos, ein verzücktes Lächeln auf dem Gesicht, starren sie in die Abenddämmerung. Wassili, der in die Dämmerung des verklingenden Tags weiter geht, lange, lange, bleibt plötzlich stehen und fängt an zu tanzen, *„und der Tanz ist kunstvoll und wie eine Lobpreisung. Der Staub wirbelt um seine Füße, so dass er aussieht wie ein indischer Gott, wie Shiva – und da, während der Mann allein in der aufgewirbelten Staubwolke tanzt, öffnete sich etwas in mir. Plötzlich wusste ich, dass es unsinnig ist, einen Menschen nach seiner Intelligenz zu beurteilen, dass die Bauern, die den nächtlichen Abendhimmel betrachten, vielleicht mehr empfinden als ich, dass der tanzende Mann mir vielleicht überlegen ist – mir, der ich am Wort klebe und unfähig bin, zu tanzen. Von der Zeit an stellte ich fest, wie einseitig viele Menschen von hoher Intelligenz sind, und ich begann, Menschen nach ihrem Tun zu bewerten und nicht nach ihren Gedanken."*
(Keith Jonestone, S. 21/22)

Einen Vortrag von Sloterdijk bekam ich eher zufällig mit, als ich mit einer Sammlerin in Berlin zum Kaffee ging. Sloterdijk kleidete dort für mich etwas in Worte, was ich bis dahin nur bruchstückhaft aus dem Fühlen und der Meditation heraus in Worte geformt hätte: Kunst darf nicht verwechselt werden mit dem, was hinlänglich, viel zu häufig in unserer heutigen Zeit praktiziert wird: der eigenen Selbstdarstellung zu fröhnen. „Kunst", sagt er, „kommt aus dem Innersten. Kunst ist das, was einer unmittelbaren persönlichen Erfahrung folgt, wenn sie nach einem Verinnerlichungsprozess 'sichtbar' wird und dennoch schon vorher 'da' war. Etwas findet seinen 'äußeren Ausdruck', was bereits 'innen' geformt wurde. Der Künstler als Person ist das Medium – mehr nicht und auch nicht weniger."

Die wunderbare Pianistin Hélène Grimaud beschreibt in ihrem Buch *Wolfssonate* eindrucksvoll diesen Gleichklang von Lieben und Schöpfungskraft mit folgenden Sätzen: *„Liebe, unablässige Schöpfung. 'Geheinmnisvoller und unerwarteter Grund, perfektes und wiedererfundenes Maß' wie Rimbaud sie besingt. Du warst mein unbestreitbarer Wille. Du hast mir klar gemacht, dass das wirkliche Leben nicht das ist, was zu uns kommt, sondern das, was von uns kommt. Ich wollte sein. Lieben bedeutet sein. Und es bedeutet, dass man sein Leben schöpferisch gestaltet, anstatt es zu empfangen."*
(Hélène Grimaud, S.133)

Künstlerischer, kreativer Ausdruck: Man findet Steine am Strand, nimmt Rindenstücke mit nach Hause und füllt in kleinen Plastiktüten Sand vom Urlaubsort ab. Der Kreative bleibt häufig an scheinbar Nebensächlichem stehen, macht sich Notizen oder zeichnet eine verwelkende Ackerwinde – Leben, aus dem jede künstlerische Auseinandersetzung und jeder Ausdruck entspringt. In meinem Atelier sind morbide Holzfunde, Strandgut oder Skelettköpfe von Schaf, Elch und Pferd aus Norwegen zu finden. Ich nahm abgefallene Mauerverputzstücke mit und untersuchte sie. Erden aus den heimischen Gefilden des Gartens wurden in Bildern verewigt. Spuren der Verwitterung, Spuren der Zeit, Spuren der Benutzung, Spuren des Entstehens wie des Zerfalls... Dies ist eine Form, das Leben zu studieren, um darin allgemeingültige, dem Leben zugrunde liegende Gesetzmäßigkeiten zu erfahren.

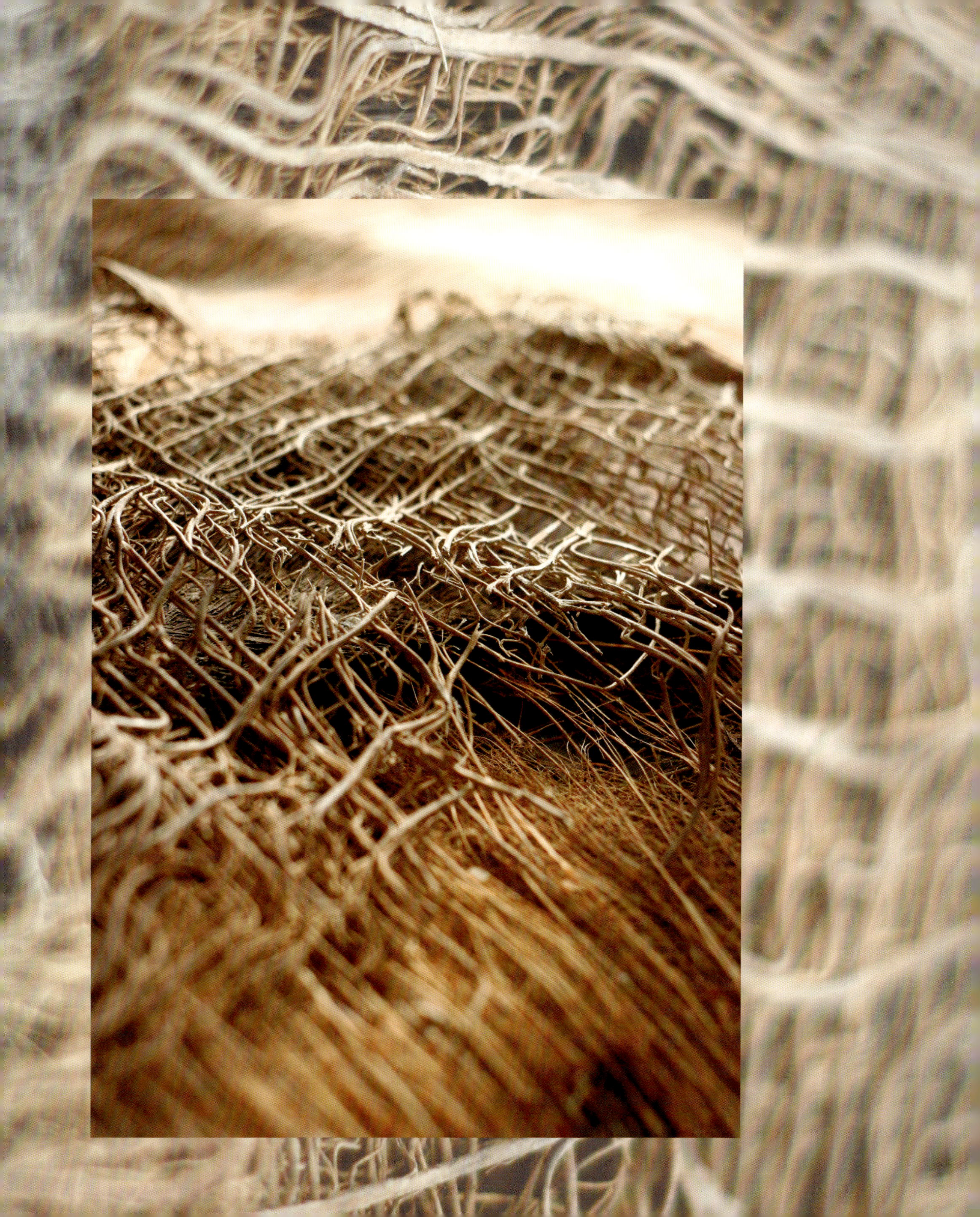

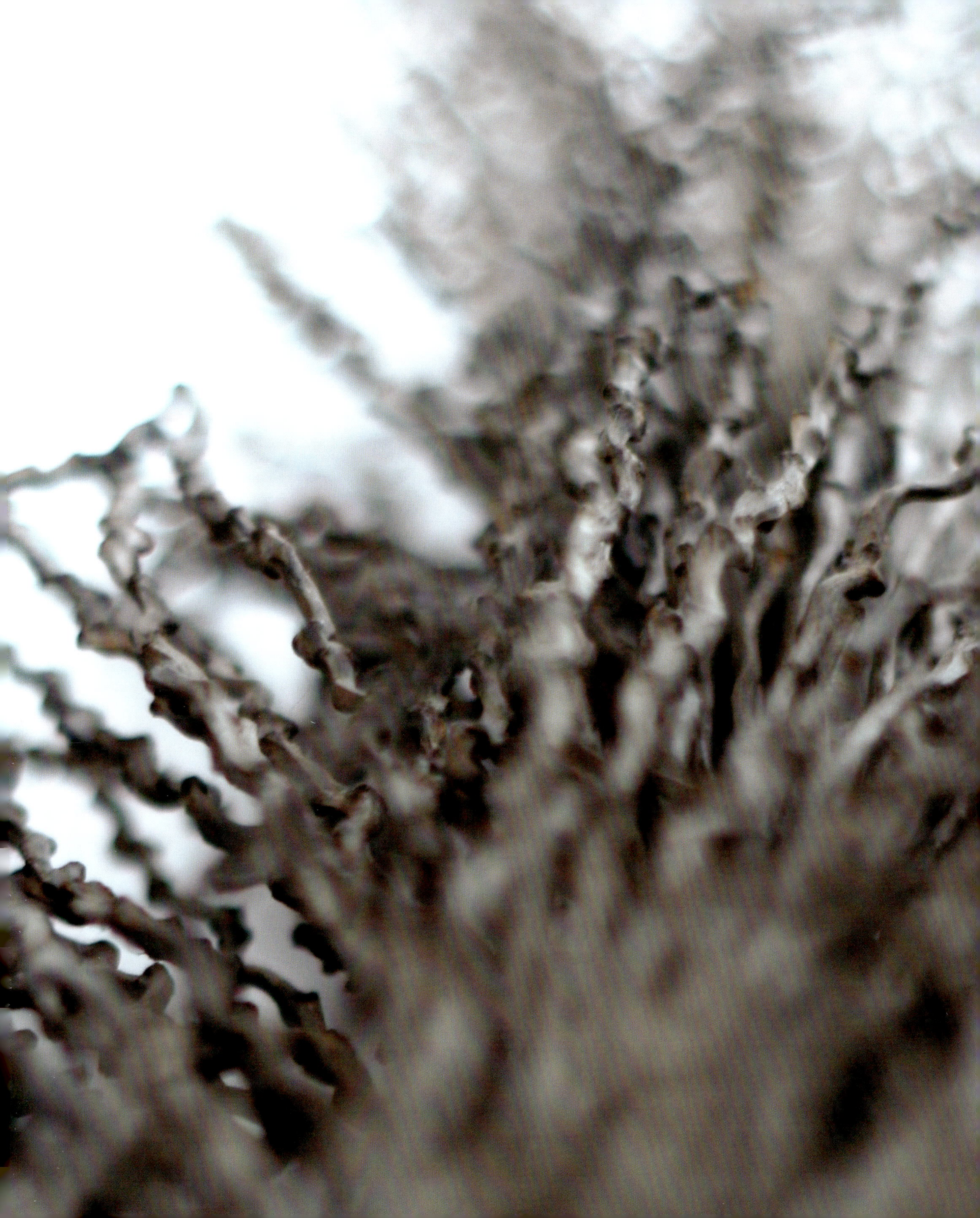

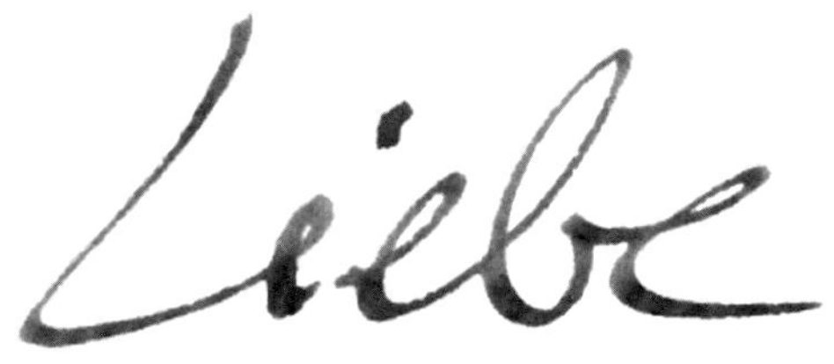

Kreativität kennt keine akademischen Grenzen: Dies tut man, dies tut man nicht... Wenn hier nun ein Buch vorliegt über eine bestimmte Technik, kann es nicht so sein, dass ich anderen Menschen Grenzen aufzeigen, sondern Räume öffnen möchte. Grenzen sind daher für mich eine wichtige Reibungsfläche und sie sind dazu da, stets überprüft zu werden. Kreativität ist ein Handeln aus dem Unbewussten, ein Fließen, ein intuitives Tun, was dadurch auch seine Kraft erhält. Folgendes Bild macht das klar: Stellen Sie sich einen Berg vor. All der Dinge, die Sie aufnehmen und speichern, sind Sie sich nur zu 25 Prozent bewusst. Die restlichen 75 Prozent sind ein Potential, aus dem heraus Sie schöpfen! Daher wird auch Mut benötigt für kreatives Sein. Denn Neues wird sichtbar im Gegenüber der Bilder, möchte angeschaut werden und braucht Kommunikation. Das ist nicht immer angenehm.

Doch hier liegt das Wunderbare am schöpferischen Arbeiten. Gibt man den Bildern Platz, wenn sie entstehen, bieten sie die Möglichkeit wirklich neuer Sichtweisen und Facetten. Ob dies nun genutzt wird oder nicht. Konkret sieht dies zum Beispiel so aus: In den Malklassen gibt es ein wichtiges Element – nämlich die Bildbesprechung: Eine Teilnehmerin ist mit ihrer Arbeit weit fortgeschritten und findet, dass sie noch etwas daran tun muss. Wir schauen uns die Arbeit in der Gruppe gemeinsam an, damit das Auge mehr und mehr für Schwachstellen im Bild geschult wird. Ich teile ihr nach einer Zeit der Betrachtung mit, dass ich ein Problem hätte. Ich würde mich fragen, wie ich ihr vermitteln kann, dass dieses Bild nichts mehr braucht, doch sie in sich verankert hat, dass sie nie genug tut. Sie stutzt, versteht und stimmt zu. Danach gehen wir gemeinsam in der Gruppe auf das Bild ein und filtern heraus, wo das kompositorische Dreieck ist und warum es so bleiben kann. Das Auge ist nun geöffnet dafür.

Bei einer anderen Teilnehmerin besteht die Motivation, ein fast fertiges Bild wieder und wieder grundsätzlich neu zu bearbeiten. In der Bildbesprechung macht eine Bemerkung von ihr deutlich, dass Kraft und Lebendigkeit im Bild bei ihr gekoppelt sind mit der Vorstellung von rigorosen, grundsätzlichen Handlungen, die eher nur grobmotorische Pinselbewegungen zulassen. Ein kurzer Vergleich, den ich einbringe, macht ihr diese Kopplung deutlich. Sie erkennt und wir lachen gemeinsam drüber und ein weiterer Raum des Ausdrucks hat sich dadurch öffnen können.

Oft reicht es auch aus, wenn man das Bild für eine Woche zur Seite stellen kann.
Es ist natürlich, dass ein erweiterter Ausdruck des Eigenen Raum braucht, um seine Wirkung zu entfalten. Manchmal stimmt die Kommunikation zwischen Malendem und Bild nicht, weil das Wollen, der Kopf zu sehr im Spiel sind. Auch das offenbart ein Bild und zeigt es unmissverständlich auf: Sie sitzen vor einem Bild, es eröffnet sich nicht, ist unfertig und kompositorisch unausgewogen. Welch eine Chance gibt es also mit jedem schöpferischen Tun!

Es liegt also nahe, weshalb mir die Technik des Arbeitens mit Spachtelmassen und das Schreiben eines Buches darüber so nahe sind: Das Arbeiten mit der Spachtelmasse, ob nun auf Leinwand, auf Papier, auf Holz oder anderen Untergründen, hat eine hohe sinnliche Qualität. Sie eröffnet eine haptische, stoffliche Seite. Und so, wie ich sie verwende, hinterlässt sie Schrunden und Risse, ist offenporig wie das Leben selbst. Das Arbeiten mit diesem Material bedeutet auch, dass ein sich Einlassen auf bildnerische Prozesse dort geschieht, wo das Material selbst mitgestaltet.

Einer der ersten, der erstmals mit Dispersionsbinder experimentierte, war Willi Baumeister. In den 1950er Jahren ist er mit seinen plastischen Grundierungen bekannt geworden. Heute ist er vielen leider überhaupt kein Begriff mehr. Auch ich bin erst bewusst auf ihn gestoßen, als sich meine Formensprache und der Umgang mit dieser Materialität bereits Jahre ausgebildet hatte. Baumeister verstand unter der Entstehung eines Bildes immer einen Prozess, in dem sich Stoff und Material erst herausbilden und die bildnerischen Mittel elementar zum Ausdruck kommen. Baumeister unterstützte jegliches Experimentieren und Entwickeln neuer Formensprachen.

Er bringt in einem Interview das auf den Punkt, was aufgrund meiner persönlichen Erfahrung für das Arbeiten mit diesem Medium so spannend ist: Es fordert eine Kompromisslosigkeit ein, ein Einlassen auf einen Malprozess mit dem Unvorhersehbaren! Hier ein Zitat aus einem Interview mit Prof. Willi Baumeister, veröffentlicht in der Fachzeitschrift *Maltechnik 1955/2:* *„Es ist ja immer zweierlei im Menschen: die Empfindung und das Wissen. Und dabei, wenn es nötig ist, muss man sich auch mit dem Material beschäftigen. Die heutige Technik geht immer weiter; wir haben neue Materialien und darunter nicht schlechte. [...] Alle diese Dinge – die Emulsions- und Dispersionsspachtelmassen – muss man zu seinem Vorteil verwenden beziehungsweise dort einsetzen, wo sie nötig sind. Dabei kommt es unwillkürlich auch zu Korrekturen. Bei mir entstehen sehr viele Bilder aus Korrekturen; ich fange sozusagen stets wieder von neuem an, bis ich auf eine Art Endpunkt komme. Und das ist ein Weg des Technischen, natürlich auch des Künstlerischen oder umgekehrt. Der Künstler will etwas ausdrücken, also greift er zu dem entsprechenden Material, manchmal ist es auch so, dass das Material ihn dirigiert. [...] Die Technik gibt jedem Werk den Leib! Und bei diesem Leib ist es außerordentlich wichtig, dass er sich erhält, dass er wenigstens hundert Jahre oder länger noch da ist. [...] Oft arbeite ich quasi länger am Grund als an dem, was darauf kommt. Man holt eben viel aus dem Grund heraus, was die Malerei lebendig macht, wo das Auge gewissermaßen eine Addition von Wirkungen sieht. [...] Manchmal schleife ich sogar Schichten teilweise wieder ab, damit der Ton herauskommt, der mir angenehm ist."*

Der Einsatzbereich der Spachtelmassen ist dergestalt möglich, dass sich grafische Flächen oder Motive aus dem Umfeld der konkreten Wiedergabe, also des Abbildens, formen lassen. In den Bildbeispielen hier in diesem Buch finden Sie meinen Zugang wieder, bei dem der Fokus auf den materialästhetischen Aussagen über Erlebtes und über Empfundenes liegt.

Meine Arbeitsweise ist gekennzeichnet durch einen Beginn, einen Augenblick, in dem mir etwas auffällt – zumeist aus der Natur. Es beginnt ein stiller Dialog in mir, in der Gewissheit, dass der Punkt kommt, an dem ich zum Handeln aufgefordert bin. Bis dahin vergehen oft Wochen, manchmal Monate.

Langsam entstehen in mir Formen, Materialität, Farbigkeit, sodass ich bei Beginn weiß, welches Material ich einsetzen werde. Was dann passiert ist oft explosiv, im Grunde aber nur eine Fortsetzung des vorangegangenen Prozesses mit anderen, eben malerischen Mitteln. Möglicherweise zögere ich deshalb keinen Moment, eine Leinwand zu bearbeiten und zu ungewöhnlichen Zusammensetzungen zu greifen – etwa mit Erden, Lasuren und Zement.

Zentral bei dieser Arbeitsweise ist, die Sichtbarmachung des Prozesshaften in unserem Dasein auszudrücken und mit der ihr eigenen Technik konsequent weiterzuführen. In der Haptik meiner Bilder etwa, im ständigen Auf- und Abtragen einzelner Schichten, wird der Augenblick innerhalb eines weitaus größeren Prozesses benannt und festgehalten.

Es geht mir in der Malerei darum, intuitiv und gleichzeitig bewusst eine Aussage zu treffen, die für den Moment gültig ist. Wenn dieser Augenblick stimmt, stimmen die Bilder.

Die Kunsthistorikerin Kirsten Müller beschreibt dieses Spannungsfeld mit folgenden Worten: „Zart, entrückt, vieldeutig, aber kraftvoll, impulsiv, entschlossen – charakteristisch für die Arbeiten von Gabriele Musebrink ist, dass sie stets beide zu jeder Wesenhaftigkeit gehörenden Pole reflektieren, dass sie weder die eine noch die andere Seite außer Acht lassen [...] und durch ihr beständiges Hin- und Herwechseln von der einen auf die andere Seite reproduzieren sie ihre Einheit als ein Ganzes fortwährend neu."

„Aufladung – Entladung" ist daher der Titel zu diesem Buch über das Experimentierfeld der Spachtelmassen geworden, zu dessen Erforschen dieses Buch einladen soll.

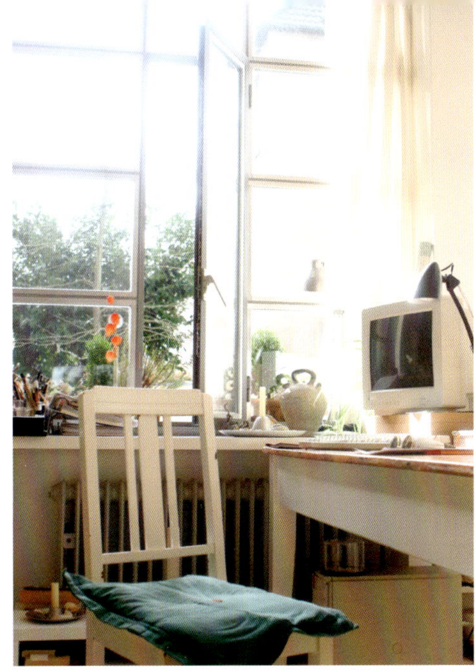
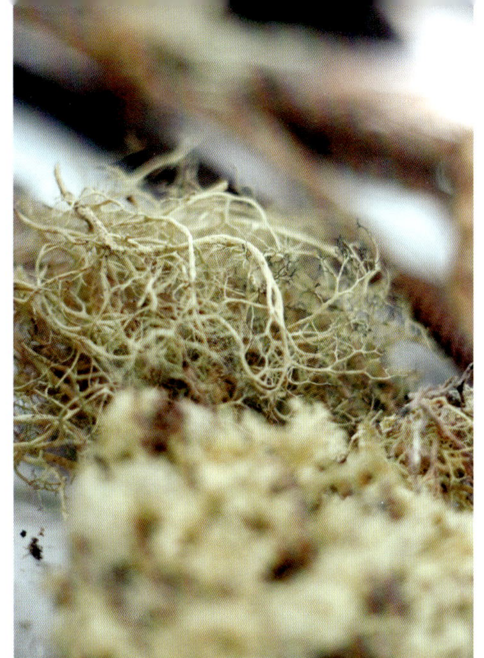
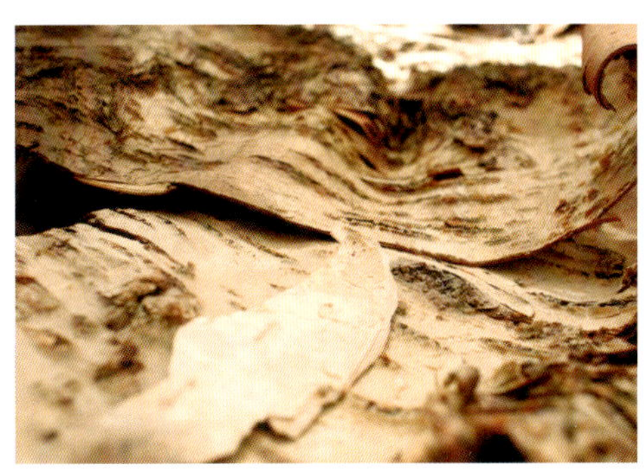
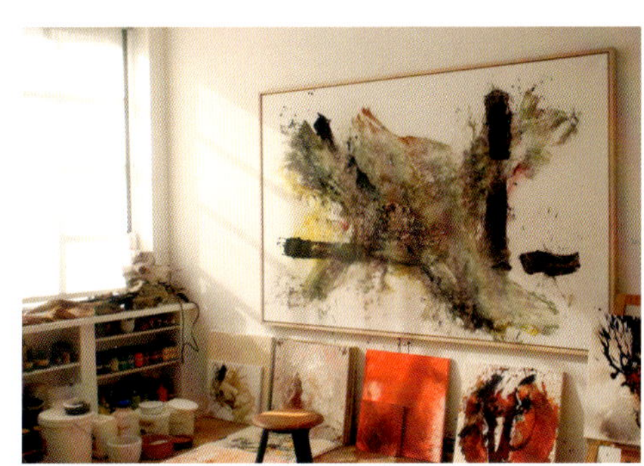
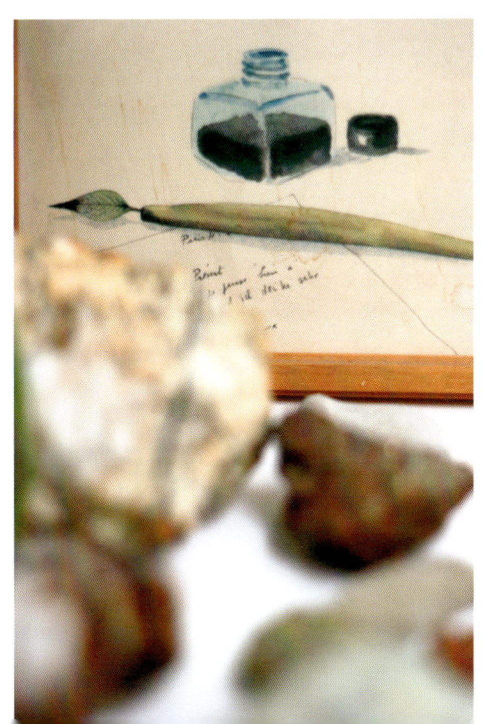
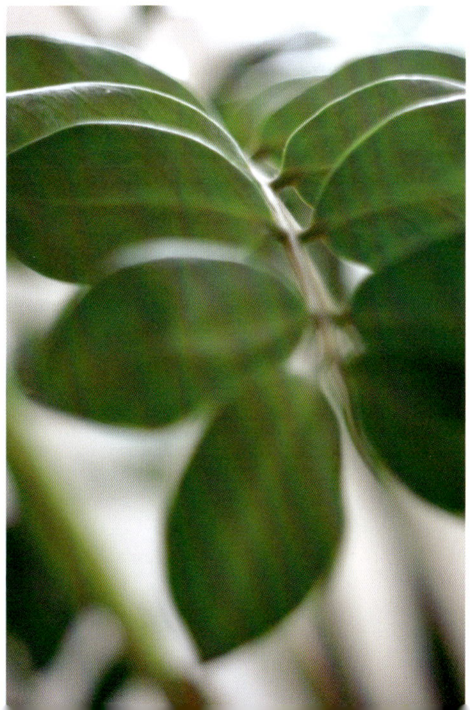

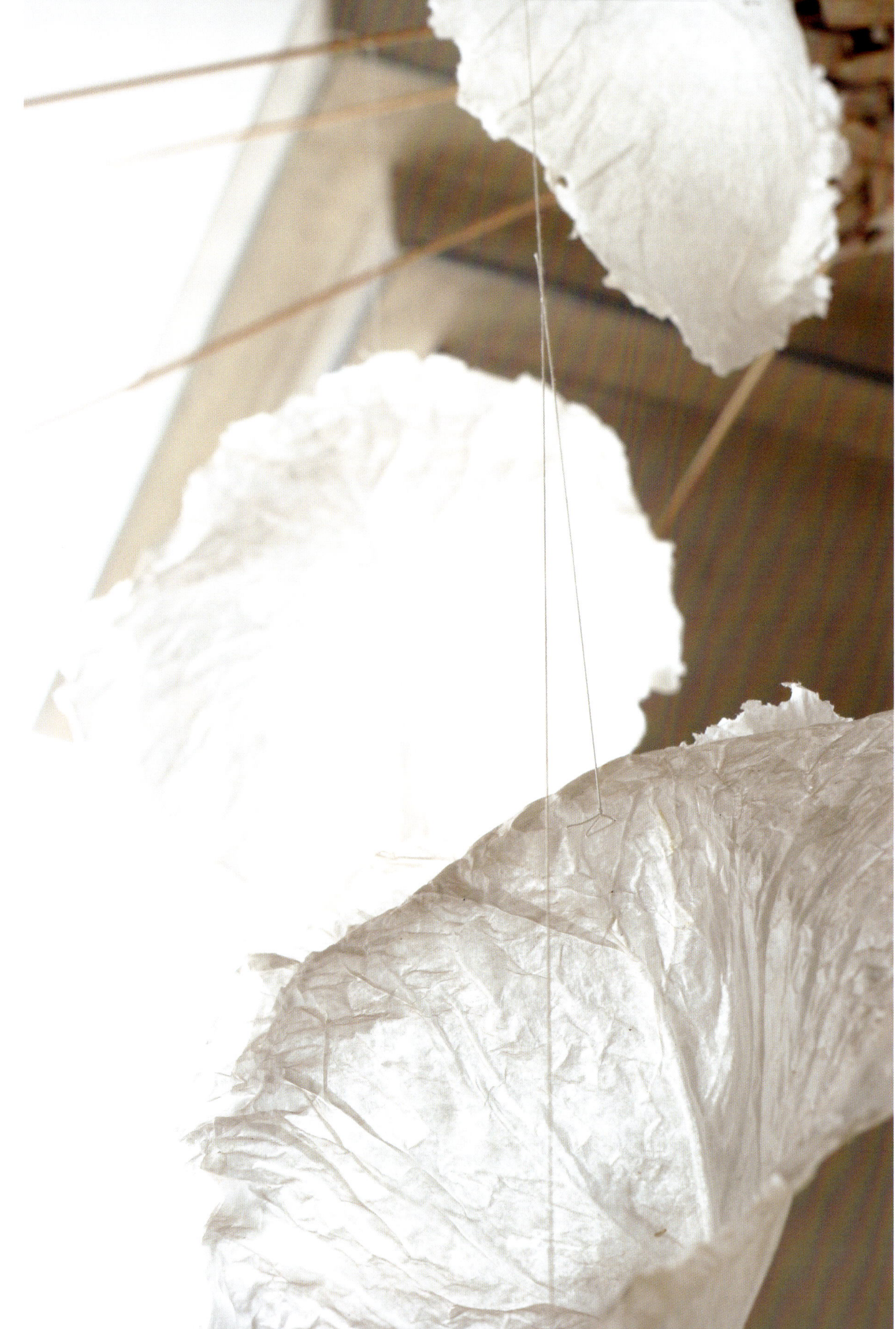

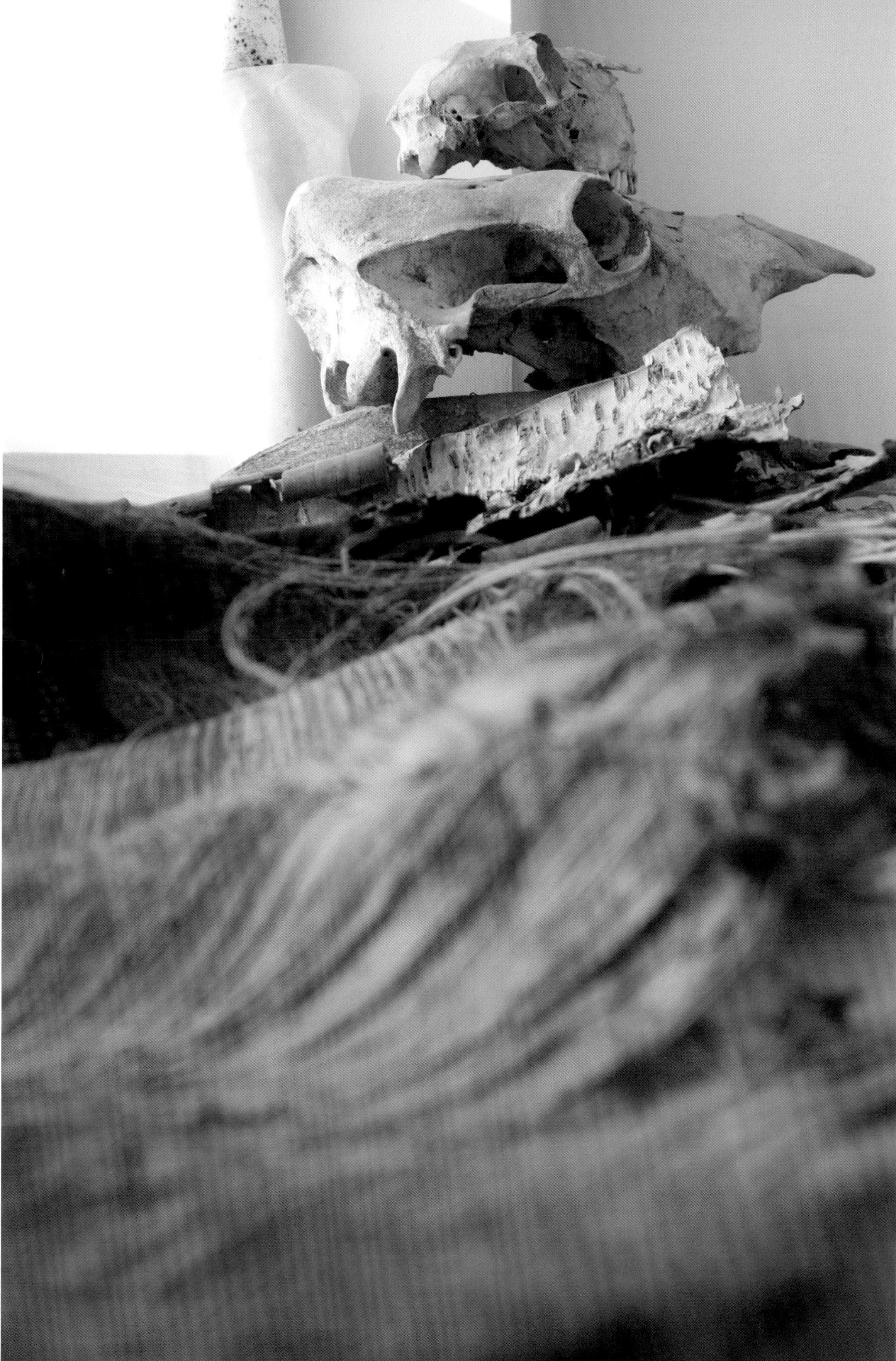

Grundsätzliches zu Spachtelmassen

Historisches und Praktisches

Der Umgang mit Spachtelmassen ist ein geradezu sinnliches Vergnügen. Er schafft eine Bandbreite spannender Strukturflächen. Keine Malschule dirigiert mehr in eine bestimmte Richtung. Innewohnende Empfindungen suchen sich ihre eigene materialästhetische Gestaltungsform – nicht nur bei mir. Eine Suche begann. Bereits die Maler des 19. Jahrhunderts versuchten, mit plastischen Baumaterialien Strukturoberflächen zu erzeugen. Allerdings standen ihnen nur Kalkmaterialien zur Verfügung, die nur unzureichend auf den Untergründen haften blieben.

Neue Anwendungsmöglichkeiten eröffneten sich dann mit dem Dispersionsbinder, der den heutigen Spachtelmassen zu Grunde liegt und – wie ich später erwähnen werde – auch „alte" Baumaterialien wieder interessant macht. Ein weiterer Vertreter dieses prozesshaften Arbeitens war Emil Schumacher. Durch seine Bereitschaft, sich selbst immer wieder in Frage zu stellen und Experimente einzugehen, konnte er bis ins hohe Alter Bilder von zunehmender Dichte und mit vom Zeitgeist unabhängiger Gültigkeit erschaffen: *„Alles, was ist, hat die ihm gemäße Form oder ist bestrebt, Form anzunehmen: die Inselbildungen nach der Überschwemmung, die Schneereste nach der Schmelze, die Schlacke nach dem Brand. Die Form, die das Leben zur Voraussetzung hat – die Form, die das Leben enthält – ist 'formlos' und doch Form."*
(Emil Schumacher, zit. aus: Joachim Büchner, S.2).

Heute hat sich die Situation für das Bedürfnis nach Gestaltung plastischer Oberflächen grundlegend verändert: Der Wissbegierige steht vor Regalen mit reichhaltigem Sortiment und ist zumeist ratlos, wie und womit er seinem Bedürfnis nach einer lebendigen Oberflächenstruktur praktisch Ausdruck verleihen kann. Exakt solch eine Erfahrung, nämlich dass jemand ratlos vor dem Regal im Künstlereinkauf stand, führte dazu, dass ich mich anbot, aus meinem Spektrum der praktischen Erfahrung heraus zu erzählen, Menschen die Spielarten des Materials näher zu bringen. Letztlich ist daraus der Impuls zu diesem Buch entstanden.

Um dieses „Spiel" mit den Spachtelmassen beginnen zu können, ist es nützlich zu wissen, woraus dieses Material hauptsächlich besteht, nämlich aus Dispersionsbinder (auch Acrylbinder oder Kunstharzdispersion genannt) und Füllstoffen wie Sande oder Marmormehl. Der Dispersionsbinder ergibt Spachtelmassen, die sich hervorragend für die Tafelbildmalerei und Arbeiten auf der Wand eignen.

Daneben bieten die modernen Baumaterialien noch eine Fülle weiterer Möglichkeiten, den Bilduntergrund haftend zu machen, etwa mit Hilfe moderner Bau- und Fliesenkleber oder Haft- und Gipsputzen. Dem Experimentieren sind da keine technischen Grenzen gesetzt. Ich werde im Verlauf noch auf diese Möglichkeiten hinweisen.

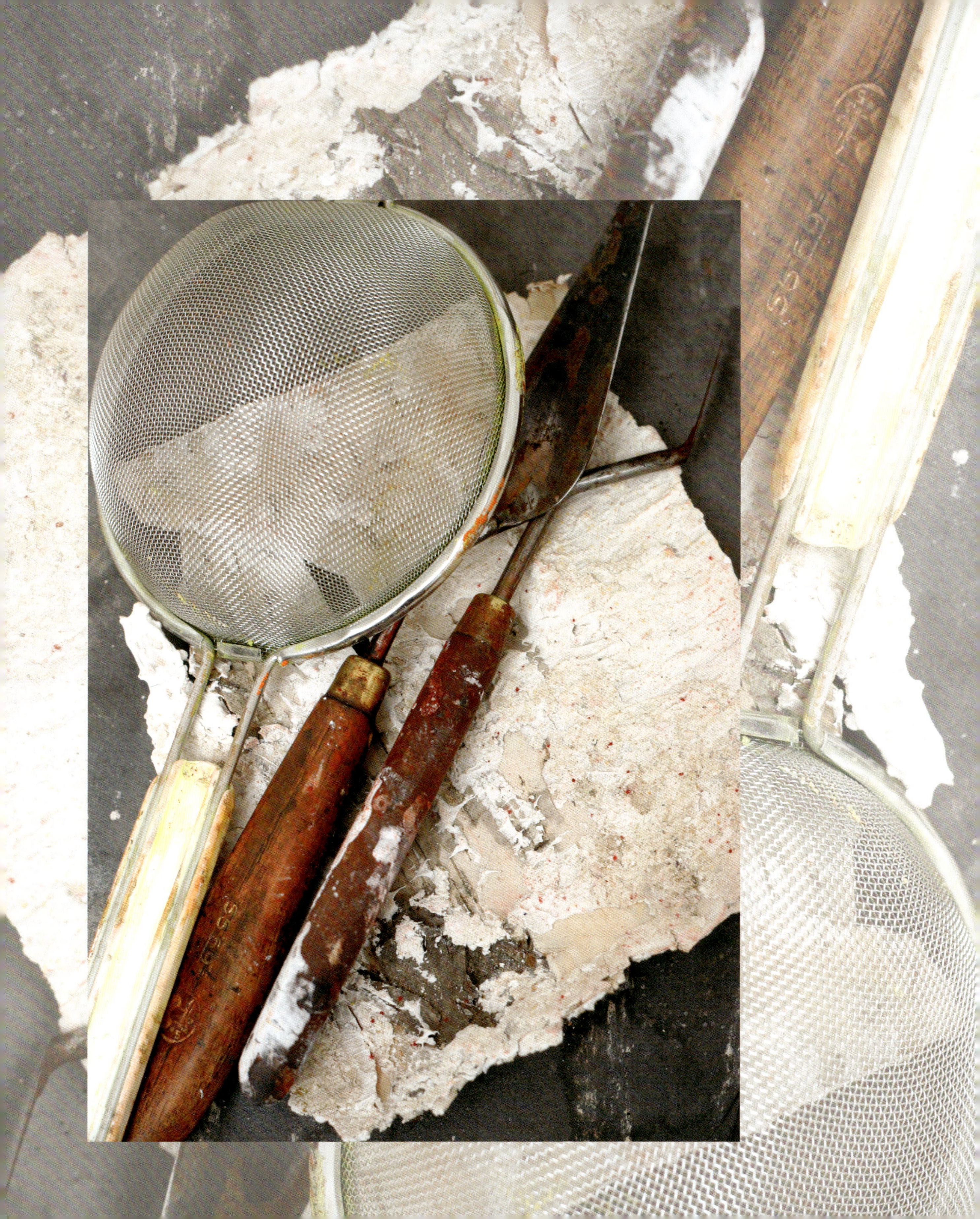

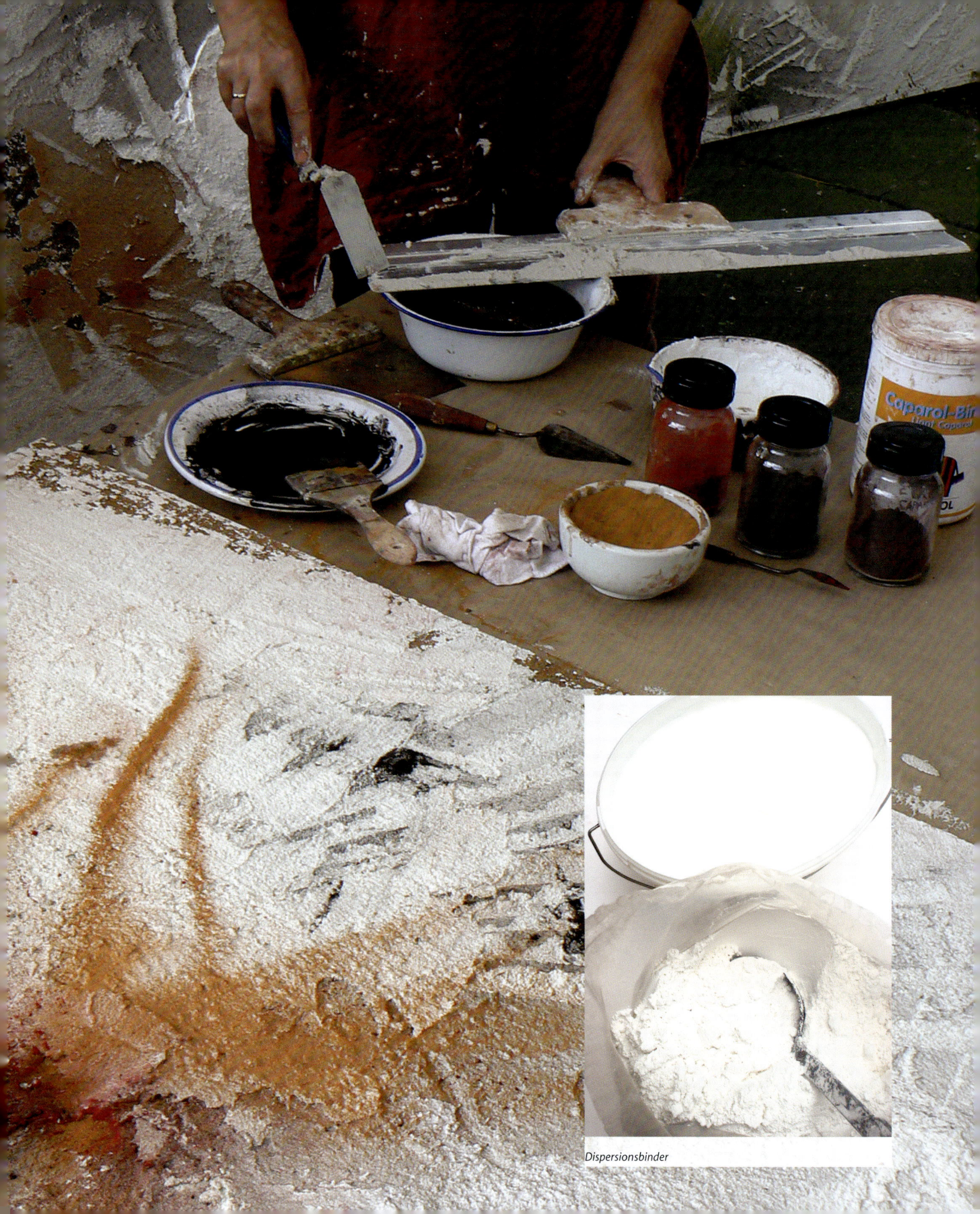

Dispersionsbinder

Der Dispersionsbinder

Dispersionen haben zunächst im Anstrich von Wänden Anwendung gefunden. Sie ersetzten dort vielerorts die dreiteiligen Emulsionen. 1915 wurde es möglich, Acrylharz herzustellen und in einer wässrigen Dispersion zu binden. Dabei galt das Hauptaugenmerk der Industrie dem Bausektor. Am Rande dieser industriellen Entwicklung profitierten Künstler wie Willi Baumeister von ihrem Entdeckergeist, denn erst nach und nach wurden speziell für den Künstlerbereich Produkte entwickelt, was schließlich zu einer vermehrten Anwendung unter anderem von Acrylfarben und dem wachsenden Bereitstellen von Spachtelgründen führte.

Dispersionen sind zweiteilige Bindemittel, wovon das dafür besonders geeignete Kunstharz auf fabrikatorischem Wege so fein in Wasser dispergiert, dass eine emulsionsähnliche Flüssigkeit entsteht. Alle Kunstharzdispersionen sehen milchig aus und trocknen wasserunlöslich und klar auf. Problematisch ist, dass sie leicht spröde werden. Dagegen aber hat man mit dem Zusatz sogenannter Weichmacher Abhilfe zu schaffen versucht, was wiederum Vergilbungen hervorbrachte. Für den Künstler mussten daher Dispersionen entwickelt werden, die frei von Weichmachern sind und gleichfalls eine vergilbungsfreie, hohe Viskosität aufweisen. Ihnen ist bei künstlerischen Arbeiten der Vorzug zu geben.

Bei Dispersionen gibt es innere und äußere Weichmacher. Die inneren sind Bestandteile des Kunststoffs (der Kunststoffteilchen). Die äußeren sind der Dispersionsemulsion beigefügt und bereiten Probleme, da sie wandern (z. B. aus den Bläschen der Luftpolsterfolie auf die Bildoberfläche, wenn das Bild längere Zeit verpackt ist).
Bei hochwertigen Dispersionen sorgen die inneren Weichmacher, also im Prinzip die Auswahl der Kunststoffteilchen, für die Elastizität. Die Haltbarkeit der Dispersion hängt ferner noch von dem ph-Wert ab. Mit dem Alter werden sie saurer. Dies kann man riechen: Die eine Dispersion riecht saurer als die andere (z. B. hochwertiges Künstlerprodukt und Holzleim im Vergleich). Letztlich liegt die Wahl jedoch in der Hand des Künstlers, da der Aspekt der vergilbenden Spachtelmasse nicht immer von Bedeutung ist.

Das fertige Spachtelmassen-Sortiment

Im Künstlerhandel und Malerbedarf gibt es mittlerweile fertige Spachtelmassen in vielen Ausführungen. Bezüglich ihres Haftens und der Gefahr, rissig zu werden, sind sie meist unproblematisch in ihrer Verarbeitung. Jedes Produkt enthält aber auch genaue Beschreibungen – insgesamt ist für jeden Einsatzbereich das Passende vorhanden. Dennoch empfiehlt es sich, vor der großflächigen Verarbeitung die Produkte zu testen, um beispielsweise zu sehen, wie dick sie aufgetragen werden können, wann sie brechen und wie sie durch den Zusatz weiterer Füllstoffe verändert werden können. Doch nichts ist umsonst: Haben Sie mit ihnen unbefriedigende Ergebnisse erzielt, werden Sie sich neu umschauen und einfach den nächsten Schritt gehen.

An dieser Stelle über technische Zusammensetzungen wird es interessant, die Füllstoffe zu erwähnen, die auch beim Herstellen eines Freskokalkbildes und in Putztechniken relevant sind: Sande wie Quarzsand, Quetschsand, Kalksand, Marmorsand, Bimssand oder Lava, Tonziegelmehl, Tonziegelsplitt und Schamotte. Auch Sägemehl, Kunststoffsplitt u. a. können mit der Acryl-Spachtelmasse verbunden werden. Nahezu jeder Untergrund, der in der Tafelmalerei bekannt ist, kann mit dieser Masse bearbeitet werden: die Leinwand genauso wie Papier, Pappe, leichtes Tuch, Metall oder Holz.

Der Nachteil der fertigen Spachtelmassen ist häufig einfach der, dass ihr plastikhaftes Erscheinungsbild nicht gewünscht wird. Auch verhält sich diese Masse anders beim Einstäuben der Pigmente und bei zart lasierenden Aufträgen von wässrigen wie öligen Farben: Diese lassen sich allzu leicht wieder wegwischen. Organischer wirkt die selbst hergestellte Spachtelmasse, in die sich die oben aufgeführten Materialien genauso einbinden lassen.

Selbst hergestellte Dispersions-Spachtelmassen

Das Herstellen der eigenen Spachtelmasse ist leicht, erfordert allerdings einige Experimentierfreude. Letztlich sind dazu wieder – wie bereits aufgeführt – ein Dispersionsbinder und ein Füllstoff notwendig. Die beiden „Zutaten" werden mit einem Quirl oder Japanspachtel zu einem „etwas festeren Rührteig" vermengt. Dazu folgen später exakte Anleitungen (Siehe Kapitel *Verschiedene Dispersions-Spachtelmassen*, S. 34-47).

Bei der selbst hergestellten Spachtelmasse erhält der Künstler eine mattere, nicht so synthetisch wirkende Oberfläche wie dies bei vielen der gekauften Spachtelmassen der Fall ist und – je nach Auftrag – erhält er eine zum Teil starke Rissbildung, die allerdings die Haltbarkeit der Masse nicht beeinträchtigt! Da man den Malprozess von der Reaktion des Materials her nicht komplett steuern kann, muss man sich bei der selbst hergestellten Spachtelmasse unweigerlich auf ihre Lebendigkeit und das eventuell unvorhergesehene Ergebnis einlassen. Doch genau darin liegt der entscheidende Unterschied zu den fertigen Massen.

Diese selbst hergestellten Spachtelmassen verbleiben, aufgetragen im richtigen Verhältnis von Binder und Füllstoff, fest auf dem Untergrund. Mögliche Rissbildungen nutzen Experimentierfreudige als zusätzliche, interessante Struktur und sie beginnen, mit dem Verhältnis von Binder und Füllstoff zu spielen. Daraus ergeben sich letztlich Strukturbilder, die nur über diesen Weg des „Sich-Ausprobierens" zu erzielen sind.

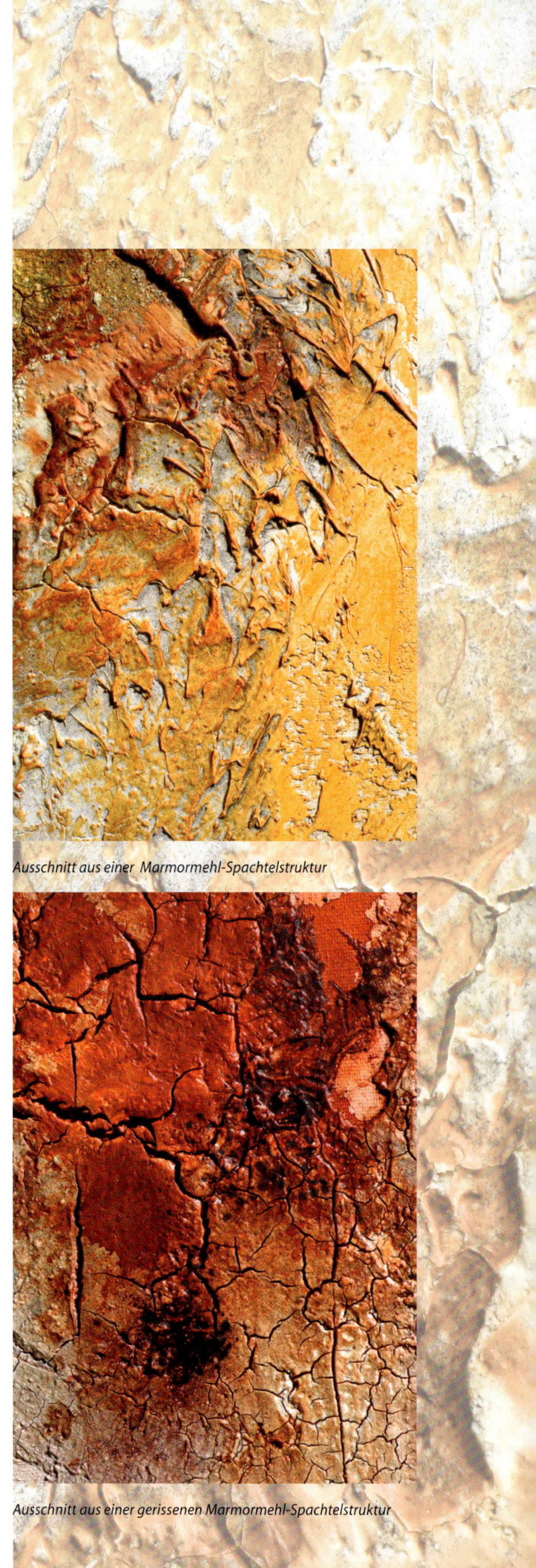

Ausschnitt aus einer Marmormehl-Spachtelstruktur

Ausschnitt aus einer gerissenen Marmormehl-Spachtelstruktur

Selbst hergestellte Spachtelmassen aus Baumaterialien

Die ursprünglichste Spachtelmasse ist der Verputz im Bausektor. Kalk und Gips sind hier häufig das Basismaterial.

Kalk

Als Kalk bezeichnet man den natürlich vorkommenden Kalkstein, Kalkspat oder Marmor, der als kristallinisch kohlensaurer Kalk in der Natur gebrochen und dem Kalkofen zugeführt wird. Durch Hitze wird ihm die Kohlensäure entzogen, es entsteht der Brandkalk. Die ursprüngliche Form des Gesteins ist dabei noch erhalten geblieben. Ein Löschen durch Wasser führt letztlich zu einem Zerfall der Gesteinsbrocken, wobei das zugeführte Wasser chemisch gebunden wird. Der Kalk wird nun als Löschkalk bezeichnet, den es in Pulverform in Säcken im Baubedarf zu kaufen gibt.

Es ist an diesem Punkt ein Calciumoxid zu einem Calciumhydroxid geworden. Wird nun an der Stelle des Löschens mit Wasser nach und nach mehr Wasser zugeführt als nötig, entsteht ein Kalkbrei, der sogenannte Sumpfkalk, der in der Freskomalerei Verwendung findet. Dazu mehr in dem Kapitel *Fresko-Sumpfkalkmörtel-Spachtelmasse* (S. 48-55).

Der gelöschte, in Säcken verpackte Kalk ergibt mit Sand vermischt den Mörtel, den man aus dem Baubereich kennt. Wird der Kalk-Sand-Mischung Wasser beigemischt, so bindet diese Masse durch langsames Entweichen des Wassers zu einem Putzmörtel ab. Bei diesem Vorgang entweicht Wasser und Kohlensäure wird aus der Luft wieder aufgenommen. So schließt sich der Kreis und es entsteht wieder kohlensaurer Kalk.

Der dann entstandene „neue" Kalk ähnelt wieder dem Ausgangsprodukt Kalk, nur dass er nicht mehr die gleiche Härte hat. Doch hat er genügend Bindekraft, dass er den Sand zu einer Art Kalksandstein zusammenhält.

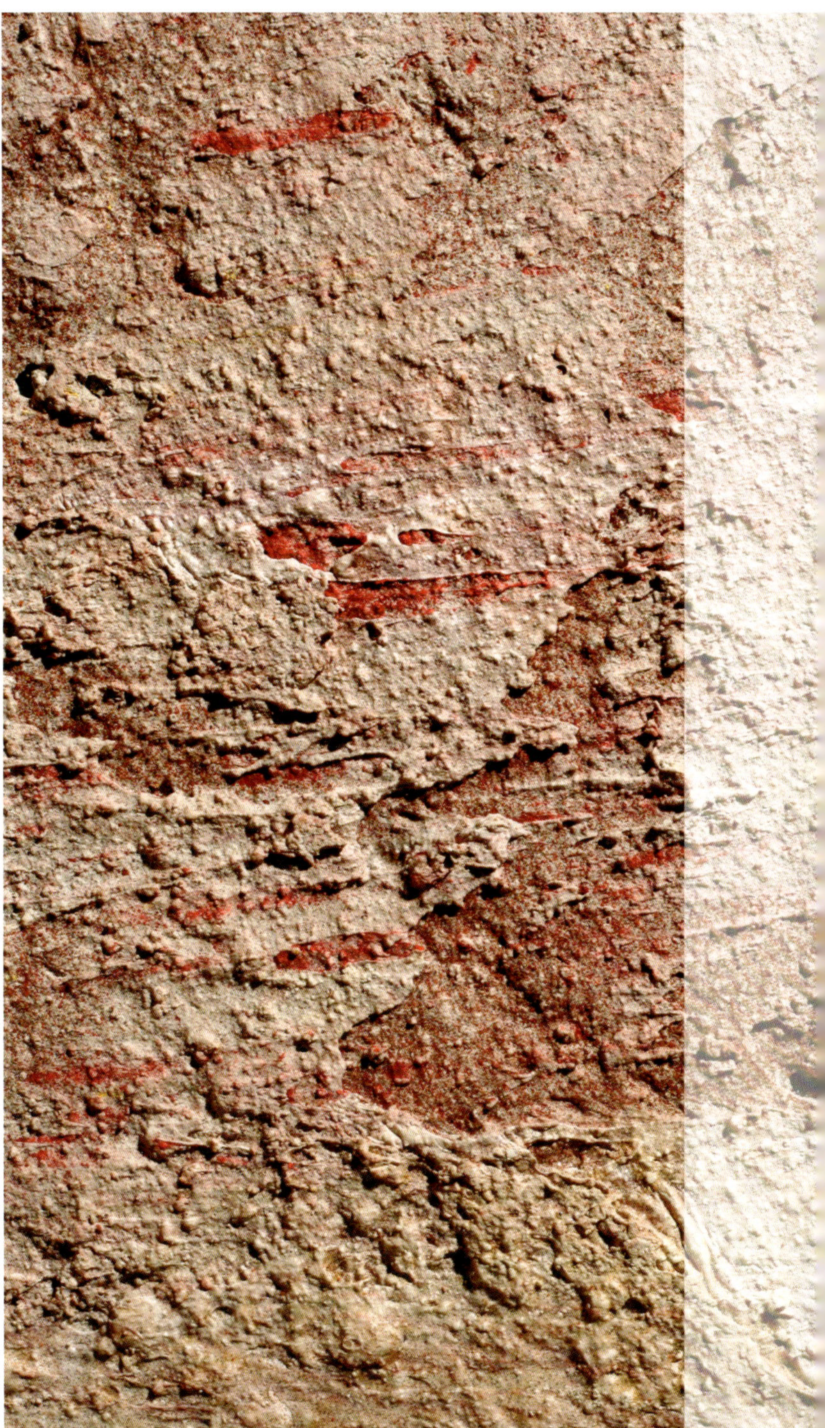

Struktur von Gipshaftputz

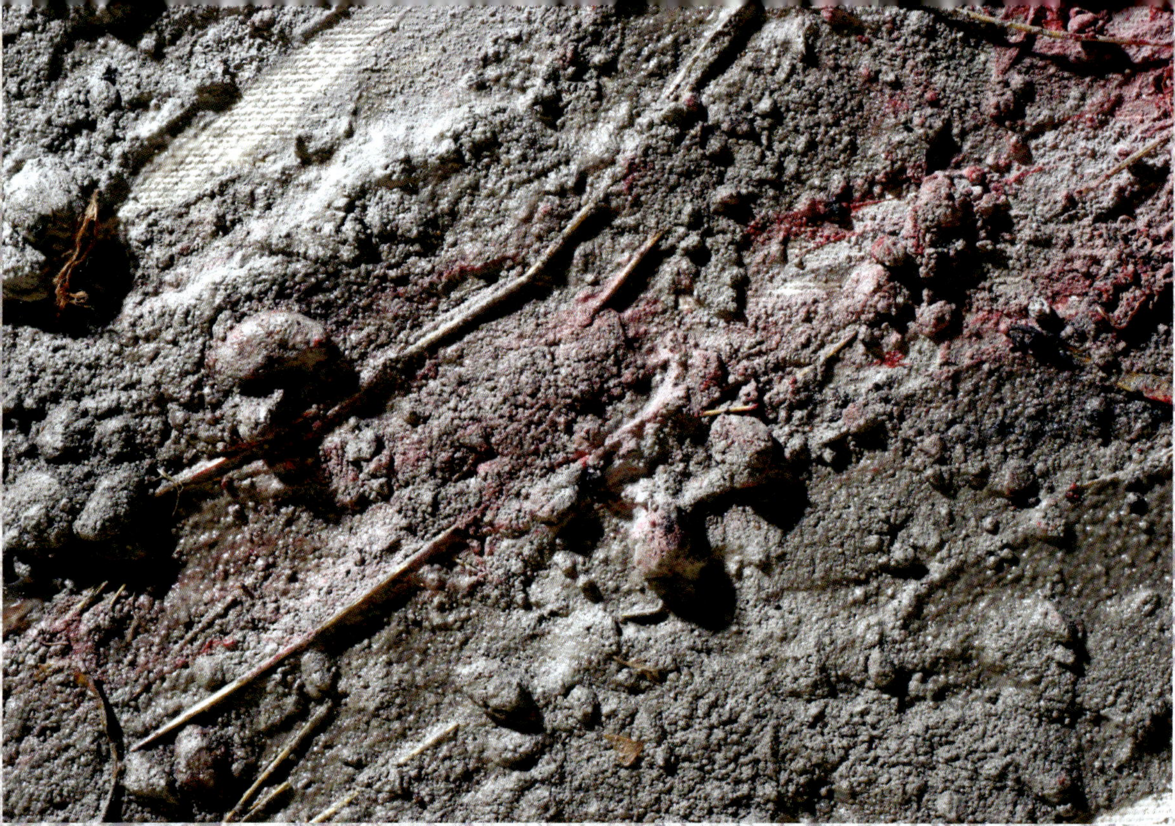

Struktur von Zement mit kleinen Zweigstückchen

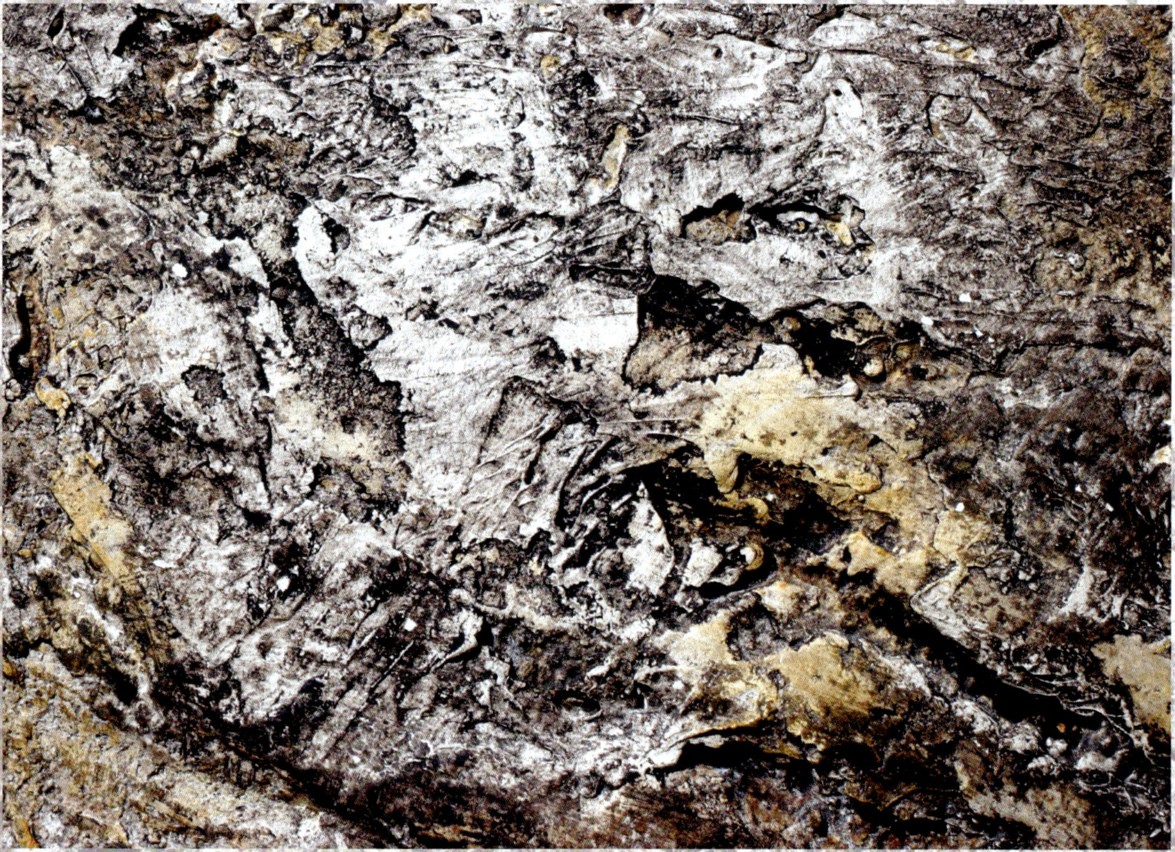

Struktur von Fresko-Sumpfkalk

Gips

Gips ist ein Material, welches in natürlicher Form vorkommt, als Gipsstein und als Gebrannter Gips. Der fein gemahlene Gipsstein ist als schwefelsaurer Kalk der Kreide sehr verwandt und ist unter den Bezeichnungen „Leichtspat" oder „Lenzin" zu finden. Er diente traditionell neben anderen Füllstoffen wie zum Beispiel Champagnerkreide in der Mischung mit hochwertigen Weißpigmenten zur Herstellung von Grundiermassen von Maluntergründen. Dieser Aspekt taucht noch einmal auf, wenn ich auf Malgründe eingehe.

Im praktischen Umgang völlig anders verhält sich der Gebrannte Gips. Dieser schwefelsaure Kalk entsteht als Nebenprodukt beim Brennen des Kalkes. Er trocknet in der Verbindung mit Wasser äußerst schnell zu einer weichen Gesteinsart ab. Es kennt wohl jeder das Verhalten von „Modellgips" oder dem Gips, den wir verwenden, wenn wir Steckdosengehäuse eingipsen. In der Freskomalerei würde er durch dieses schnelle Abbinden den normalen Abbindevorgang stören und damit auch die Putzfestigkeit des Freskokalk-Mörtels beeinträchtigen.

Kalk und Gips im Vergleich

Als Malerin finde ich es spannend, dass sich Kalk – optisch gleich aussehend – voneinander in seiner kristallinen Struktur je nach Herkunft stark unterscheidet. Wie bei den Pigmenten auch ist diese Unterschiedlichkeit entscheidend für seine Geschmeidigkeit und Hochwertigkeit. Und an dem Beispiel des natürlich gewonnenen Gipses aus dem Gipsstein wird auch deutlich: Der Kalk dient sogar als Füllmaterial in der Herstellung der Gemäldeuntergründe, während dies mit dem schnell abbindenden Gips, dem schwefelsauren Kalk, nicht denkbar ist.

In der praktischen Handhabung erfahre ich die Unterschiede von Kalk und Gips folgendermaßen: Kalk hat eine dichte, glänzende, weiße Oberfläche. Gips ist gräulich-beige in der Farbe und äußerst stark saugend. Er verschluckt die Farbe nahezu.

Ist Kalk zu bevorzugen und Gips abzulehnen? Im weiteren Verlauf des Buches gehe ich auf beide Materialien ein und zeige ihre spezifischen Möglichkeiten auf. Hier ein kleiner Einblick vorab: Gipshaftputz hat etwas Sprödes, trocknet an der Oberfläche schnell ab, sodass er scheinbar nur für starre Bildträger wie Wände und Platten Verwendung finden kann und ein schnelles Arbeiten voraussetzt. Dem ist aber nicht so. Interessant wird in diesem Zusammenhang der Dispersionsbinder, der eine Haftung und Flexibilität möglich macht.

Der Gipshaftputz ist in diesem Buch beispielhaft bearbeitet. Erproben Sie auch andere Materialien aus dem Bereich des Bausektors. Im Verlauf des Buchs werde ich Ihnen zeigen, wie Sie Baumaterial mit einem bestimmten Prozentsatz an Dispersionsbinder exakt versetzen können oder zuvor einen Haftungsuntergrund erzeugen, damit Sie auch in großer Auftragsdicke auf flexiblen oder extrem glatten, nicht saugenden Trägern arbeiten können.

Fresko-Sumpfkalk

Das Ausgangsmaterial des Kalkes zum Fresko ist nur das hochwertigste Kalkgestein als Rohmaterial wie zum Beispiel weißer Marmor. Möglichst noch über die traditionelle Methode des Brennprozesses im Holzofen hinaus wird das Gestein gebrannt und wie zuvor im Kapitel *Kalk* (S. 25) beschrieben gelöscht: Durch ein Zuviel an Wasser zerfällt der Marmorkalk nicht nur zu Pulver, sondern bleibt als Kalkbrei zurück. Dieser wird in Gruben abgeleitet und lagert dort in diesem eingesumpften Zustand über ein Jahr und länger. Er wird daher auch häufig als Grubenkalk oder Sumpfkalk bezeichnet.

Obwohl keine chemische Veränderung stattfindet, verändert sich das Verhalten des Kalkbreis, je länger er in dem feuchten Zustand verbleibt. Er wird zusehends geschmeidiger. Ich selbst kaufe stets eineinhalb Jahre alten Sumpfkalk und lagere ihn bei mir zuhause. Das ist preiswerter. Im Durchschnitt ist er 6 bis 8 Jahre alt, wenn er Verwendung findet.

In der Herstellung eines Freskos wird Sumpfkalk mit Zusätzen von Sanden und Marmormehl verarbeitet. In dieser Technik sind nach wie vor starre Untergründe notwendig: Sie arbeiten also an der Wand oder auf einer Bauplatte wie zum Beispiel der Fermacell-Platte. Traditionell erfolgt in einer exakten Folge von verschieden stark gekörnten Mörteln ein Auftrag der Schichten von Nass in Nass. In diese feuchte (!) Masse der letzten Schicht des Freskos wird dann mit einem angeteigten, kalkverträglichen Pigment gemalt. Der Kalk – und das ist das Besondere – bindet das Pigment während seines Trocknungsprozesses ein.

Weitere Binder sind für die Festigung der Farbe nicht notwendig. Mit dieser Form des Farbauftrags sind, denkt man an die Malerei in der Vesuvstadt Pompeji, äußerst feine, filigrane Malereien möglich. Das erfordert allerdings einige Übung. Denn Freskomalerei bedeutet nicht nur ein Einüben der Technik, sondern auch ein Üben in Geduld. Für mich ist es eine beinahe in Vergessenheit geratene alte Technik, die es ebenfalls neu zu entdecken gilt.

In diesem Buch gehe ich auf eine der möglichen Abwandlungen der Freskokalk-Mörtel-Spachtelmasse genauer ein, die eher meinem Malduktus entspricht. Ich nutze die Weiße und Dichte der Oberfläche des Sumpfkalks nach dem Auftrocknen, verlasse hier das klassische Fresko mit dem Farbauftrag in das Nasse des Kalks und halte mich zudem nicht an die klassische Reihenfolge der Mörtelschichten.

Jede nachträglich aufgebrachte Farbe, z. B. Pigmente in Eitemperaemulsion oder Kaseinleim gebunden, wird durch die stark reflektierende Oberfläche des Kalkes zum Strahlen gebracht. Das ist ein richtiges Farbenereignis. Oder probieren Sie auch aus, was geschieht, wenn Sie nach dem Trocknen die Oberfläche wieder mit Schmirgelpapier und Kratzwerkzeugen verletzen.

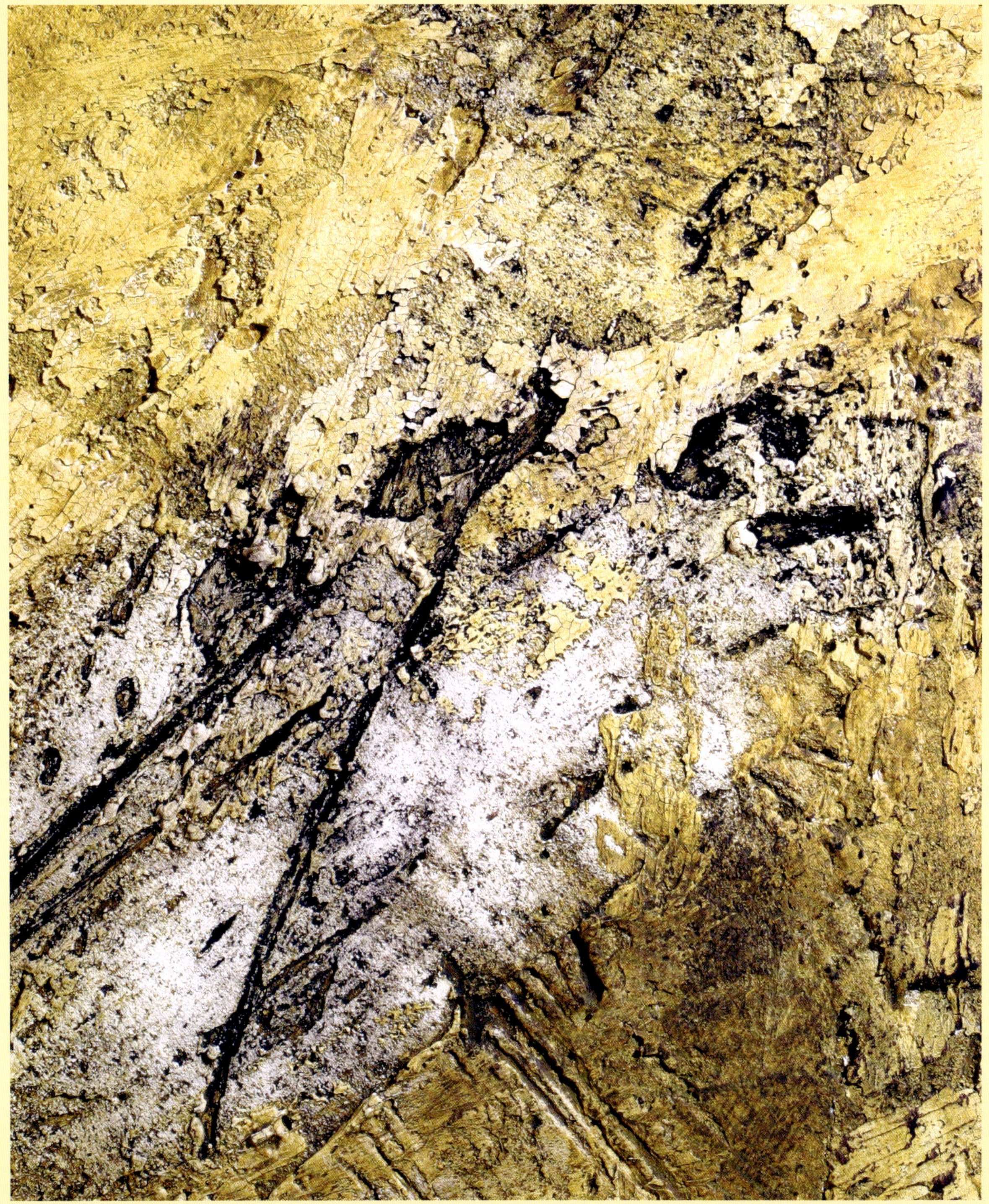

Struktur von Fresko-Sumpfkalk: Seine enorme Dichte und der Weißegrad bieten eine hohe Reflexionsfähigkeit

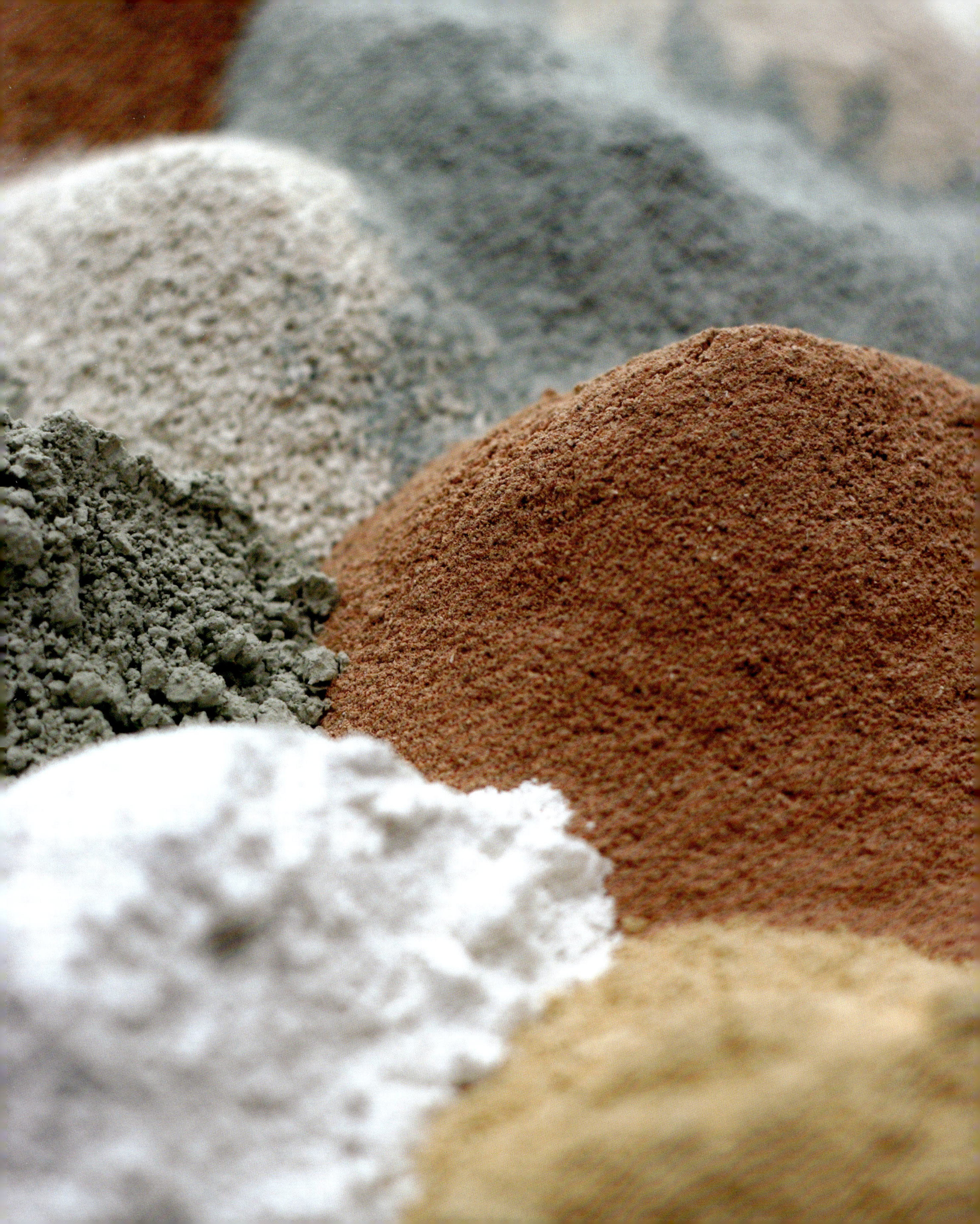

Die Basis: Spachtelmassen

Dispersions-Spachtelmassen: Grundsätzliches zur Herstellung

Der Anteil Dispersionsbinder…
Grundsätzlich müssen Sie im Folgenden davon ausgehen, dass ich unter Dispersionsbinder den milchig aussehenden Binder verstehe, der eine recht cremige, dickflüssige Konsistenz hat und transparent auftrocknet. Es ist ein Kunstharz-Dispersionsbinder, der auch zum Herstellen von Acrylfarben genommen werden kann und ferner – neben der Acrylemulsion – zum transparenten Grundieren ungrundierter Leinwand dient.

Es gibt ihn – wie natürlich alle Materialien – in unterschiedlichen Qualitäten. Sind Weichmacher enthalten? Ist der Dispersionsbinder weiß oder cremefarben im Ton? Ist er sehr konzentriert und dickflüssig oder hat er eine Konsistenz von verdünntem Holzleim? Diese und andere Unterschiede werden Sie vorfinden, aber Sie können mit all diesen Dispersionsbindern arbeiten.

Tipp: Als Faustregel gilt, je hochwertiger das Ausgangsmaterial, umso teurer die Anschaffung und besser die Haltbarkeit ihrer Spachtelmasse. Trotzdem kann man kaum Rückschlüsse auf die exakte Wirkung nach dem Trocknen ziehen: Nehme ich dieses Produkt, dann erhalte ich jene Struktur. Nein, hier spielt Ihnen das Material stets neue und interessante Streiche.

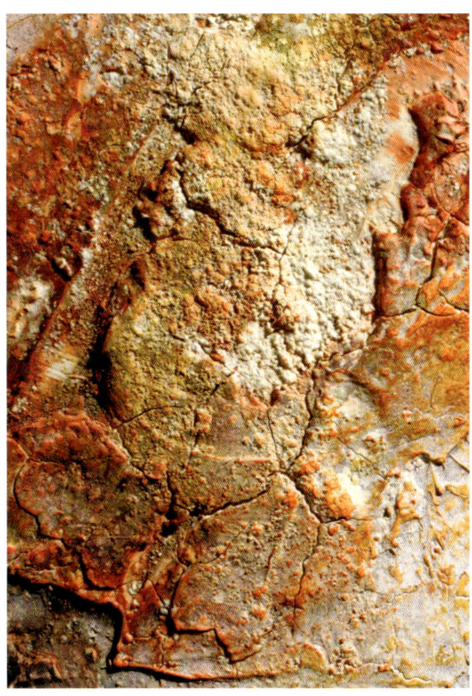

Marmormehl-Spachtelstruktur mit eingearbeitetem Leinöl, Holzbeize und eingeworfenem Marmormehl in die feuchte Masse

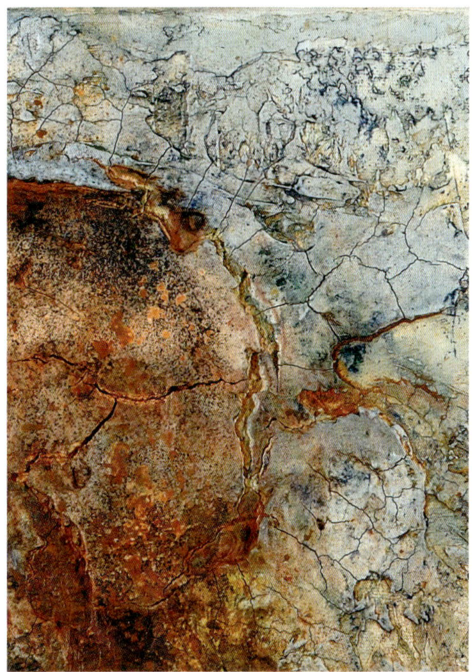

Marmormehl-Spachtelstruktur mit eingearbeitetem Leinöl und Holzbeize in die feuchte Masse und farblicher Weiterbearbeitung wie Waschung nach der Trocknung

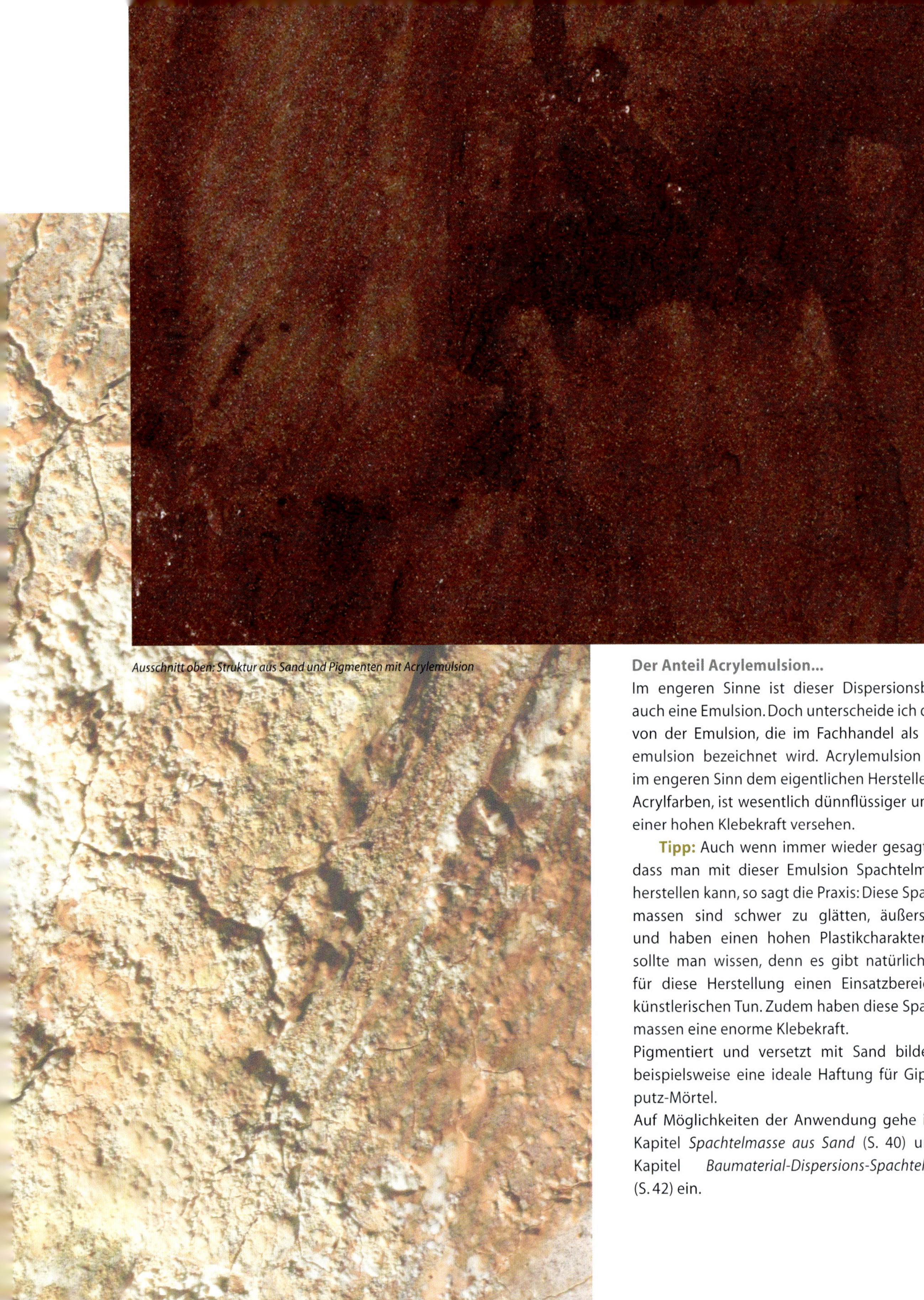

Ausschnitt oben: Struktur aus Sand und Pigmenten mit Acrylemulsion

Der Anteil Acrylemulsion...

Im engeren Sinne ist dieser Dispersionsbinder auch eine Emulsion. Doch unterscheide ich diesen von der Emulsion, die im Fachhandel als Acrylemulsion bezeichnet wird. Acrylemulsion dient im engeren Sinn dem eigentlichen Herstellen von Acrylfarben, ist wesentlich dünnflüssiger und mit einer hohen Klebekraft versehen.

Tipp: Auch wenn immer wieder gesagt wird, dass man mit dieser Emulsion Spachtelmassen herstellen kann, so sagt die Praxis: Diese Spachtelmassen sind schwer zu glätten, äußerst zäh und haben einen hohen Plastikcharakter. Dies sollte man wissen, denn es gibt natürlich auch für diese Herstellung einen Einsatzbereich im künstlerischen Tun. Zudem haben diese Spachtelmassen eine enorme Klebekraft.

Pigmentiert und versetzt mit Sand bilden sie beispielsweise eine ideale Haftung für Gipshaftputz-Mörtel.

Auf Möglichkeiten der Anwendung gehe ich im Kapitel *Spachtelmasse aus Sand* (S. 40) und im Kapitel *Baumaterial-Dispersions-Spachtelmasse* (S. 42) ein.

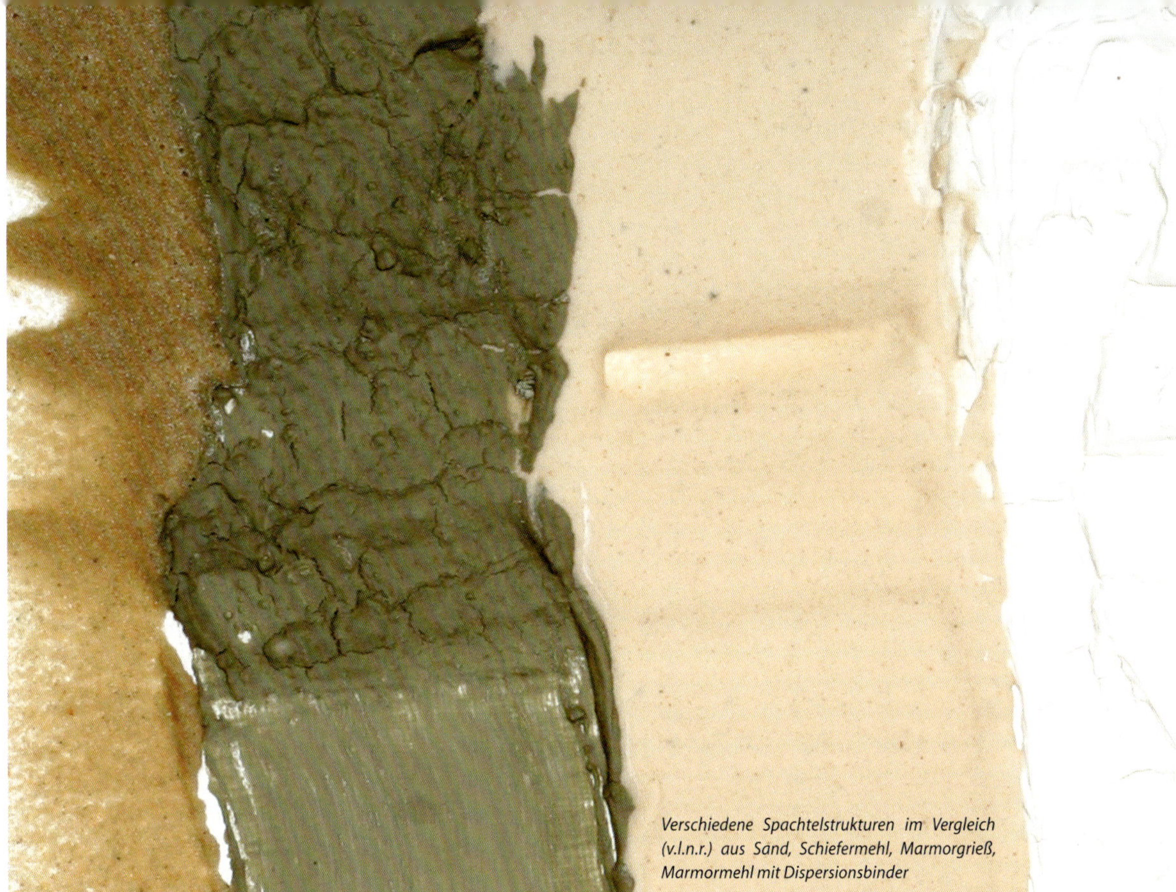

Verschiedene Spachtelstrukturen im Vergleich (v.l.n.r.) aus Sand, Schiefermehl, Marmorgrieß, Marmormehl mit Dispersionsbinder

Der Anteil Füllstoff...

Die Spachtelmassen, die nun folgend einzeln beschrieben werden, lassen sich äußerst einfach aus einem Füllmaterial wie Marmormehl, Marmorgrieß, Schiefermehl und Sand herstellen. Durch zusätzliches Einarbeiten von Wellpappe, Papier, Hanf, Gaze und vielen anderen Materialien können sie weiter abgewandelt werden. Hier nenne ich nur einige Möglichkeiten aus dem vielfältigen Repertoire. Vielleicht sollten Sie, wie ich zu Anfang meines Arbeitens, die Erde aus Ihrem Garten oder die Erde aus Ihrem toskanischen Urlaub nehmen und daraus eine Spachtelmasse herstellen. Wenn Sie die folgenden Anleitungen lesen, so sollen diese Ihnen weitere Möglichkeiten des Ausprobierens eröffnen.

Grundsätzlich: Bei den Maßverhältnissen gehen Sie stets von folgender Mischung aus: 2/3 Füllstoff und 1/3 Dispersionsbinder. Da allerdings auch optisch gleich aussehende Marmormehle in ihrer kristallinen Struktur unterschiedlich sind und Dispersionsbinder ebenfalls ihren jeweils eigenen Charakter haben, sind alle angegeben Maßverhältnisse für Sie eine Orientierung. Bei Marmorgrieß und anderen Füllstoffen verschiebt sich das Maßverhältnis von Füllstoff und Binder noch stärker in Richtung eines größeren Anteils an Binder.

Wie in einem italienischen Kochbuch, in dem Sie eher wenige exakte Maßangaben antreffen, orientieren Sie sich danach, dass Sie einen festeren Rührteig herstellen. Der Füllstoffanteil muss zumeist eindeutig überwiegen. So können Sie mit Leichtigkeit die Masse glatt bekommen. Wollen Sie den Teig für Ihren Verwendungszweck dann eher dünner haben, mischen Sie erst nach der Herstellung der Spachtelmasse weiteren Dispersionsbinder unter!!!

Fehlerquellen: Nehmen Sie den Dispersionsbinder immer unverdünnt, wenn Sie mit Füllstoffen arbeiten, die keine eigene Bindekraft haben. Durch den späteren Auftrag der Farben kann es zu chemischen Reaktionen kommen, Ihre Spachtelmasse kann beim Trocknen der Farbe möglicherweise wieder aufweichen. Testreihen von mir zeigten solche Spätreaktionen.

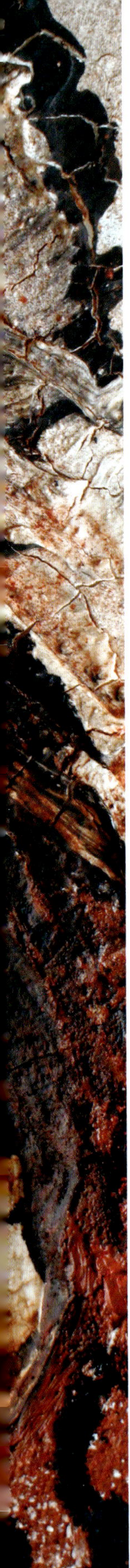

Verschiedene Dispersions-Spachtelmassen

Marmormehl-Spachtelmasse

Sie füllen das Marmormehl in ein Gefäß mit möglichst senkrechten Wänden und geben den Dispersionsbinder unverdünnt nachträglich hinzu. Das Verhältnis ist etwa: 2/3 Marmormehl und 1/3 Dispersionsbinder. Sie orientieren sich daran, dass Sie einen festeren Rührteig erzeugen. Sie verrühren mit dem Japanspachtel mit nur leichtem Druck und ohne Anstrengung den Füllstoff und den Dispersionsbinder. In Kürze haben Sie eine feine, glänzende Masse, die aussieht, als hätten Sie Öl hineingegeben. Wollen Sie uneingearbeitetes Marmormehl erhalten, sichtbar durch kleine Knubbel in der Masse, so hören Sie einfach vorher mit dem Verrühren auf. Die Spachtelmasse lässt sich auch dergestalt ohne Probleme verarbeiten.

Eine hauchdünn aufgetragene Marmormehl-Spachtelmasse ist mit dem Auftrag nahezu schon aufgetrocknet. Das ändert sich natürlich mit der zunehmenden Dicke. Je extremer der Auftrag um so länger benötigt der Trockenvorgang, der im Extremfall bis zu 24 Stunden dauern kann – eine übliche Raumtemperatur vorausgesetzt.

Sie können davon ausgehen, dass die Marmormehl-Spachtelmasse Risse beim Auftrocknen und bei zunehmender Auftragsdicke entwickelt, die eine Haftung auf dem Untergrund im Normalfall überhaupt nicht beeinträchtigt. Im Gegenteil: Die Oberfläche wird mit der Rissbildung lebendiger.

Tipp: Selbst größere Mengen können Sie hervorragend mit einem kurzen, schmalen Japanspachtel anrühren. Wird es Ihnen allerdings zu viel in der Menge, so nehmen Sie einen alten, ausrangierten Küchenquirl zu Hilfe.

Möchten Sie mit der Masse auf Ihrer Leinwand etwas modellieren, so sollten Sie darauf achten, dass sie gut durchgearbeitet und in ihrer Grundkonsistenz wenig breiig, sondern fest ist. Sie können davon ausgehen, dass ein dicker Auftrag auch eine starke Rissbildung nach sich zieht. Wie die Risse sich entwickeln, können Sie nie genau vorhersehen. Möchten Sie allerdings eine gerissene Fläche provozieren, so können Sie mit dem heißen Luftstrahl eines Haarföhns nachhelfen.

Wenn Sie eine feine, flüssigere Marmormehl-Spachtelmasse erzeugen möchten, so wählen Sie stets den Weg, dass Sie von der steiferen Masse ausgehen, die Knubbel leicht herausdrücken können und die Masse nach Fertigstellung mit weiterem Dispersionsbinder – nicht mit Wasser – verdünnen.

Und haben Sie einiges an Spachtelmasse übrig, so legen Sie ein Stück Plastikfolie zur Abdeckung über die Masse, bevor Sie das Gefäß luftdicht verschließen. So haben Sie noch viele Wochen etwas von Ihrem Material.

Fehlerquellen: Hier liegt der häufigste Fehler im Verdünnen des Dispersionsbinders mit Wasser, was die Klebekraft mindert. Es passiert auch immer wieder, dass man sich das Leben schwer macht, indem man einen zu langen und harten Spachtel anstatt des kurzen Japanspachtels zum Anmengen nimmt.

Diese Dispersions-Spachtelmasse hält auf nahezu allen Untergründen: Aluminium, Glas, Plastik, Leinwand, Papier, Holz und anderem Material. Bestehen die Untergründe allerdings aus alten Ölfarben oder anderen öligen Flächen, sollten diese gründlich entfettet (mit Aceton) bzw. durchgetrocknet sein. Dass natürlich mit diesem „Fehler" auch wieder künstlerisch gearbeitet werden kann, zeige ich in dem Kapitel *Praktische Einladung in das Experimentierfeld* auf (S.100-150).

Abb. rechts oben: Marmormehl-Spachtelstruktur mit eingearbeitetem Leinöl, Tusche und eingepusteten Pigmenten in die feuchte Masse
Abb. rechts unten: Marmormehl-Spachtelstruktur mit eingearbeitetem Leinöl, Tusche und eingepusteten Pigmenten wie Sanden in die feuchte Masse

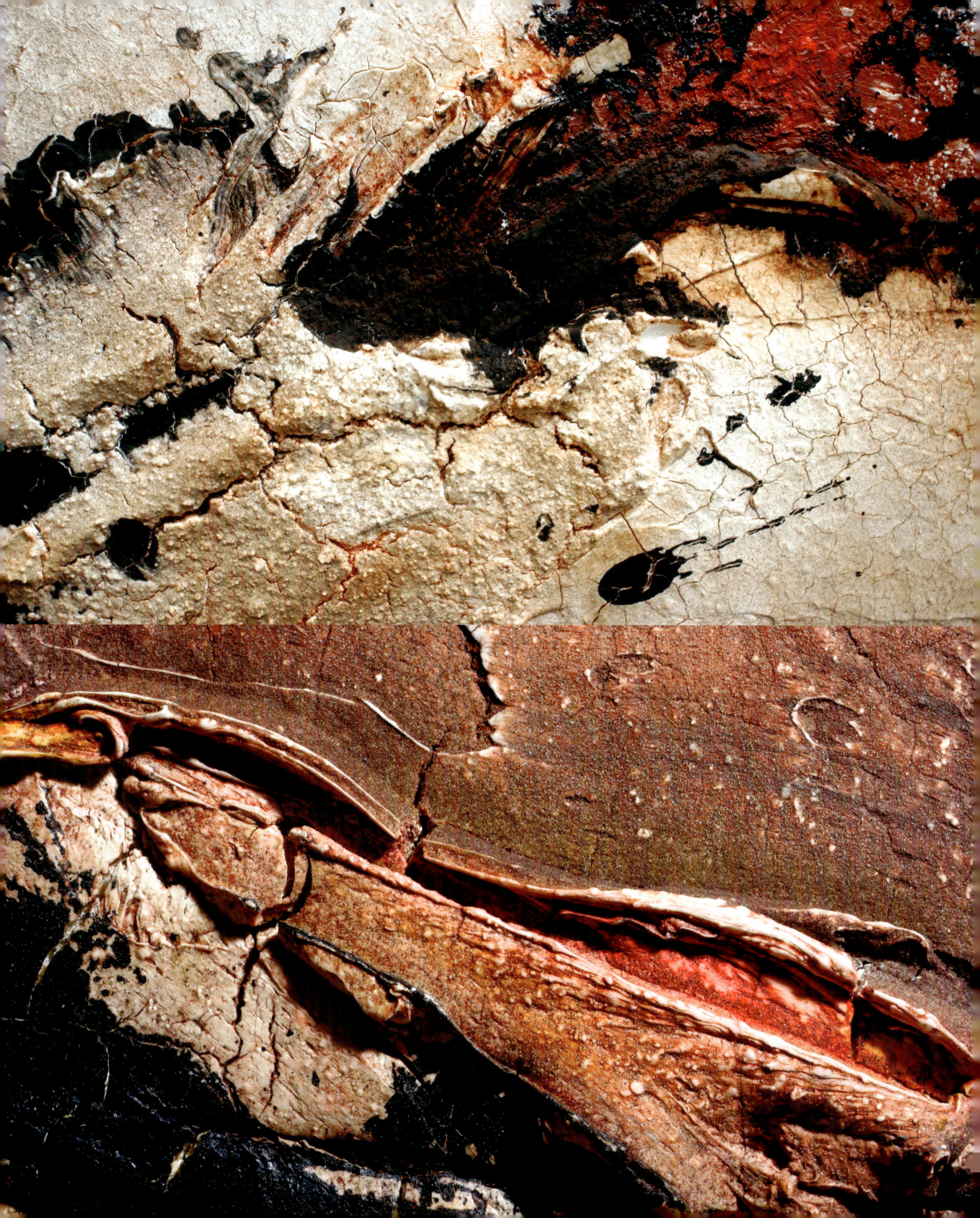

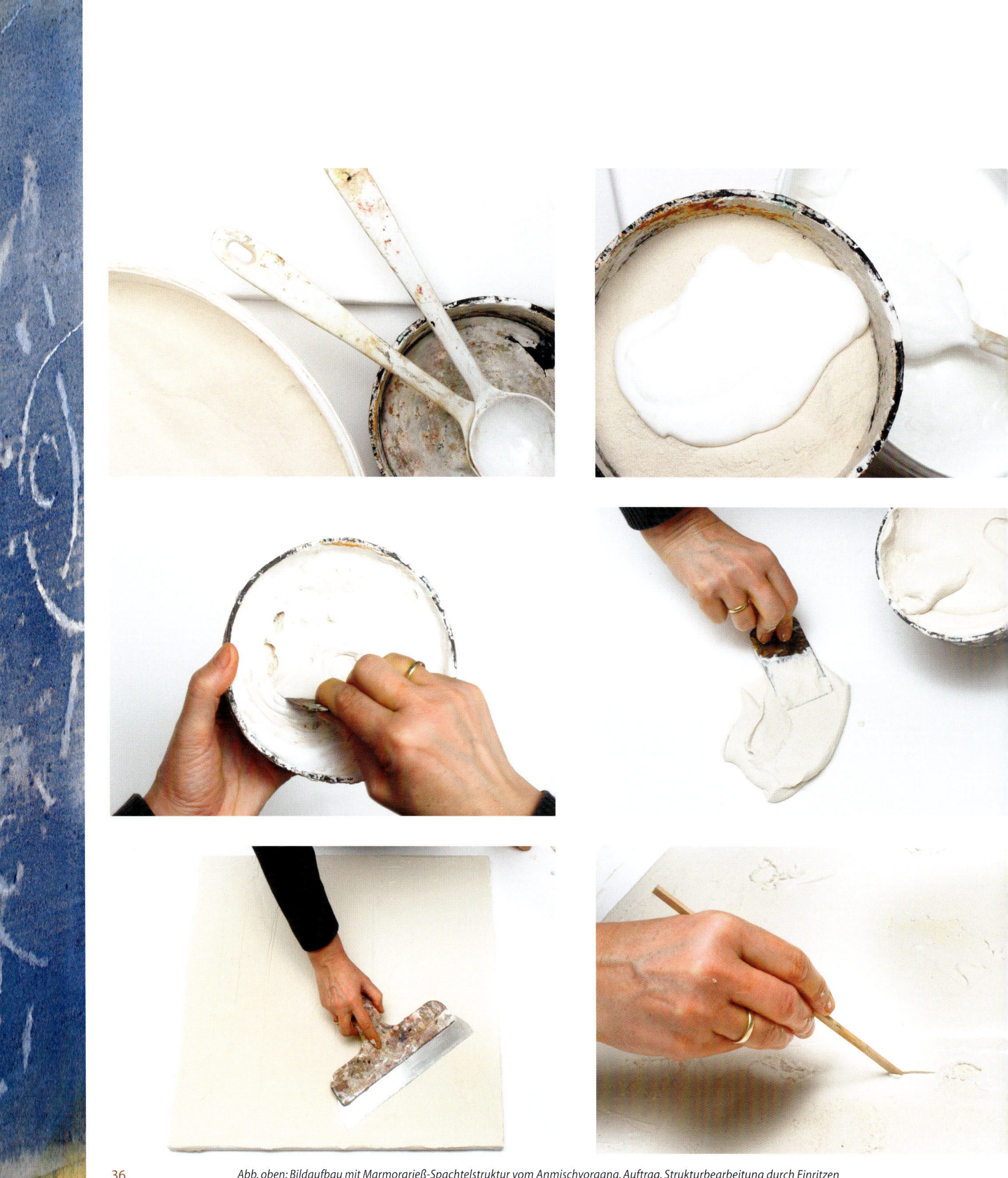

Abb. oben: Bildaufbau mit Marmorgrieß-Spachtelstruktur vom Anmischvorgang, Auftrag, Strukturbearbeitung durch Einritzen
Abb. rechts: Farbauftrag mit selbst hergestellter Eitemperafarbe mit Pinsel, Schwamm und Lackfarbrolle bis zum teilweisen Abtrag

Marmorgrieß-Spachtelmasse

Sie füllen den weißen oder farbigen Marmorgrieß in ein Gefäß mit möglichst senkrechten Wänden und geben den Dispersionsbinder unverdünnt nachträglich hinzu. Sie orientieren sich an dem Verhältnis von 3/5 Marmorgrieß zu 2/5 Dispersionsbinder. Sie sollten einen mittelfesten Rührteig erzeugen. Mit leichtem Druck und ohne Anstrengung werden Füllstoff und Dispersionsbinder mit dem Japanspachtel vermengt. In Kürze haben Sie eine körnige, breiige Masse, die sich sehr leicht auftragen lässt.

Tipp: Die Farbe verhält sich bei dem Auftrag auf einer Marmorgrieß-Spachtelmasse sehr unterschiedlich im Vergleich zu dem Auftrag auf Marmormehl-Spachtelmasse, da die Körnigkeit des Untergrundes die Farbe weniger „loslässt", d. h. der Farbauftrag wirkt schneller intensiv und Lichter lassen sich nachträglich schwerer wieder hineinarbeiten. Allerdings lassen sich in einen Marmorgrieß-Spachtelmassen-Untergrund besonders schön Symbole hineinziehen. So entstehen reliefähnliche Untergrundbearbeitungen.

Arbeiten Sie nicht nur mit dem Pinsel, sondern auch mit Lackierrollen und nehmen Sie die Höhen mit. Heben Sie zwischen den einzelnen Farbaufträgen Farbe mit einem feuchten Schwamm heraus.

Ohne Probleme können Sie auch Marmormehl und Marmorgrieß miteinander mischen und daraus eine abgewandelte, körnige Spachtelmasse herstellen. Bei farbigem Marmorgrieß ist dies zudem sehr reizvoll, da Sie mit der Intensität des Farbtons spielen können. Dünn aufgespachtelt erhält man zudem bei dieser Mischung von Marmormehl und Marmorgrieß einen interessanten, eben nicht homogenen Untergrund.

Fehlerquellen: Hier liegt der häufigste Fehler ebenfalls wieder im Verdünnen des Dispersionsbinders mit Wasser, was die Klebekraft deutlich herabmindert. Ansonsten gelten die gleichen Fehlerquellen, die ich bereits unter dem Punkt *Marmormehl-Spachtelmasse* (S.34/35) aufgeführt habe.

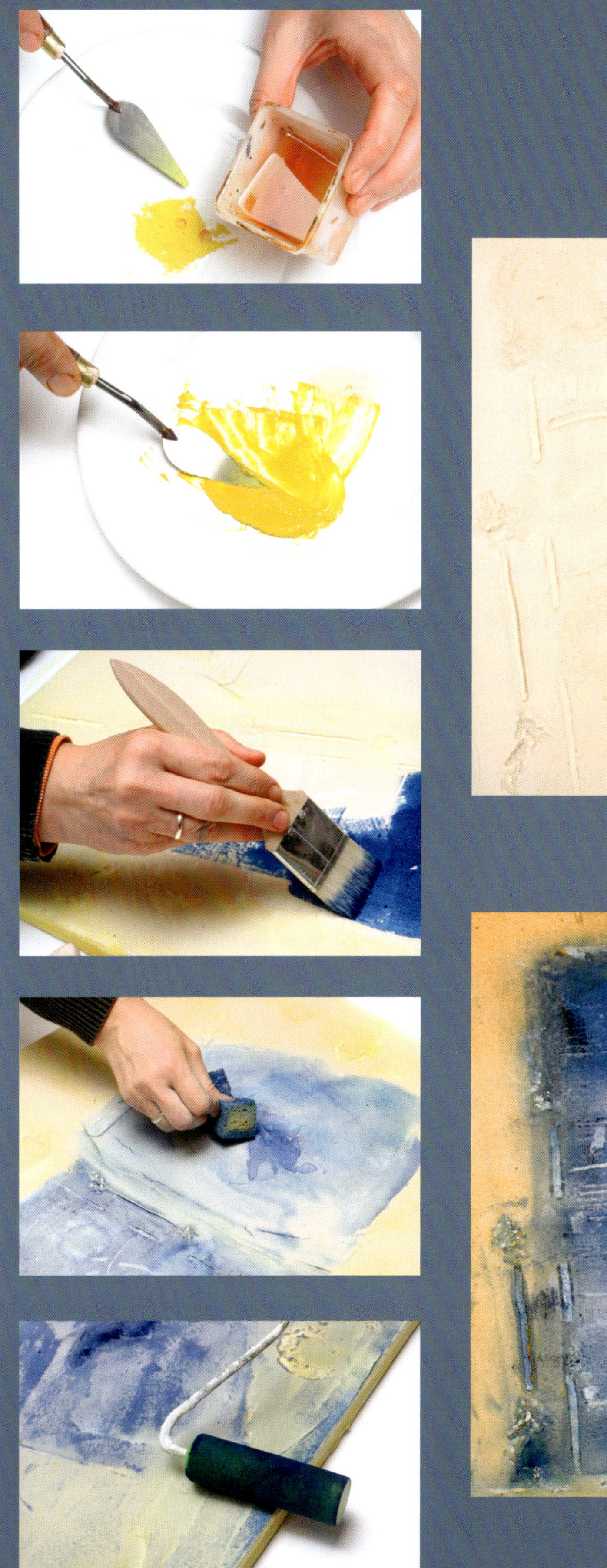

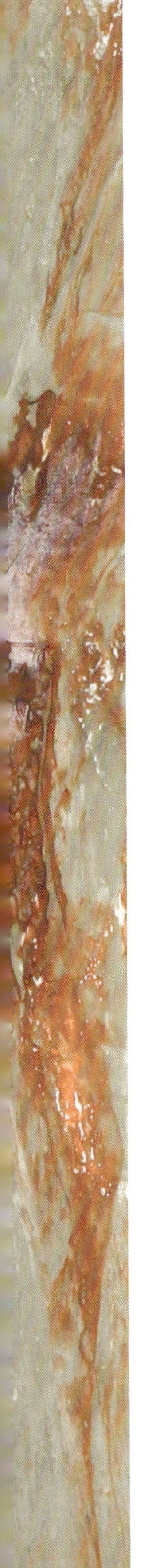

Schiefermehl-Spachtelmasse

Schiefermehl gehört zu den bei Künstlern eher unbekannten natürlichen Erdpigmenten. Im engeren Sinne ist es ein Steinmehl bzw. eine Steinkreide. Es kommt in folgenden Farbabstufungen vor: vom hellsten Hellgrau, über Hellgrau-Grün zu Grau-Grün, Blau-Grau und fast Schwarz. Schiefermehl zeichnet sich durch eine hohe Lichtechtheit aus.

Ich stelle in diesem Buch die hellgraue Sorte vor. Es zeigt sich hierbei deutlich, dass diese Spachtelmasse nach dem Auftrocknen im Ton variieren kann. Wir haben es hier eben mit dem interessanten Aspekt „Pigment" zu tun. Pigmente eröffnen uns ja stets ein Farbspektrum, je nachdem, welchen Binder sie enthalten und in welcher Konzentration dieser zugesetzt wird.

Sie füllen das Schiefermehl in ein Gefäß mit möglichst senkrechten Wänden und geben den Dispersionsbinder unverdünnt nachträglich hinzu – genauso, wie Sie es bei dem Marmormehl und dem Marmorgrieß bereits kennen gelernt haben. Sie orientieren sich daran, dass Sie einen festeren Rührteig erzeugen: etwa 3/5 Schiefermehl und 2/5 Dispersionsbinder. Sie arbeiten nur mit leichtem Druck und ohne Anstrengung mit dem Japanspachtel den Füllstoff und den Dispersionsbinder untereinander. In Kürze haben Sie eine feine, glänzende Masse, die aussieht, als hätten Sie Öl hineingegeben. Der Ton des Schiefermehls hat sich stark verdunkelt.

Tipp: Experimentieren Sie hier mit den Mengenverhältnissen von Pigment und Binder, um das Farbenspiel des Pigments zu erfahren. Der Farbton der Spachtelmasse wird nach dem Trocknen etwas heller. Eine Verdunkelung bleibt allerdings. Zusätzlich könnten Sie das Pigment Schiefermehl trocken auf Ihre aufgetragene, noch feuchte Masse sieben oder drauf werfen. Drücken Sie dann das Gestreute mit einem Seidenpapier an. Sie ziehen das Seidenpapier wieder umsichtig ab und lassen alles trocknen. Wenn dies geschehen ist, bürsten Sie den nicht haftenden Überschuss heraus. Die Untergrundbearbeitung bekommt dadurch aufgebrochene, helle Stellen und wird sehr lebendig. In dem Kapitel *Praktische Einladung in das Experimentierfeld* (S. 100-150) gehe ich ausführlich auf das Beispiel mit den „falschen" Verhältnissen ein. Hier ignoriere ich die Notwendigkeit der „richtigen" Mengenverhältnisse und mische zudem die Spachtelmasse zum wesentlichsten Teil auf dem Untergrund an. Durch dieses Spiel von trockenen und feuchten Stellen im Untergrund und dem Abziehen mit Seidenpapieren entstehen flechten- und moosähnliche Strukturen.

Durch meine Aufenthalte in Norwegen und den Wanderungen durch die Landschaft mit ihrem klaren Licht glänzte mir das Farbenspiel einer Vielzahl an Flechten und Moosen entgegen und das Gefühl unter den Füßen war bei jedem Schritt weich, wenn ich durch die Wiesen ging. Diesem Wahrnehmen, dieser Stofflichkeit wollte ich einen Ausdruck geben. So kam ich durch Experimentieren auf dieses Schichten von Strukturen, wie ich es Ihnen später im Detail versuchen werde, näher zu bringen.

Fehlerquellen: Hier liegt der häufigste Fehler ebenfalls wieder im Verdünnen des Dispersionsbinders mit Wasser, was die Klebekraft deutlich herabmindert. Und häufig wird bei dieser Spachtelmasse der eigene Ton des Schiefers ignoriert, der durch das Pigment entsteht. Die Bilder werden dann schwer und trüb. Wenn Sie dies allerdings als den dann neuen Ausgangspunkt ansehen, werden Sie auf eine wunderbare weitere Bearbeitungsmöglichkeit stoßen und mit Farbe stärker eingreifen. In der Vergangenheit unternahm ich mit Kursteilnehmern auf diese Weise eine Reise in die Höhlenmalereien.

Abb. rechts: Bildaufbau mit Schiefermehl-Spachtelstruktur vom Auftrag, Strukturbearbeitung durch Spachtel und nachträglichem, trockenen Schiefermaterial bis zum Farbauftrag mit Beize z. T. in Leinöl – alles in die noch feuchte Masse

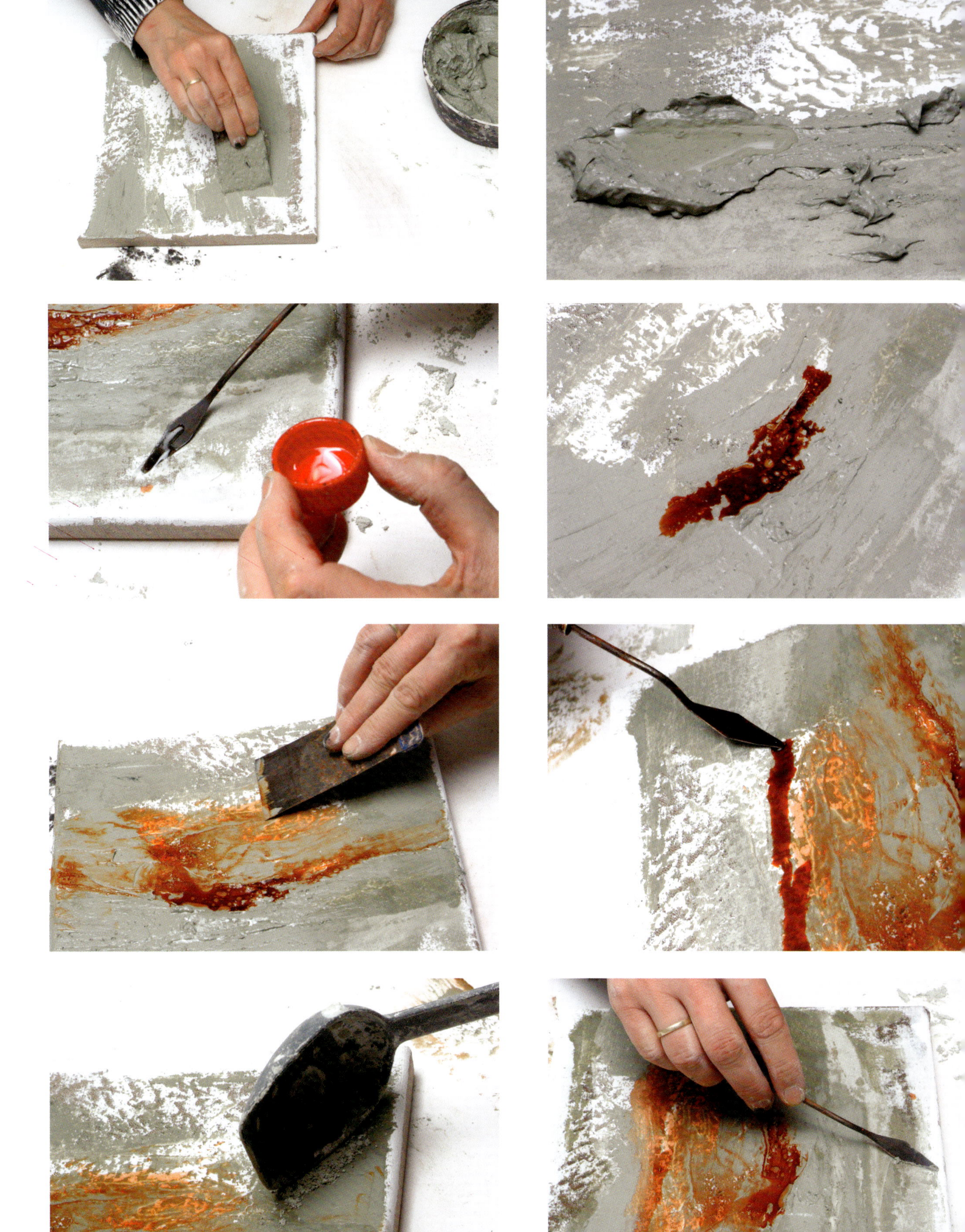

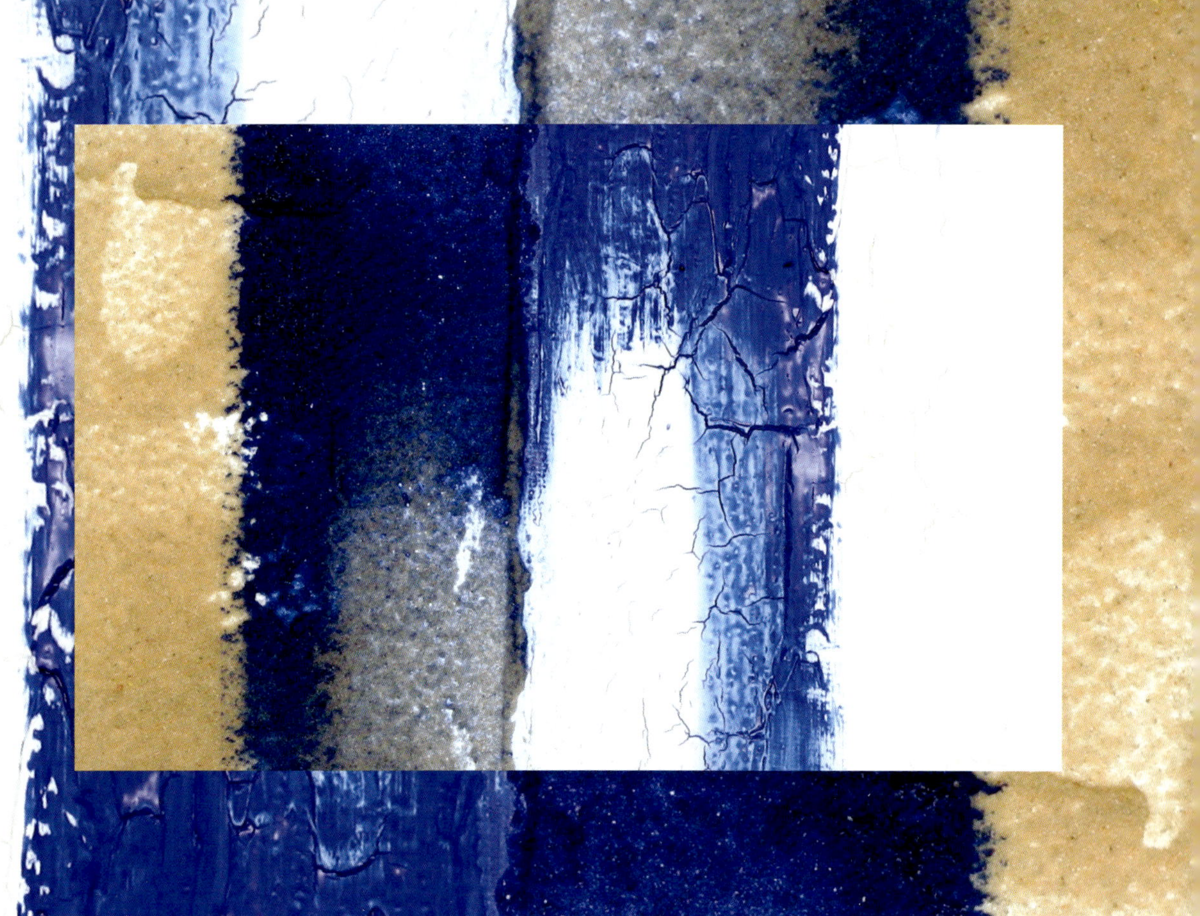

Spachtelmasse aus Sand

Sie nehmen den Sand in ein Gefäß und füllen Dispersionsbinder oder jetzt auch alternativ Acrylemulsion ein. Das Verhältnis variiert je nach Einsatzbereich:

Sand und Dispersionsbinder nehmen Sie im Verhältnis 1 zu 1, wenn Sie den Sand dicker auftragen wollen und einen saugfähigen Untergrund haben wie zum Beispiel grundierte Leinwand.

Ist der Untergrund sehr glatt wie bei Hartfaserplatten, Sperrholz und ähnlichem, so nehmen Sie Acrylemulsion anstatt Dispersionsbinder, da diese die Klebekraft erhöht. Die Spachtelmasse wird hier wieder wie oben beschrieben zu einem dicken Rührteig vermengt.

Sand und Acrylemulsion nehmen Sie im Verhältnis 2/5 zu 3/5, wenn Sie einen rauen Haftgrund für Kalk- und Gipshaftputze herstellen wollen. Die Spachtelmasse wird dann zu einem dünnflüssigen Rührteig verarbeitet. Der Sand kann auch gröber sein.

Tipp: Achten Sie darauf, dass der Sand mit dem Binder dunkler wird und nach der Trocknung auch dunkel bleibt. Das gilt selbstverständlich für alle Sandfarben.

Sie können den naturfarbenen Sand natürlich beim Herstellungsprozess zur Spachtelmasse mit fertigen Acrylfarben einfärben. Da der Sand aber eher die Neigung hat, der Farbe bei späteren Farbaufträgen einen „schweren" Charakter zu geben, rate ich zu einem Einfärben mit Pigmenten. Die dadurch in sich changierende Wirkung verleiht der Sand-Spachtelmasse einen lebendigen Ausdruck und bleibt offener und transparenter in der Oberflächenwirkung.

Fehlerquellen: Die getrocknete Sand-Spachtelmasse „schluckt" den anschließenden Farbauftrag und ist darüber hinaus nicht gut schleifbar, was oft nicht berücksichtigt wird. Diese Eigenarten des Sandes erschweren es häufig, die Masse in das Gesamtgefüge eines Bildes gestalterisch einzubetten.

Abb. oben: Sand- und Marmormehl-Spachtelstrukturen im Vergleich, wenn nach der Trocknung Farbe auf- und abgetragen wird

Abb. rechts: Beispielbild aus der Kindermalgruppe „Klecker" – Gipshaftputz-Spachtelmasse mit eingepusteten Pigmenten und eingeklebten Fundstücken der Waldsuche in die noch feuchte Masse; nach der Trocknung wurde der Pigmentüberschuss mit Zelluloseleim eingearbeitet und die Struktur mit Schwamm und Wasser herausgehoben.

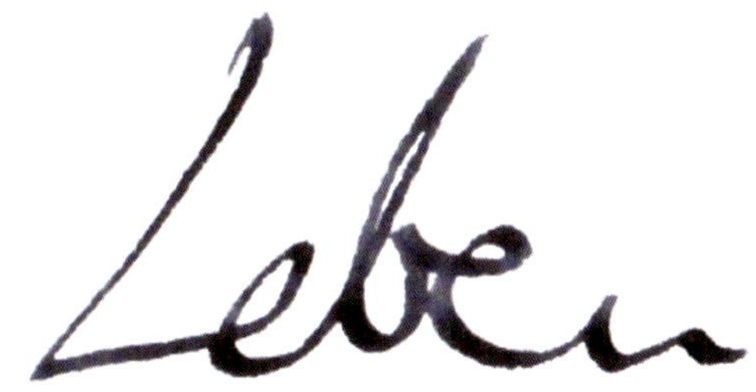

Allgemeine Abwandlungsmöglichkeiten zur Spachtelmassenstruktur

Den gespachtelten Strukturuntergrund können Sie weiter durch das Einkleben von Papieren, Pappen, Hanf und anderen Elementen abwandeln. Die Dispersions-Spachtelmassen haben eine hohe Klebekraft. Im feuchten Zustand können Sie diese fremden Materialien zusätzlich einkleben. Besonders einfach ist es bei Stoffen, die eine eigene Saugfähigkeit besitzen wie Wellpappe, Seiden- und Pergaminpapier.

Auch das partielle Einpusten von feinen Sanden in Ihr Bild, solange Ihre Spachtelmasse feucht ist, verändert die Struktur. Überall dort, wo der Sand haftet, verhält sich auch die fein aufgetragene Farbe anders: Sie kommt stofflicher, matter und dunkler daher. In der optischen Wirkung ist der Farbauftrag dann stumpfer und er wirkt so, als würde das Pigment offen aufliegen. Sehr reizvoll!

Tipp: Es ist ratsam, alle hinzugefügten Elemente nicht einfach oben draufzusetzen. Die Wirkung ist häufig im wahrsten Sinne „aufgesetzt". Überziehen Sie die eingearbeiteten Elemente in Ihrem Bild zum Teil mit Spachtelmasse – und später auch mit den Farben. Sie werden somit eingebettet und integrieren sich sehr organisch in das Gesamtgefüge des Bildes. Es verhält sich eben im detaillierten Arbeiten an einem Bild wie im richtigen Leben: „Wenn ich mit nichts etwas zu tun haben will, bleibe ich auch immer aus dem Geschehen draußen."

Sande können hier neben dem Pigment wie oben schon erwähnt als Verstärkung der Struktur mit einem Siebchen eingestreut wie auch seitlich eingepustet werden. Durch das Einpusten erreicht man Verläufe, durch das Einsieben ist eine punktuelle Betonung möglich.

Löst sich nach der Trocknung etwas von den wichtigen Versatzstücken im Bild, so scheuen Sie sich nicht und helfen mit dem nachträglichen Festkleben nach. Sie können sogar zu Holzleim greifen. Ansonsten ist meine Devise immer: „Was runter will, soll runter. Man muss sich auch von Nichthaftendem verabschieden können."

Fehlerquellen: Die Spachtelmasse muss unbedingt feucht und von ihrem Auftrag her dick genug für das einzuklebende Objekt sein.

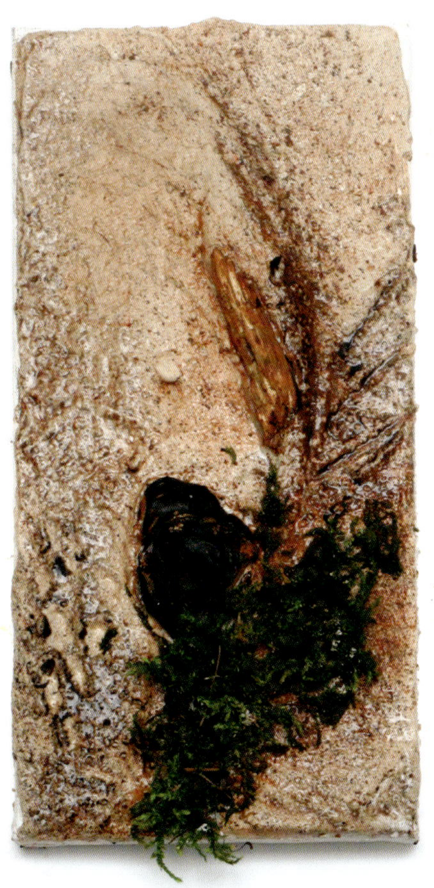

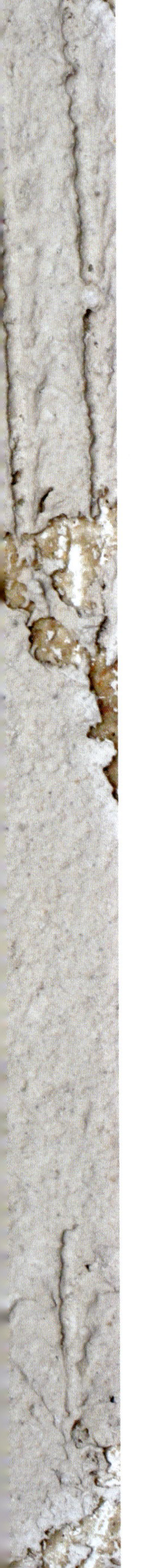

Baumaterial-Dispersions-Spachtelmasse

Interessant wird der Dispersionsbinder zudem im Zusammenhang mit Baumaterialien. Dieses für Künstler so wertvolle Produkt macht es möglich, beispielsweise Gipshaftputz im malerischen Zusammenhang sogar auf einem flexiblen Untergrund wie Leinwand zu verwenden. Zu diesem Zweck muss die Masse angemengt werden – jedoch nicht wie gewohnt ausschließlich mit Wasser, sondern mit einer Mischung aus Wasser und „einem guten Schuss" Dispersionsbinder. Das Verhältnis muss ausprobiert werden und ist abhängig von dem Baustoff, der Verwendung findet.

Hier stelle ich beispielhaft das Arbeiten mit dem Gipshaftputz als einen Vertreter aus den Reihen der Baumaterialien vor. Der Gipshaftputz ist in unseren Breitengraden das klassische Verputzmaterial von Innenraumwänden. Er besteht aus einer Mischung von gröber gemahlenem Naturgips – Reagips – und einer Kunststoff-Haftemulsion. Im Handel gibt es für diese Mischung unterschiedliche Produktnahmen.

Nun könnte man davon ausgehen, dass diese Mischung von Gips und dem Anteil an Kunststofemulsion (= Dispersionsbinder = Acrylbinder) schon ausreicht, um damit den künstlerischen Ansprüchen von Haltbarkeit, längerer Möglichkeit der Bearbeitung und Flexibilität zu genügen. Wer es ausprobiert hat, weiß, dass das nicht so ist. Das Material reißt und fällt von der Leinwand. Die Möglichkeiten des Dispersionsbinders kommen nun zum Tragen.

Sie stellen in einem separaten Gefäß – welches sie verschrauben können und eine Menge von 3-5 Litern fasst – eine Wasser-Dispersionsmischung im Verhältnis von zwei Anteilen Wasser zu einem Anteil Dispersionsbinder her. Wenn Sie eher großzügig arbeiten und nicht zu genauen Abmessungen neigen, dann „vertun" Sie sich eher zugunsten des Dispersionsbinders.

Dann füllen Sie Gipshaftputz in eine Plastikschüssel oder in einen kleinen Eimer. Gießen Sie nach und nach die Wasser-Dispersionsmischung hinzu und rühren mit einem Stielspachtel das Wasser sofort ein. Dies machen Sie, bis Sie eine feuchte Mischung hergestellt haben, die eher einem breiigen Rührteig ähnelt. Sie können auch in umgekehrter Reihenfolge vorgehen und zunächst die Wasser-Dispersionsmischung in ein Gefäß einfüllen und den Gipshaftputz einrühren, bis er die richtige Konsistenz hat. Schauen Sie, mit welcher Reihenfolge Sie persönlich besser zurechtkommen.

Sie können nun mit der Masse direkt auf Ihrem Untergrund arbeiten (1) oder auf einem zuvor separat hergestellten Haftuntergrund (2: Sand und Acrylemulsion). Eine weitere in diesem Buch nicht dargestellte Variante (3) ist, diese Spachtelmasse nachträglich bzw. zusätzlich als Strukturelement einer ansonsten überwiegend rein gemalten Arbeit einzusetzen.

Sie haben 30-45 Minuten Zeit, mit diesem Material zu arbeiten, es hin und her zu schieben. Sie haben zusätzlich bei dieser Masse die Möglichkeit, auf Ihrem Untergrund in einer Höhe von mehreren Zentimetern zu modellieren! Es ist auch möglich in mehreren Lagen mit Zwischentrocknungen zu arbeiten. Die exakte Zeit der Verarbeitbarkeit hängt von der Dicke des Auftrags und der Menge des zugeführten Dispersionsbinders ab. Sobald die Masse abbindet, müssen Sie aufhören. Das merken Sie daran, dass sie oberflächig trocken wird.

Nun, natürlich habe ich auch schon im Verlauf des Unterrichtens erlebt, dass der Punkt bei Studenten überschritten wurde und sich ganze Teile des Bildes wieder lösten. Hier hilft kein Rettungsversuch: Klopfen Sie ab, was runter will und nehmen Sie entweder die dann vorliegende Situation als Ausgangsbasis oder Sie verabschieden sich von der Arbeit.

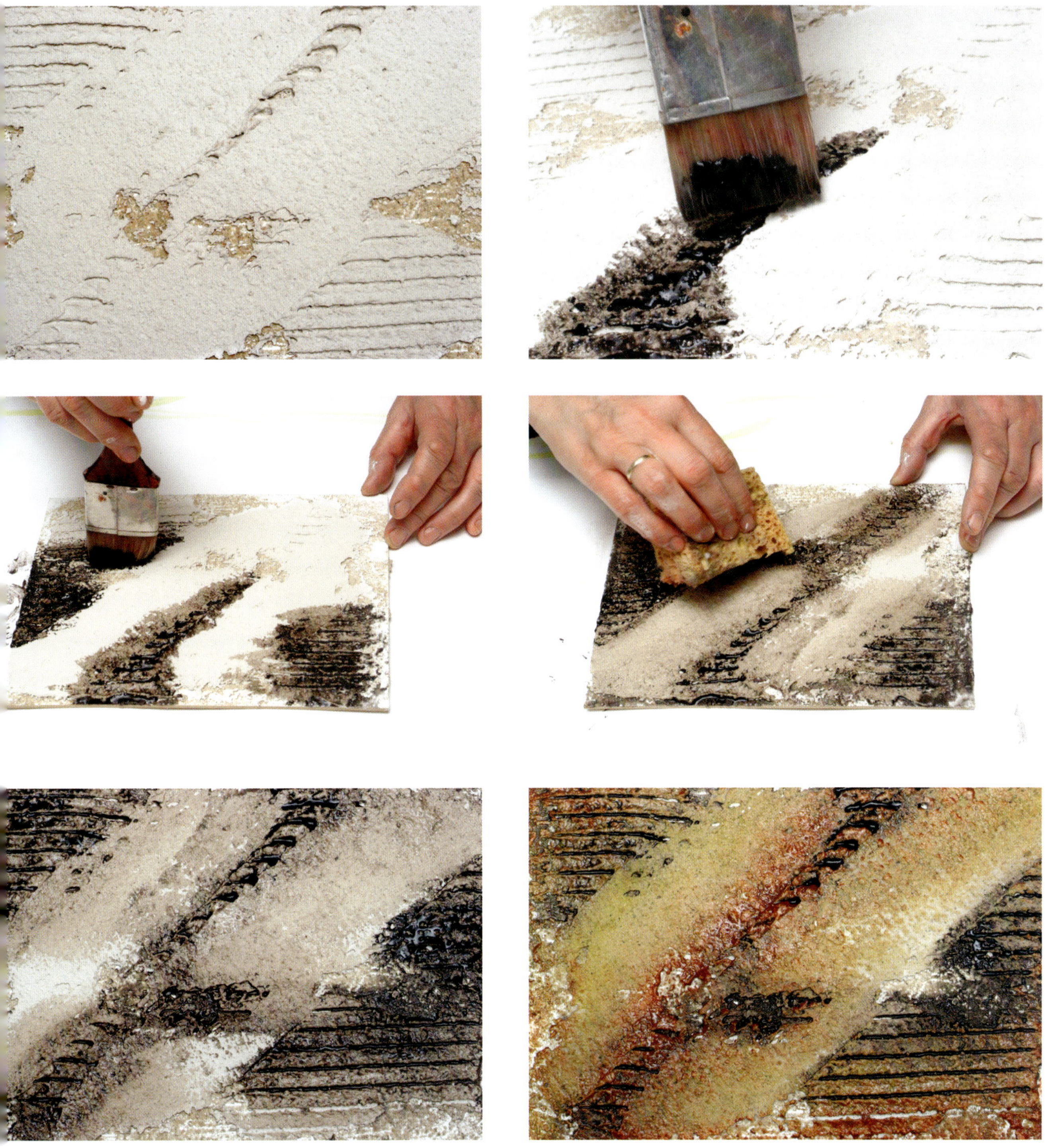

Bildaufbau mit Gipshaftputz-Spachtelmasse vom Auftrag mit einem Zahnspachtel und der farblichen Weiterbearbeitung nach der Trocknung mit selbst hergestellter Farbe aus Pigmenten und Zelluloseleim

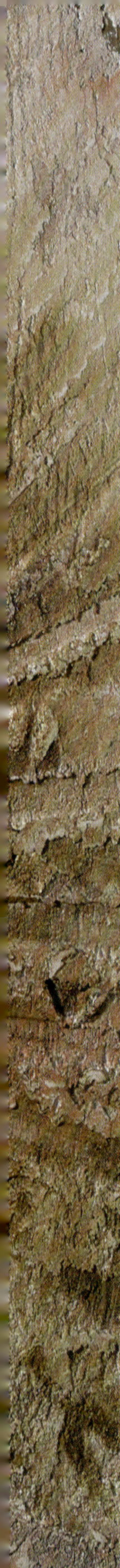

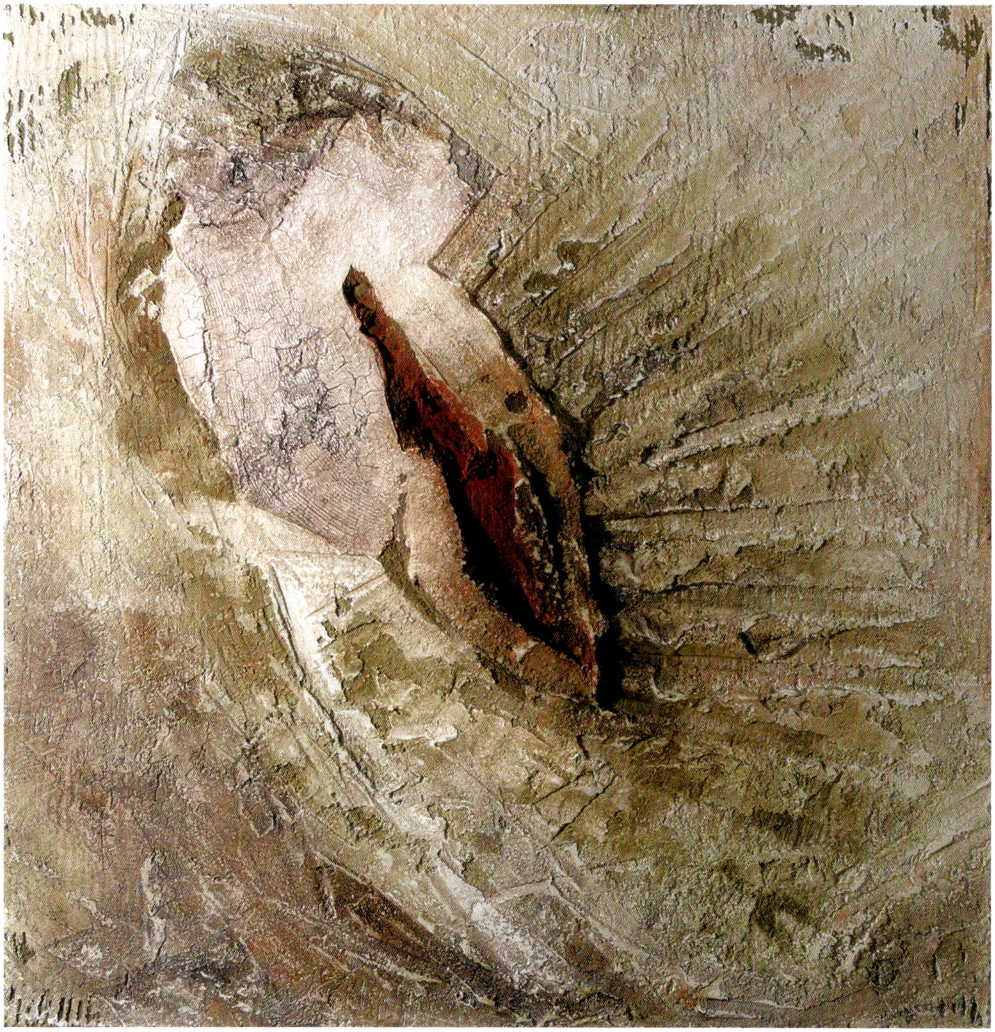

Abb. oben: Bild 4 aus der Reihe „Körperwelten", 2005, 120 x 120 cm
Gipshaftputz-Spachtelmasse auf Haftgrund mit Sand, Pigmenten in Acrylemulsion – mit eingearbeiteter Marmormehl-Spachtelstruktur, farbigen Sanden und Pigmenten in die feuchte Masse; Schleifprozess und Einarbeiten des Pigmentüberschusses nach dem Trocknungsprozess; Kaseinleimfirnis

Abb. rechts: beispielhafter Bildaufbau für Gipshaftputz-Spachtelmasse auf Haftgrund mit Sand, Pigmenten in Acrylemulsion – mit eingearbeiteter Marmormehl-Spachtelstruktur, farbigen Sanden und Pigmenten in die feuchte Masse; Einarbeiten des Pigmentüberschusses nach dem Trocknungsprozess; Kaseinfirnis

Tipp zu 1

Wenn Sie die Variante 1 wählen und direkt auf der Leinwand arbeiten wollen: Sie haben eine grundierte Leinwand vor sich liegen, d. h. sie ist weiß oder transparent grundiert. Das Gipsmaterial, welches einen Untergrund benötigt, in den es sich „festkrallen" kann, findet in der grundierten Leinwand einen recht guten Untergrund.

Fehlerquellen zu 1

Punktuell können Sie 1-5 und mehr Zentimeter aufbauen. Sie haben allerdings darauf zu achten, dass Sie dies nicht großflächig über Ihre Leinwand in einer dicken Schicht tun.

Tipp zu 2

Wenn Sie die Variante 2 wählen und Sie ganzflächig, in sehr starker Lage auftragen wollen, können Sie als Alternative zu der grundierten Leinwand z. B. eine verstärkte Hartfaserplatte verwenden. Diese Platte bietet sich zudem bei großformatigen Bildern an, da sie leicht ist. Sie macht vielleicht noch mehr als die Leinwand deutlich, dass hierauf keine Haftung des Gipshaftputzes möglich ist. In beiden Fällen (Leinwand und Hartfaserplatte) muss ein Haftgrund (Sand und Acrylemulsion) für den dicken, ganzflächigen Auftrag hergestellt werden. Diesen lässt man gut durchtrocknen, bevor man anfängt, mit der Gipshaftputz-Spachtelmasse zu arbeiten. In dem Kapitel *Grundsätzliches zum Untergrund* (S. 56-71) gehe ich auf diese Möglichkeit der Untergrundvorbereitung detailliert ein.

Fehlerquellen zu 2

Die Haftschwäche wird leicht unterschätzt, wenn der Auftrag ganzflächig dick aufgetragen wird. Eine starke Bewegung des Untergrundes macht auch der mit Dispersionsbinder verstärkte Materialauftrag nur begrenzt mit, wenn er in der gesamten Fläche aufgetragen wurde. Haben Sie allerdings mit einem Haftgrund gearbeitet, können Sie vielleicht die gleiche Erfahrung machen wie ich: „Ihre Arbeit fällt bei einem Ausstellungsaufbau auf die Vorderseite und nicht ein Krümel hat sich dadurch von dem Bild gelöst. Das ist mir zu meinem Schrecken wirklich passiert."

Tipp zu 3

Sie wählen die Möglichkeit des Materials dergestalt, dass Sie in einzelne Partien des Bildes die Spachtelmasse mit dem Flächen- oder Zahnspachtel einziehen, um leichte Strukturelemente in ein ansonsten überwiegend klassisch gemaltes Bild zu erreichen. Hierbei ist eigentlich nur darauf zu achten, dass diese Flächen in Kommunikation mit dem Rest des Bildes bleiben. Zu bedenken ist auch, dass die Farbe auf dem Gipshaftputzmaterial ihre Leuchtkraft einbüßt: Sie wirkt leicht eingeschmutzt im Vergleich zu den Farben, die auf weißem Leinwanduntergrund stehen.

Fehlerquellen zu 3

Selbst, wenn Sie nur Spuren des Gipshaftputzes in Ihrem Bild haben, unterschätzen Sie nicht die Dauer der realen Abbindezeit. Oberflächig wirkt die Gipshaftputz-Spachtelmasse aufgetrocknet, im Untergrund ist sie noch weich. Solange das der Fall ist, lässt sie sich wieder von der Bildfläche wegschieben.

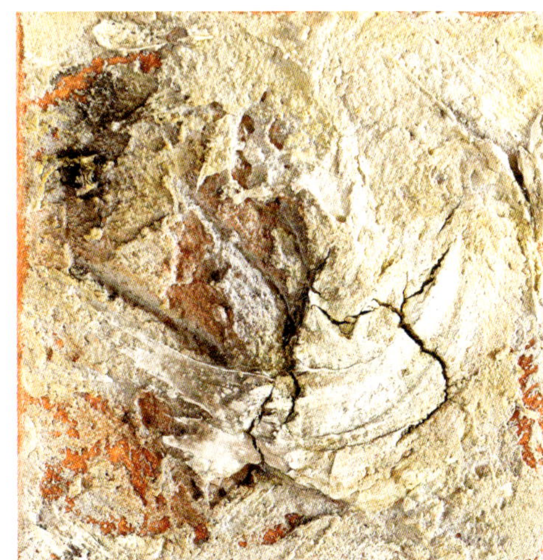

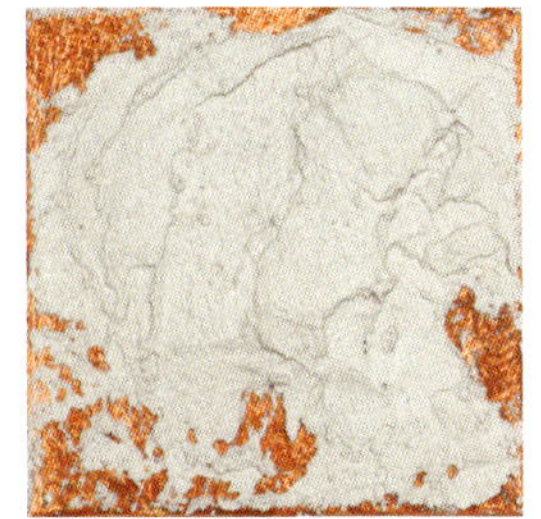

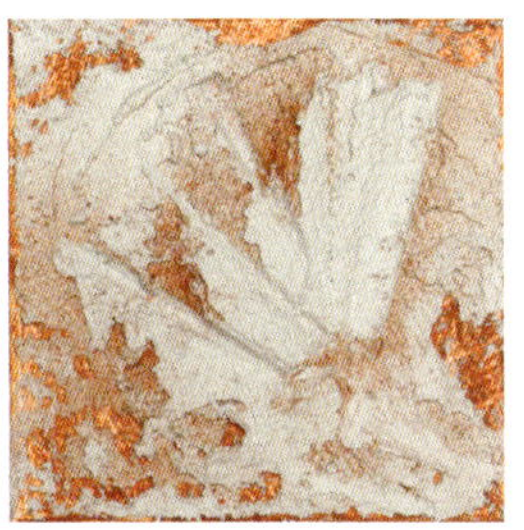

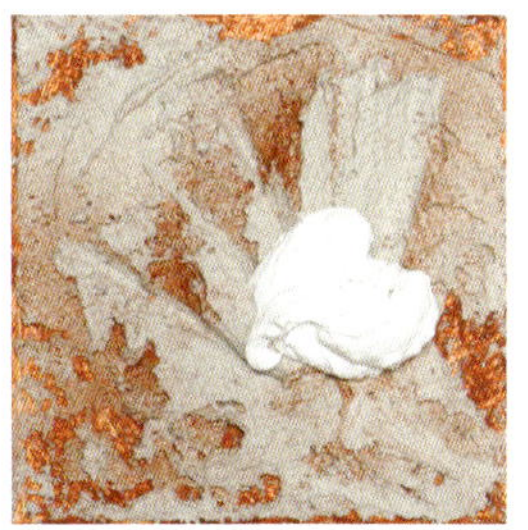

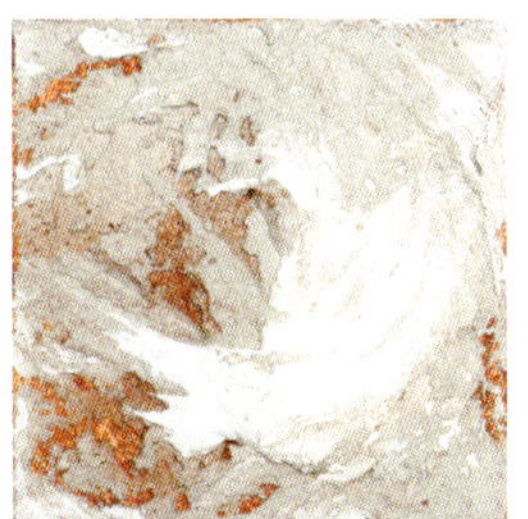

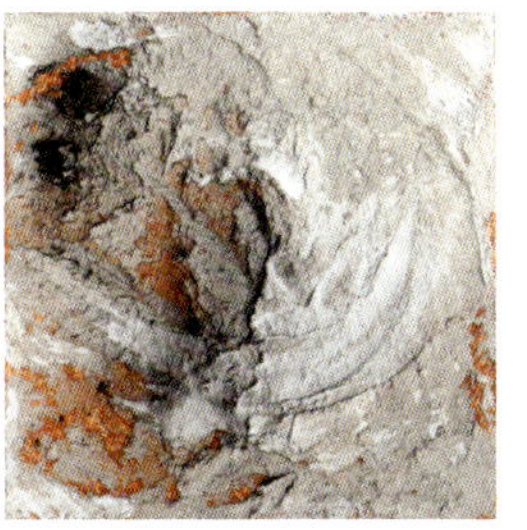

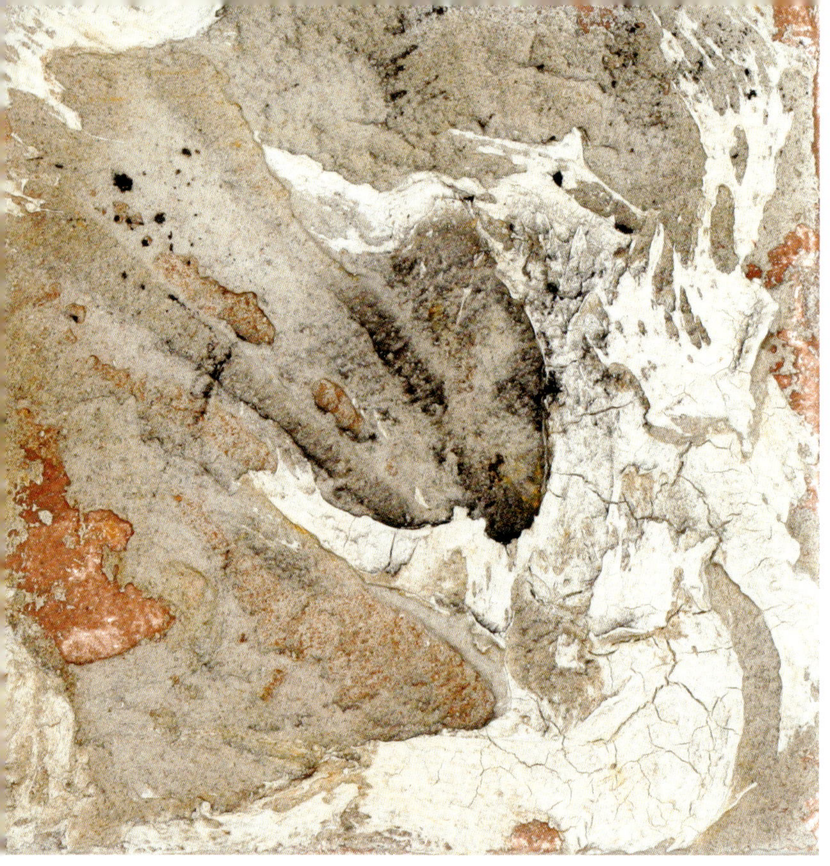

Tipp allgemein:

Das Interessante an dem Einsatz von Gipshaftputz-Spachtelmasse ist die Wirkung einer starken Stofflichkeit in der Oberfläche. Die zuvor in die feuchte Masse eingesiebten oder eingepusteten Sande und Pigmente werden durch den stark saugenden Charakter des Materials in dieser Ursprünglichkeit eingebunden. Sie können ferner zum Teil während des Arbeitens Nass in Nass untergehoben und nach der Trocknung in einem Schleifvorgang wieder freigelegt werden. Dieses Material lässt sich grundsätzlich gut schleifen, sodass Sie fehlende oder zusätzliche Lichter in Ihrer Arbeit erzielen können. Durch das Einarbeiten von weißer Marmormehlmasse in die noch feuchte Rotbandmasse wirken Sie in Ihre Arbeit noch Lichter hinein. Diese Stellen mit Marmormehl lassen sich wieder freiwaschen.

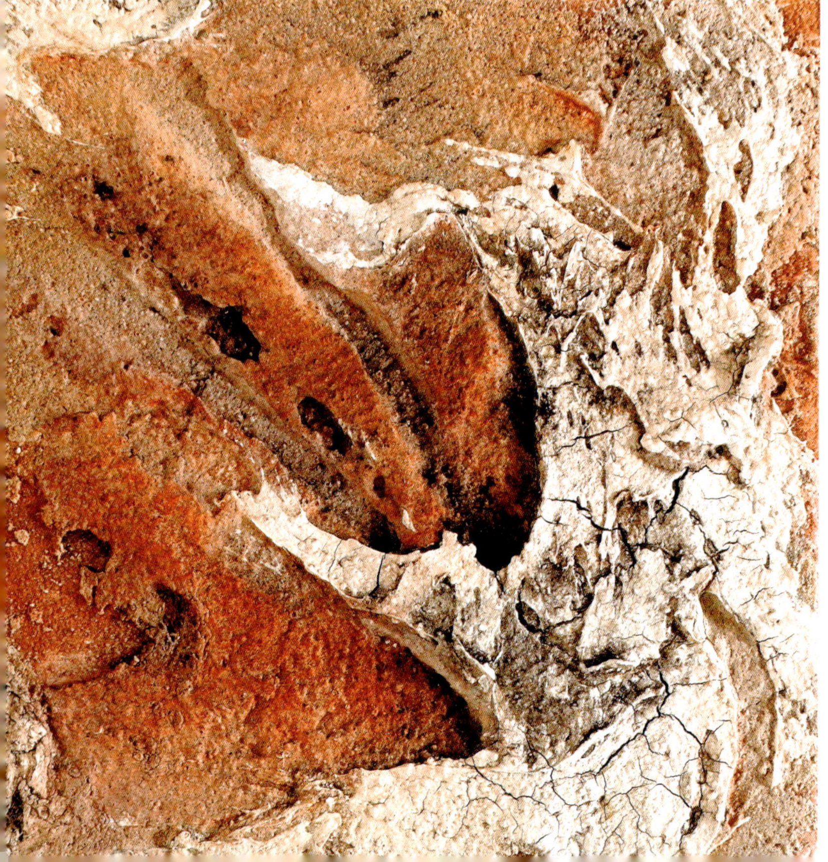

Fehlerquellen allgemein:

Die größte Schwierigkeit liegt häufig darin, dass der Stofflichkeit der Oberfläche bei der weiteren Bearbeitung mit Farben zu wenig Rechnung getragen wird. Ein weiterer Nachteil ist die hohe Saugfähigkeit des Materials. Farben mit einem öligen Anteil werden daher schnell zu schwer (zu dunkel), da das Öl einsickert. Es finden daher eher Binder bzw. Farben Verwendung, die zum einen auf einer Wasserbasis grundieren und zum anderen einen Binder haben, der die Poren des Materials nicht schnell verklebt wie z. B. Farben auf der Basis von Zelluloseleim, Kaseinleim oder Eitemperaemulsion.

Abb. links: Zwei Stadien der Bearbeitung mit Gipshaftputz-Spachtelmasse auf Haftgrund mit Sand, Pigmenten in Acrylemulsion – mit eingearbeiteter Marmormehl-Spachtelstruktur, farbigen Sanden und Pigmenten in die feuchte Masse: oben nach der Einarbeitung des Pigmentüberschusses mit Zelluloseleim, unten das Endstadium nach einem weiteren Farbauftrag durch selbst hergestellte Farbe aus Pigment und Kaseinleimbinder

Abb. rechts: Ausschnitte aus fertigen Bildern mit Gipshaftputz-Spachtelmasse mit eingearbeiteter Marmormehl-Spachtelstruktur und Pigmenten in die feuchte Masse, mit weiteren Farbaufträgen und Abtrag nach der Trocknung

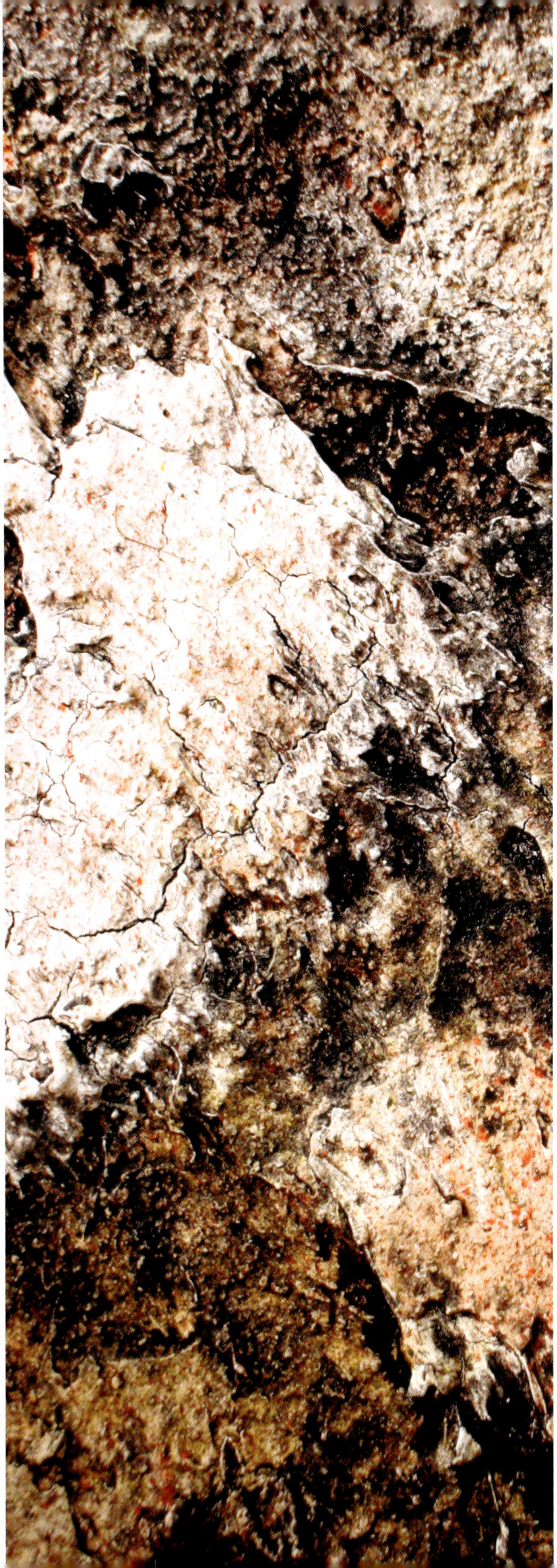

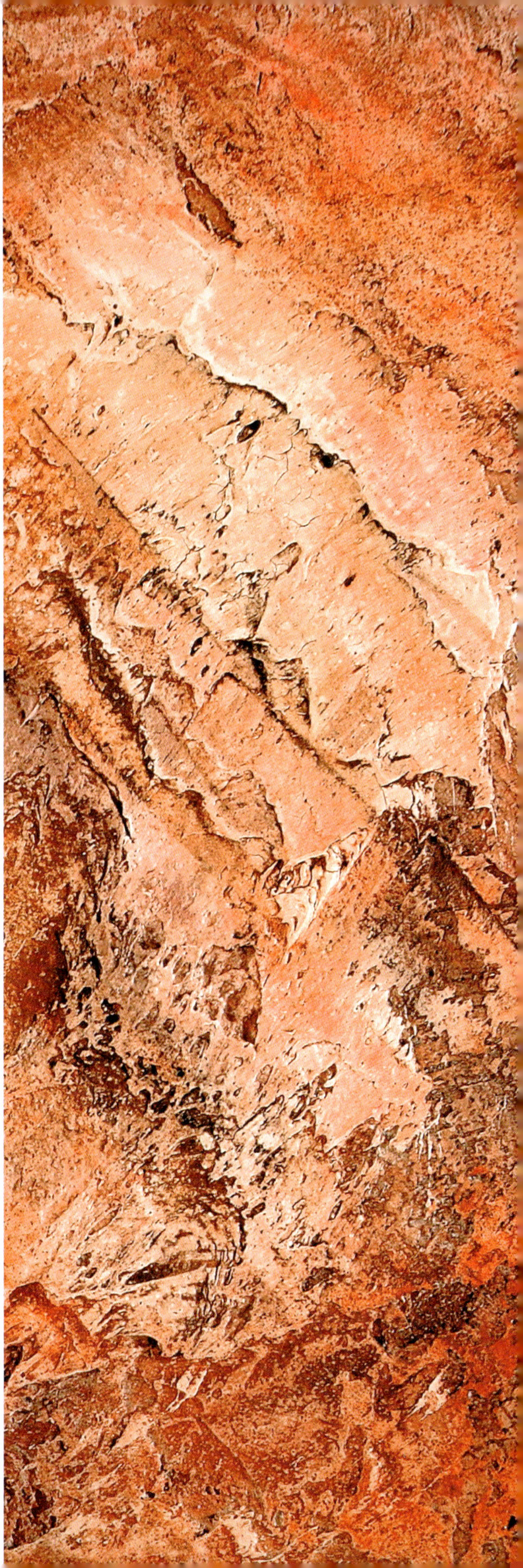

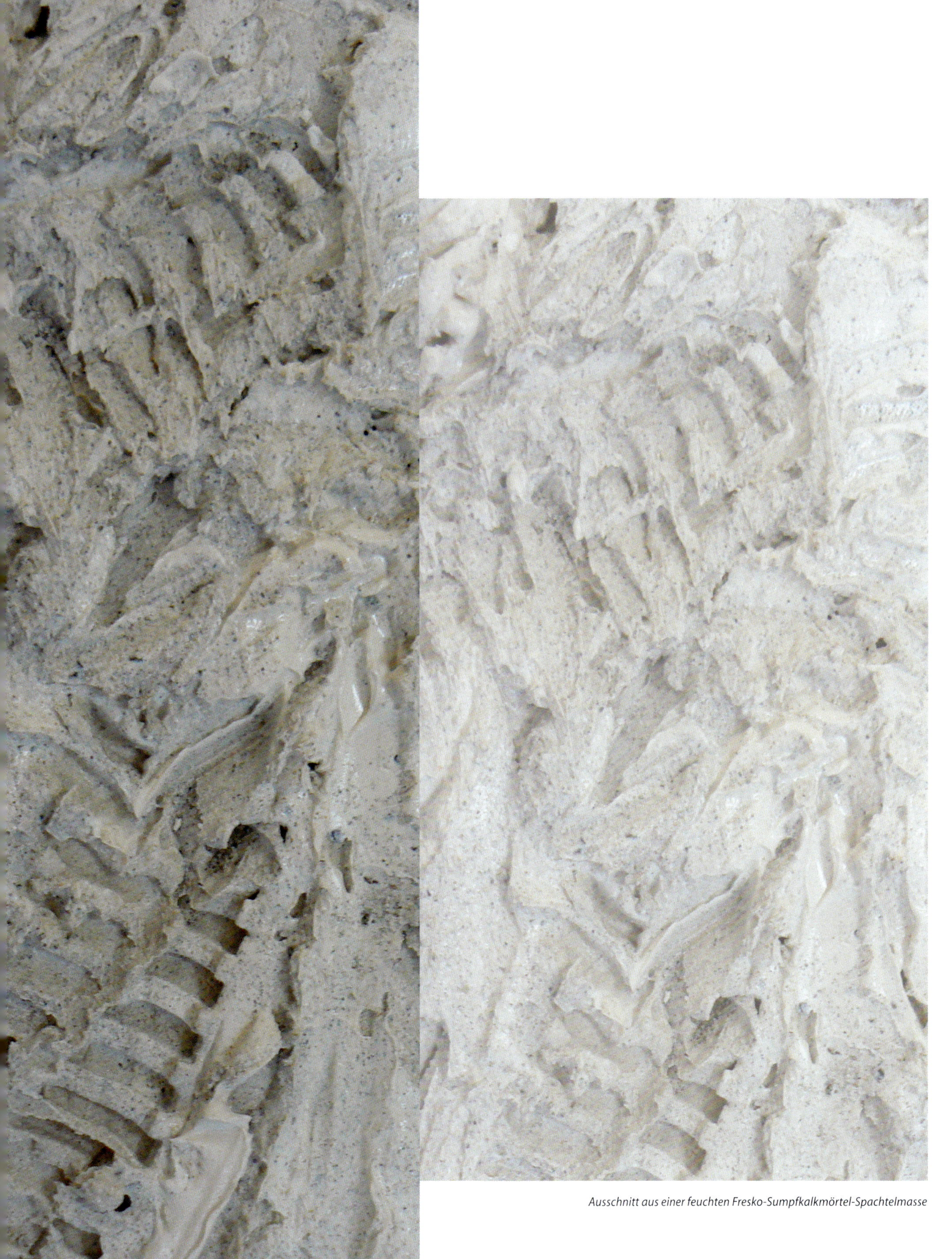

Ausschnitt aus einer feuchten Fresko-Sumpfkalkmörtel-Spachtelmasse

Freskosumpfkalk-Mörtel-Spachtelmasse

Grundsätzliches zur Zusammensetzung

Nun, hier kreiere ich einen neuen Begriff „Freskosumpfkalk-Mörtel-Spachtelmasse". Ich verwende zwar den Sumpfkalk, der für das Erstellen eines klassischen Freskos unbedingt notwendig ist, doch benutze ich ihn zum Erzeugen eines strukturierten Untergrundes. Diese Spachtelmasse hat eine Brillanz wie keine andere und bringt weitere Eigenarten mit sich, die gewöhnungsbedürftig sind. Es ist hierbei ratsam, dieses Material vom Aufbau her und auch in seiner klassischen Anwendung zum Fresko kennen zu lernen.

Die Zusammensetzung des Freskosumpfkalk-Mörtels ist ebenso entscheidend wie bei einem Backrezept die einzelnen Zutaten.

Sumpfkalkanteil

Diese quarkähnliche Variante des Kalkes: Dieser Kalk wird in einem Eimer gekauft, in dem Wasser und Kalk als Quarkteig abgefüllt wurden. Diese weiche, sumpfige Masse wird nass verarbeitet und ist bei Abfüllung bereits über ein Jahr alt. Die kristalline Struktur – sprich die „gute" Herkunft des Kalkes, die Art des Herstellungsprozesses zum „Sumpfkalk" und die Länge der Lagerung ist verantwortlich für die Hochwertigkeit und Geschmeidigkeit des weichen Fresko-Kalkes. Selbst die Art des Löschvorgangs ist von Kalk zu Kalk unterschiedlich und beeinträchtigt seine Qualität. In dem Kapitel über *Kalk* (S. 25) bin ich auf den Herstellungsprozess des Sumpfkalks bereits eingegangen.

Sandanteil

Eine weitere Zutat, die zum Herstellen des Fresko-Mörtels wichtig ist. Ideal ist hier reiner Quarzsand, der in Baufachgeschäften und im Künstlerbedarf zu finden ist.

Alternativ kann man Flusssand oder Grubensand nehmen. Entscheidend für die Festigkeit des Mörtels ist, dass keine lehmigen Anteile im Sand enthalten sind. Aus diesem Grund muss Grubensand immer vorher gewaschen und (!) getrocknet werden. Grubensand erkennt man häufig an der gelben Farbe, die durch Eisenbeimengungen entsteht. Flusssand und Grubensand bestehen aus kleinen Rollkieseln. Für das Fresko besser geeignet sind allerdings Sande, die scharfkantig sind. In Baustoffhandlungen kann man daher Ausschau nach feineren „Betonsanden" halten. Eine besondere Stellung in der Auflistung der Sande nimmt der Kalksand ein – also kleine Kalksteinteilchen. Ihm gleichgestellt sind die Marmorsande.

Mischungsverhältnisse der Sande

Es gibt sie in ganz unterschiedlichen Korngrößen – ähnlich dem feinen Weizengrieß für Grießpudding oder dem groben Maisgrieß für italienische Polenta. Sehr entscheidend für das Herstellen eines Fresko-Mörtels sind also neben der Wahl der Sande – wie zuvor kurz aufgeführt – die richtig bemessenen Mischungsverhältnisse von gröberen und feineren Sanden (Kies = ganz grober Sand = 3-8 mm/grober Sand = 1-2 mm/feiner Sand = 0,2-0,5 mm). Es wird also deutlich, dass wir es hier mit einem Handwerk zu tun haben, das Geduld und Übung bedarf. Jeder, der sich darin versucht, geht ein spannendes Gebiet ein und aus jedem missglückten Stück wächst das Gefühl für das Material. Mengenverhältnisse, die ich im Folgenden angeben werde, sind in diesem Gebiet des Kalkes wirklich nur eine Richtschnur.
Eine weitere Zutat ist der **Anteil des Zuschlagstoffes.** Hier gibt es unterschiedliche Materialien. Zum Verständnis ist es hier wichtig zu wissen, dass der Fresko-Mörtel aus mehreren einzelnen Schichten besteht, die verschieden sein müssen, damit der Mörtel langsam durchtrocknen kann. Die Langsamkeit ist entscheidend für die Festigkeit des Mörtels. Und wenn auf die letzte Schicht gemalt wird, so nutzt man hier eher eine feine und weiße Oberfläche, damit die Farbe oder der Strich gut drauf wirken kann. Feinsandiger Putz reißt hier zu stark, grobsandiger Putz ist nicht immer das, was man wünscht oder worin man malen möchte. Um den langsamen Abbindevorgang

positiv zu beeinflussen, setzt der Mörtelhersteller Zuschlagstoffe hinzu, die Wasser gut binden und langsam wieder abgeben wie z. B. Bimssand, Lava, Tonziegelmehl, Tonziegelsplitt und Schamotte.

Mörtelmischung

Das nun alles Entscheidende für den Mörtel ist das Verhältnis von Kalk und Sanden sowie Zuschlagstoffen in den jeweils einzelnen Schichten. Zu magerer, meist kalkarmer Mörtel bleibt mürbe, da Kalk für die Bindung zuständig ist und zu fetter, meist kalkreicher Mörtel reißt, da er zu einer zu schnellen Trocknung neigt.

Ich bevorzuge die altrömische Variante, die in unteren Schichten kalkärmere Mischungen und in den oberen Lagen kalkreichere Mischungen verwendet. Wichtig hierbei ist, dass in den unteren Schichten stark mit gröberen Anteilen bis dicht unter die Malfläche gearbeitet wird. Das Eindringen von Kohlensäure wird dadurch erleichtert und eine Durchkarbonisierung gelangt bis in die tiefste Schicht.

Eine gelungene Mörtelmauerschicht ist aber natürlich auch abhängig von der Dicke der Schichten und dem Untergrund, der auf jeden Fall eine gute Haftung und Saugfähigkeit möglich machen muss. Als Träger für Bilder in der Fresko-Technik benutze ich bei kleinen Arbeiten in der Oberfläche verletzte Fermacell-Platten, ansonsten mit einer Holzunterkonstruktion verstärkte, mit Aceton entfettete, in der Oberfläche verletzte Hartfaserplatten.

Das Vorgehen beim Aufbau nach der traditionellen Vorgehensweise: Wenn Sie noch nie mit einem Sumpfkalk gearbeitet oder einen Freskokalk-Mörtel erstellt haben, so stellen Sie sich hier vor: Sie haben einen quarkähnlichen Kalk vorliegen – also keine Pulverform – und Sie arbeiten beim Schichten der einzelnen Kalkmörtelschichten stets Nass in Nass. Das ist wichtig! Die Praxis wird Sie dann konkret weiterleiten.

Zunächst wird der Untergrund sehr stark vorgenässt, da Kalk viel Wasser beim Trocknen aufbraucht. Sie arbeiten drei verschieden zusammengesetzte Mörtelschichten übereinander. Die erste Freskokalk-Mörtelschicht müssen Sie kräftig an ihren Untergrund andrücken. Sie darf uneben sein. In der mittleren Freskokalk-Mörtelschicht werden die Unebenheiten ausgeglichen. In der letzten Freskokalk-Mörtelschicht, der Malschicht – der „intonaco" –, wird sehr stark verdichtet. Aus einer Quelle der Antike wird beschrieben, dass ein Lapislazuli dazu verwendet wurde. Sie nehmen bei Ihren Bildern ein dafür vorgesehenes Anreibebrettchen. Achten Sie darauf, dass die letzte Schicht viel Kalkwasser beinhaltet.

Erfahrungsgemäß ist es gut, dieses Handwerk mit ihren Zusammensetzungen zunächst in der traditionellen Gangart zu erproben und eine Liebe für das Tun mit dem Material zu entwickeln. Doch auch in diesem Bereich des Fresko-Mörtels können Sie experimentieren: Malen Sie nicht in Ihre feuchte Schicht, sondern streuen Sie Pigmente ein und ziehen Sie diese leicht in den noch nassen Kalk. Sie können auch Rissbildungen oder Absplitterungen provozieren. Das Risiko ist hier – also gänzlich ohne die Kenntnisse um das Material Kalk –, dass Sie Ihr Bild komplett verlieren können und es Ihnen völlig zerbröselt.

Rezept

Die Mischungsverhältnisse der Altrömischen Variante sind:
Schicht 1:3
1 Teil Sumpfkalk
2,5 Teile Kies
0,5 Teil grober Sand
etwas Zuschlagstoff
Schicht 1:2,5
1 Teil Sumpfkalk
2 Teile grober Sand
0,5 Teil feiner Sand
Malschicht 1:1,5
1 Teil Sumpfkalk
0,5 Teil grober Sand
1 Teil feiner Sand oder Marmormehl

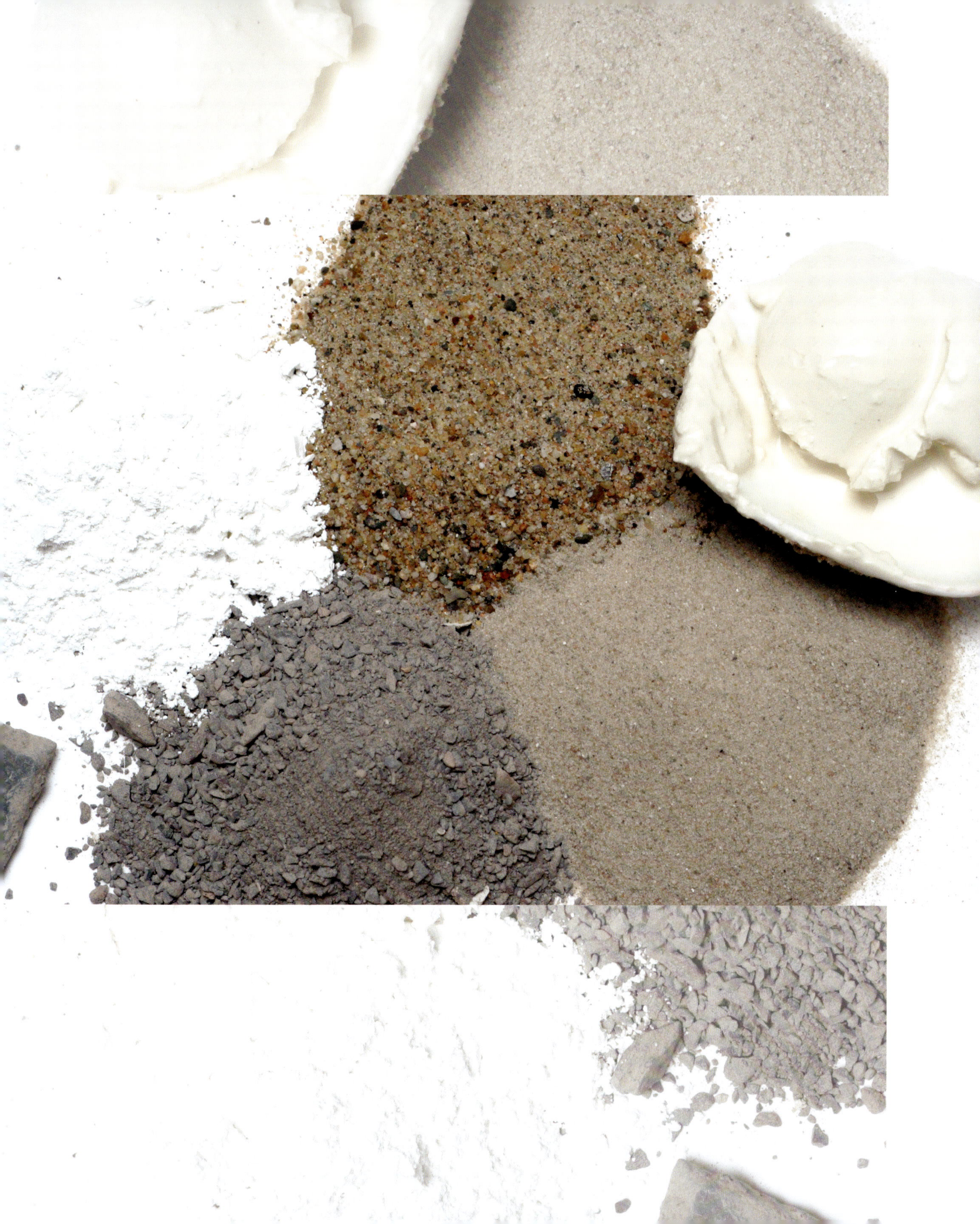

Bilder aus meinem Freskokurs

Das Arbeiten mit der Freskokalk-Mörtelmischung geht hier keine Kompromisse ein und bringt es auf den Punkt: Es geht langsam voran. Das ist für Teilnehmer, die diese Technik in meinen Gruppen erlernen wollen, eine große Herausforderung. Und es ist ein Genuss, wenn sie sich darauf einlassen können. Bislang gab es nahezu bei fast allen, die es lernten, ein „Darein-Entspannen": Das Arbeiten ist sehr handwerklich, sehr schlicht. Jeder lernt im ersten Schritt die traditionelle Form des Arbeitens und fühlt sich – Schritt für Schritt – in das Material ein, lernt es kennen und meistern. Der Blick auf Fresken alter Meister – wie die von Michelangelo zum Beispiel – wird bei einem nächsten Besuch einer Kirche oder Ausgrabungsstätte ein komplett neuer und mit sehr großer Wertschätzung bestückt sein.

In diesen Fotosequenzen sehen Sie die Spuren der ursprünglichen Vorzeichnung in den feuchten Kalkmörtel als geritzte Linie. Der erste Farbauftrag, der hier nicht gezeigt ist, geschah durch das Anmischen des Pigmentes mit Wasser zu einem Farbteig, der als Farbe benutzt und mit dem Pinsel in die noch nicht abgebundene Kalkschicht aufgetragen wurde. Der Kalk ist in diesem Fall der Binder gewesen. Nach dem Trocknen des Kalks malten die Teilnehmer mit einer selbst hergestellten Eitemperafarbe weitere Feinheiten und Farbverstärkungen in ihr Bild.

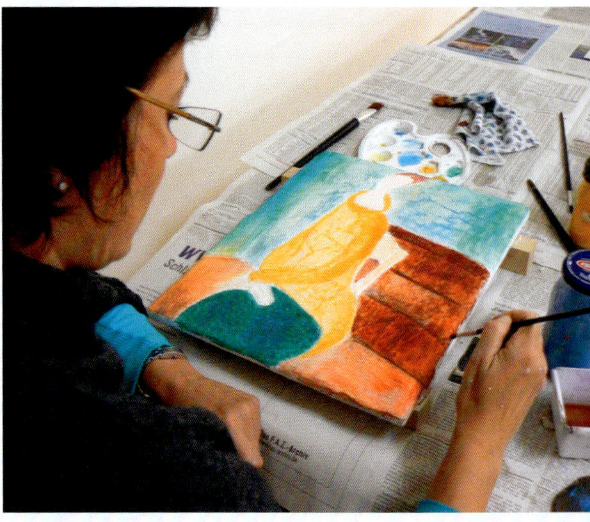

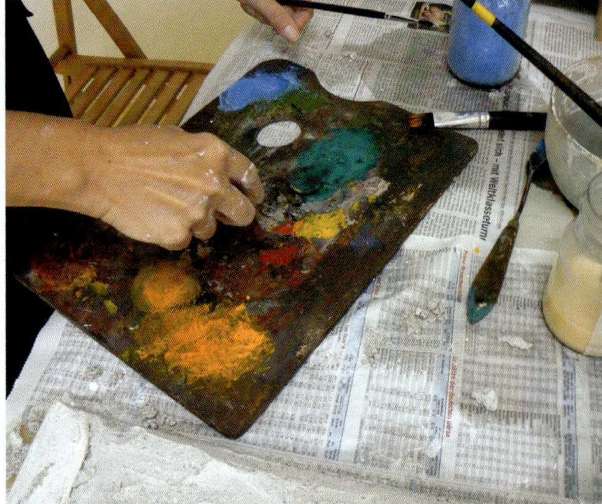

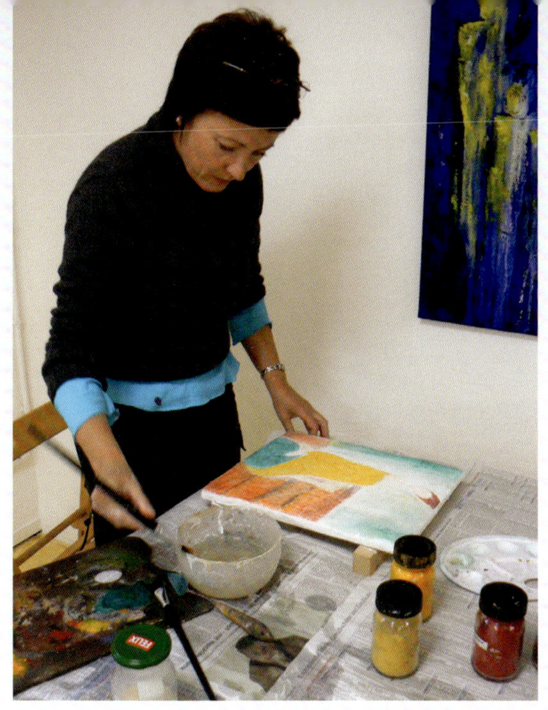

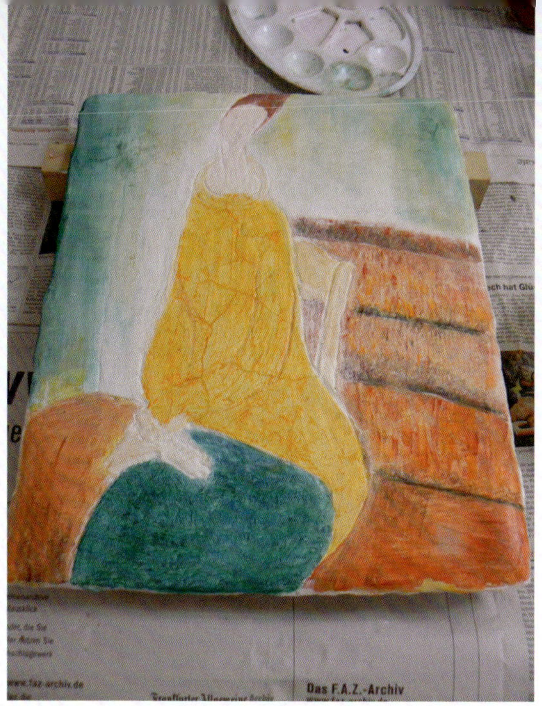
www.faz-archiv.de
Das F.A.Z.-Archiv

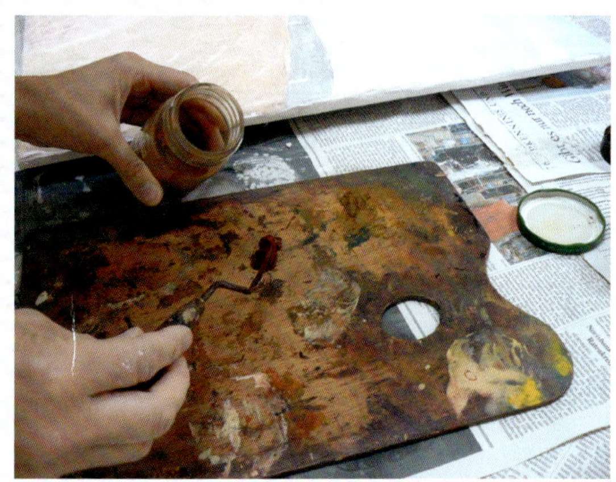

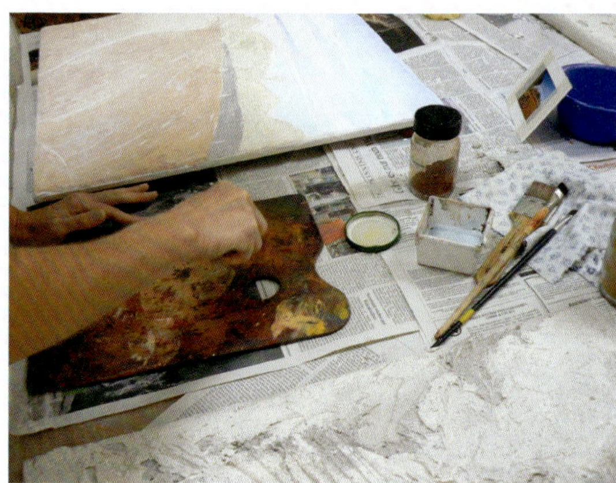

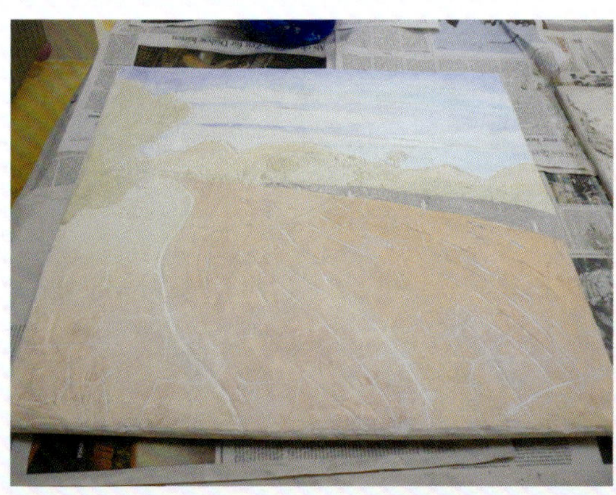

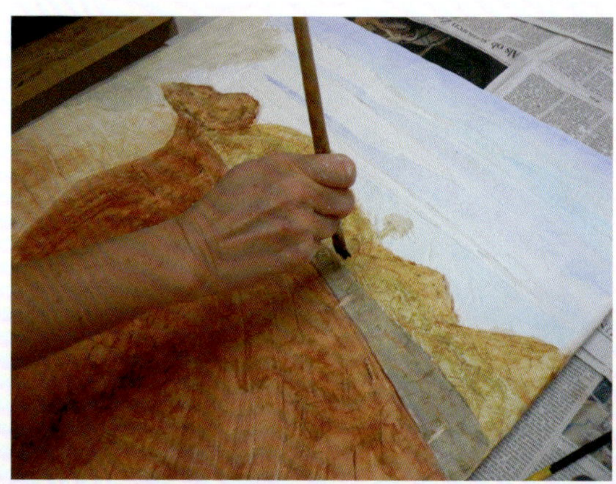

Fresko-Mörtel in der Benutzung als strukturierter Untergrund

Es gibt vielfältige Möglichkeiten, mit dem Kalk als solchem zu arbeiten. Hier stelle ich exemplarisch eine Gangart vor, die sich von dem traditionellen Vorgehen löst.

Sie nehmen eine Fermacellplatte oder präparierte Hartfaserplatte. In dem Kapitel *Grundsätzliches zum Untergrund* (S. 56-71) werden Sie Näheres zu der Vorbereitung einer solchen Platte finden. Ich nehme hier bei den verschiedenen Freskokalk-Mörtelschichten Bezug auf das zuvor beschriebene Rezept.

Erste Arbeitsgänge:

Sie stellen die Fresko-Mörtelschicht (1) her und tragen diese Schicht etwa 5 mm stark auf. Dies ist die Basis für Ihre weiteren Aufträge. Sie arbeiten bei dem Aufbau der einzelnen Schichten Nass in Nass. Diese erste Schicht drücken Sie gut an und lassen sie etwas anziehen. Dass sie weiter verarbeitet werden kann spüren Sie daran: Wenn Sie die Handfläche auflegen, muss diese komplett gut nass werden, jedoch darf an Ihrer Handinnenfläche kaum noch Mörtel hängen bleiben.

Sie nehmen dann die Fresko-Mörtelschicht (2) und bringen sie auf. Hier geht es nicht um eine Glättung der Fläche, sondern sie bleibt strukturiert und uneben. Ohne dass Sie ein Anziehen der Schicht (2) abwarten, bringen Sie die Schicht (3) auf und wirken beide letzten Schichten zum Teil untereinander. Sie können das auch wiederholen. Entscheidend ist hierbei, dass Sie eine gröbere Schicht und eine Malschicht nebeneinander und ineinander gewirkt haben. Nach der Bearbeitung haben Sie eine Struktur auf Ihrem Untergrund vorliegen. Sie arbeiten mit Zahnspachtel, breiten Japanspachteln und Glättern.

Mit dieser Auftragfolge der Freskokalk-Mörtelschichten verletzen Sie die vorgegebene und für ein spannungsarmes Auftrocknen notwendige Schichtung der drei Mörtellagen. Sie werden nun Risse in Ihren Maluntergrund bekommen, der sich – wenn Sie genug verdichtet haben – nicht mehr vom Untergrund löst. Doch es werden Risse und Schrunden entstehen, die anders aussehen als bei der Dispersions-Spachtelmasse auf der Basis mit Marmormehl. Die Durchtrocknungszeit der Mörtelschichten kann eine Woche betragen! Das ruhige Trocknen ist bei dieser Technik absolut wichtig, da es mit der Haftung Ihres Verputzes einhergeht.

Im traditionellen Fresko hätten Sie auf einer ebenen Fläche in eine feine und feuchte Kalkmischung hineingemalt. Dazu würden Sie ein kalkverträgliches Pigment mit dem Kalkwasser ohne den Zusatz eines weiteren Bindemittels vermengen und mit diesem Farbteig in den feuchten Untergrund hineinmalen. Pigmente sind stets für ihren jeweiligen Einsatzbereich gekennzeichnet. In diesem Fall achten Sie auf Kalk- und Zementtauglichkeit.

Der Binder für die Farbe ist der Kalk, die Bindung geschieht mit dem Auftrocknen. Diesen Vorgang könnten Sie natürlich auch auf einer strukturierten Fläche durchführen. Eine weitere Abwandlung wäre, dass Sie pures Pigment in Pulverform aufstreuen und in den nassen Kalk einarbeiten. In beiden Fällen würde dies der eigentlichen Art „in Fresko" zu arbeiten entsprechen. Eine andere Spielart des Farbauftrags kann die sein, dass Sie nach der Erstellung der Freskokalk-Mörtelmischungen ihre Platte liegend durchtrocknen lassen. Auf diese Variante gehe ich hier ein.

Nächster Spachtelgang:

Sie holen Ihre Platte vorsichtig wieder hervor. Sie ist im Liegen getrocknet. Die Risse, die sich nun gebildet haben, bringen möglicherweise eine gewisse Instabilität in Ihren weißen, strukturierten Untergrund. Daher nehmen Sie jetzt einen der hochwertigsten, feinen und weißen Kalkspachtel aus dem Baubereich, der zusätzlich mit einem Kunststoffbinder versetzt ist. In kleinen Portionen rühren Sie diesen Spachtel sehr flüssig in einem Gummibecher an. Dann nehmen Sie sich mit Geduld kleine Flächen Ihres Bildes vor und verschließen die entstandenen, dicken Risse, waschen allerdings mit Wasser und einem Schwamm den Überschuss direkt wieder ab. Das ist wichtig! Mit dem Farbauftrag können Sie später erkennen, dass der Freskokalk-Mörtel Ihre Farbe strahlen und der „gute" Spachtel aus dem Baubereich Ihre Farbe stumpfer wirken lässt. Durch das Zukitten der Risse wird Ihre Untergrundstruktur gut gesichert. Nach kurzer Zeit ist dieser Bauspachtel aufgetrocknet, weshalb Sie auch stets nur kleine Flächen bearbeiten sollten. Ihr Bild kann nun Farbe erhalten.

Beginn der Farbaufträge:
In dieser Technik arbeiten Sie mit kalkverträglichen Pigmenten und entsprechenden Bindern weiter, die seit alters her zur Kalktechnik passen. Die klassischen Binder sind hier Eitemperaemulsion und Kaseinleim.

In dem Kapitel *Praktische Einladung in das Experimentierfeld* (S. 100-150) werde ich schrittweise auf diese Arbeitsgänge eingehen und Ihnen zeigen, dass ich zwischen den Farbaufträgen weitere dünne Schichten reinen Sumpfkalkes aufsetze. **Tipp:** Sie sollten bei dieser Technik zunächst kleine Bildformate auswählen. Die Größe von 60 x 60 cm ist in diesem Zusammenhang schon eine Größe, die arbeitstechnisch wie auch gewichtmäßig noch gerade zu bewältigen ist.

Fehlerquellen: Unsere Malgewohnheiten sind mittlerweile bei den meisten Malenden auf Schnelligkeit und zügige Ergebnisse ausgerichtet. Das ist nicht nur eine Frage unserer gesellschaftlichen Zeit, sondern auch der modernen Materialien, die es auf dem Markt gibt. Acrylfarbe erfreut sich einer enormen Beliebtheit. Und auch die Marmormehl-Spachtelmasse können Sie dazuzählen: In einem Arbeitstag von 6 Stunden erreichen Sie schon ansehnliche Ergebnisse – inklusive Farbauftrag. Diese Schnelligkeit täuscht darüber hinweg, dass auch diese Techniken durch feine und geschichtete Aufträge mit Trocknungszeiten in den Arbeiten häufig erst die Tiefe und Lebendigkeit entfalten, die Menschen die Seele schwingen lässt.

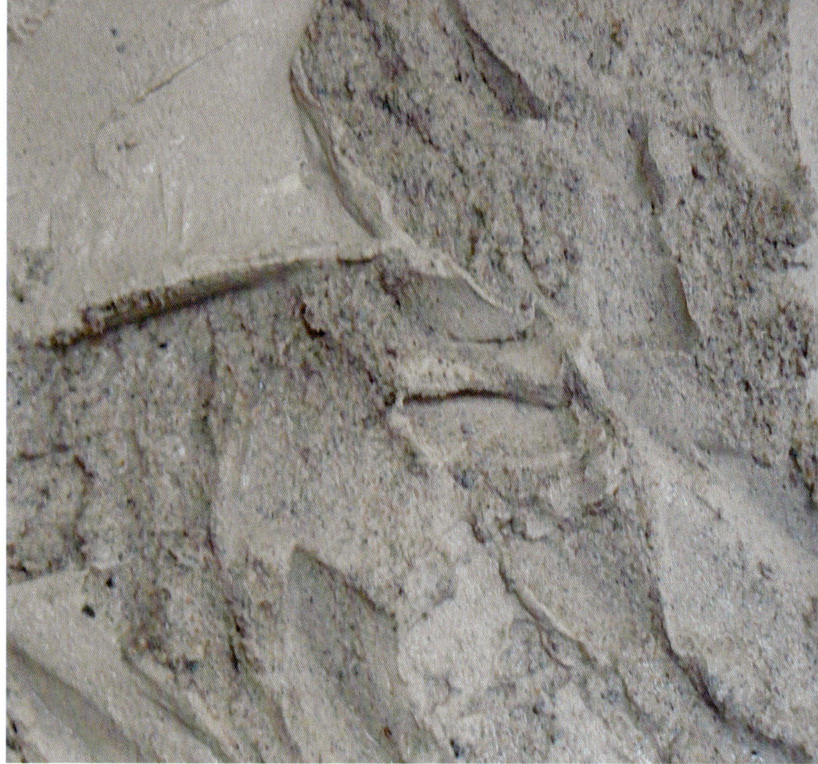

Abb. oben: Ausschnitt aus einer feuchten Fresko-Sumpfkalkmörtel-Spachtelmasse

Abb. unten: Ausschnitt aus einer getrockneten Fresko-Sumpfkalkmörtel-Spachtelmasse – die Struktur erhält starke Risse, da die Mörtelabfolge so verändert wurde, dass der Kalk zwar nicht vom Untergrund fällt, aber „Alterungsrisse" erfährt

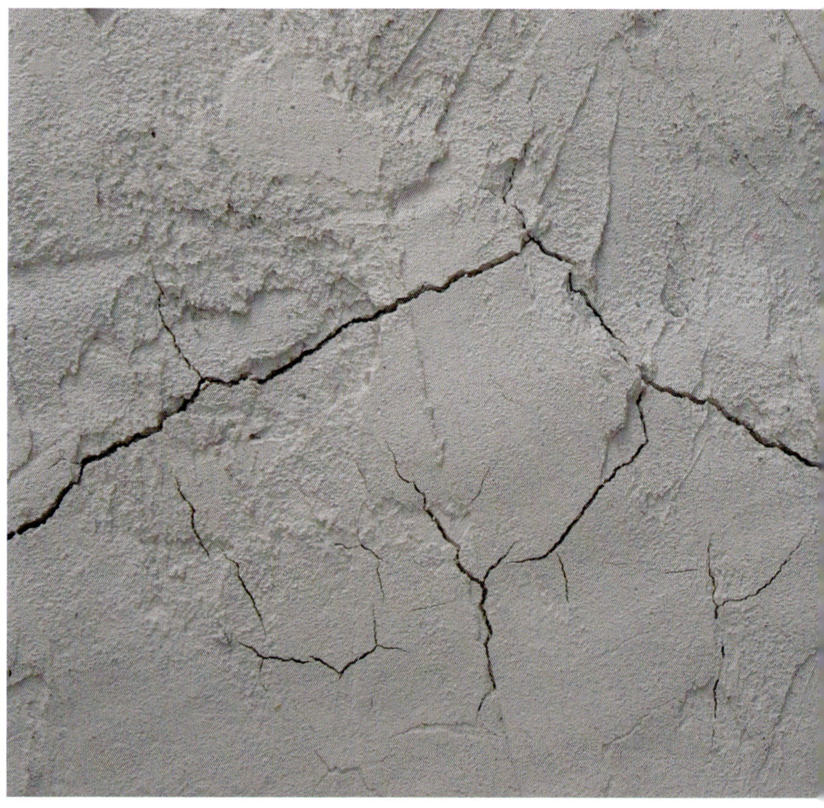

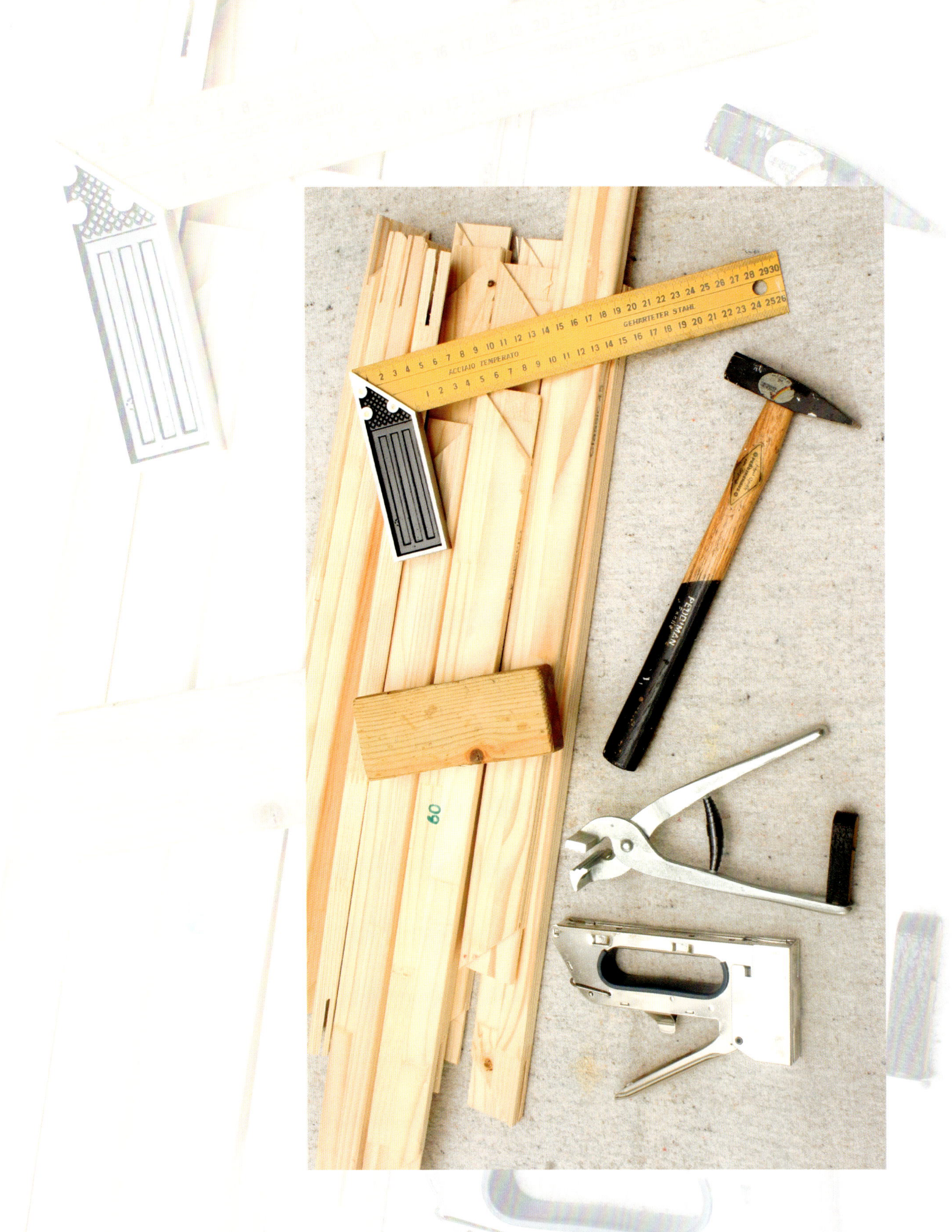
ACCIAIO TEMPERATO
GEHARTETER STAHL
60

Grundsätzliches zum Untergrund

In diesem Kapitel geht es im engeren Sinn um Untergründe, die für den strukturierten Untergrund geeignet sind. Damit bewege ich mich in dem Bereich der „Tafelmalerei". Das heißt, der Malgrund ist hier nicht mehr die Mauer, sondern ein vielgestaltiger „Bildträger" mit ganz unterschiedlichen Bedürfnissen. Darunter fallen starre wie flexible Materialien. Der Grund des Bildes bildet die wesentliche Basis für die Farbe und ist natürlich für die Haftung des Spachtelmassenmaterials mit verantwortlich. In dem nachfolgenden Kapitel über Pigmente gehe ich kurz darauf ein.

Leinwand

Leinwand wird als Malgewebe seit dem 14. Jahrhundert verwendet, doch es braucht weitere etwa 300 Jahre bis sie die Verwendung der Holztafeln verdrängt. Der heutige Begriff „Leinwand" wird vielfach ungenau für das gewebte Maltuch verschiedener Pflanzenherkunft verwendet: dem Flachs, woraus das Leinentuch entsteht; dem Hanf, der sich durch die langen Fasern für große Bildformate eignet; den Lindensträuchern aus China und Indien, woraus grobmaschige Gewebe, die Jute, gewonnen werden; der Holzzellwolle, aus der ein gleichmäßiges und sehr feuchtigkeitsempfindliches, preiswertes Gewebe entsteht und das häufig verwendete Baumwollgewebe aus den Samenhaaren der Baumwollpflanze, das ein leichtes Gewebetuch darstellt – zum Teil in stabiler Leinenbindung für das Malgewebe entwickelt. Und ebenfalls synthetische Fasern werden verwendet um eine Leinwand herzustellen.

Gewebe

Gewebe können Sie grundiert und ungrundiert im Fachhandel erstehen, es gibt sie fertig aufgespannt auf einen Keilrahmen oder auf dem Ballen bzw. auf der Rolle. Mittlerweile ist das Angebot an fertig bespannten Keilrahmen sehr umfangreich geworden. Viele Formate und die unterschiedlichsten Qualitäten, grundierte wie ungrundierte Varianten, gibt es im Fachhandel. Sie finden fertige Leinwand in verschiedenen Saugstärken und den unterschiedlichsten weißen Beschichtungen.

Immer wieder werde ich gefragt, ob auch Gewebe aus dem üblichen Stoffhandel Verwendung finden kann. Natürlich ist das möglich und wird auch bereits häufig angewendet. Die Vielzahl an fertigen Produkten, was ein Segen ist, hat auch eine Schattenseite. Es geht auf Kosten des Versuchens, des Experimentierens. Das schnelle Konsumieren hat seinen Siegeszug bereits angetreten. Ich rate stets dazu, dass der Kleiderstoff oder was auch immer Sie ausgesucht haben, bei einem kleineren Format selbst aufgespannt und erprobt werden sollte.

Manche dieser Gewebe geben mit der Grundierung stark nach und hängen durch. Doch sie wissen nicht, welche Anregung Sie dann aus diesem Zustand des aufgespannten Stoffes gewinnen können. In einer meiner Malklassen benutzten wir die Gunst des Ereignisses und stopften das Gewebe von hinten mit Polsterwatte aus. So entstand eine interessante Kissenleinwand, wie wir sie in ähnlicher Form von dem Künstlerkollegen Gotthard Graubner kennen. Entscheidend für die Verwendung des Untergrundgewebes sind die nun folgenden Aspekte:

Grundierung

Eine Grundierung der Leinwand ist notwendig, da ansonsten ihr aufgebrachter Farbauftrag auf Dauer nicht haltbar ist. Saugfähigkeit, Leuchtkraft und Haftfähigkeit der Farben sind von der Grundierung abhängig. Bei fertig grundierten Leinwänden entfällt dieser Arbeitsgang. Da mir persönlich die stoffliche Optik der fertigen Grundierung nicht genügt, grundiere ich mit weißem Malgrund nach.

Eine Grundierung muss nicht immer weiß oder über die gesamte Fläche geweißt sein. Ungrundiertes Tuch grundieren Sie grundsätzlich 2x mit verdünnter Acrylemulsion. Zwischen den Arbeitsgängen muss das Tuch trocknen, da sonst die erste Schicht wieder anreißt und durch zu

dicken Auftrag ein nachhaltiger Klebeffekt bestehen bleibt. Schauend und fühlend entscheiden Sie danach, ob und wie stark der Ursprungston des Tuchuntergrundes in Ihrer Malerei eine Rolle spielen kann und wo Sie weiß bzw. farbig grundieren. Achten Sie bei der farbigen Grundierung darauf, dass Ihr Untergrund „stofflich", d. h. mit einer leichten Saugfähigkeit verbunden bleibt.

Eine Grundierung kann auch nach Fertigstellung des Bildes von hinten geschehen. Das macht Sinn, wenn Sie das Tuch in seiner wunderbaren Eigenschaft als dem Papier verwandt verwenden, bemalen und beschichten möchten. Das bedeutet, der stark saugende Aspekt des offenen Tuches kann auch ein Gestaltungsmittel werden. Um dann nach dem Malprozess zu verhindern, dass sich Pigment und Binder wieder trennen, da die Saugfähigkeit des Untergrundes zu hoch ist und der Binder „wegsackt", grundieren Sie transparent von hinten nach.

Für die weiße Grundierung bei nicht grundiertem Malgewebe ist die transparente Grundierung zuvor unbedingt notwendig, wenn man dem Bild eine lange Lebensdauer geben möchte. Ansonsten entscheiden Sie sich bewusst dagegen, was auch möglich ist.

Mit den modernen Dispersionen ist das Grundieren eines Tuchs ungeheuer einfach. Und wenn Sie in Formaten von 1,5 x 2,5 Metern arbeiten, ist es zudem eine Kostenfrage, ob Sie das Tuch selbst aufspannen und selbst grundieren.

Nach der 2-fachen Grundierung mit verdünnter Acrylemulsion im Verhältnis 1 Teil Emulsion und 2 bis 3 Teile Wasser wird nach dem Durchtrocknen ein handelsübliches Grundierweiß aus dem Künstlerbedarf oder eine gute, stark pigmentierte Wandfarbe aus dem Fachhandel zum Weißen verwendet. Im Künstlerbedarf gibt es eine große Palette unterschiedlicher, moderner, transparenter und weißer Grundierungen in unterschiedlicher Qualität und mit unterschiedlichen Eigenschaften.

In dem Kapitel über die Grundierung von Holz werde ich des Weiteren auf das Weißen in einer traditionellen Form eingehen: Auf die Verwendung von transparenter Kaseinleim-Mischung zusammen mit einem Marmorgrund auf Kaseinleim-Mischung als Binder im gleichen Aufbau.

Bespannung

Das Bespannen des Keilrahmens ist nicht schwer, wenn einige Regeln eingehalten werden: Der gekaufte Keilrahmen wird an den Ecken leicht ineinander gesteckt. Der Holzwulst, über den Sie das Gewebe ziehen, muss stets an der gleichen Seite sein. Dann schlagen Sie mit Hammer und einem kleinen Holzstück – möglichst liegend auf einer ausrangierten Wolldecke – gegen die Seiten und achten darauf, dass Sie nicht gegen die empfindlichen Ecken schlagen. Wenn Sie zwischendurch mit leichtem Druck und Ruckeln Ihren Rahmen immer wieder in eine rechtwinklige Position drücken, gelingt das leicht. Sie kontrollieren die Ecken mit einem guten, von innen angelegten Holzwinkel.

Das Tuch wird so zugeschnitten, dass es 3 cm plus der Dicke des Rahmens über das Keilrahmenformat übersteht. Sie befestigen nun das Tuch in der Mitte eines Holms und spannen exakt auf der gegenüberliegen Seite das Tuch sehr stark. Das wiederholen Sie auf den zwei restlichen gegenüberliegenden Seiten. Im Endeffekt müssen Sie darauf achten, dass Sie so eine Spannung erreichen, die Sie bei einer Trommel wieder finden würden. Dann fahren Sie mit dem Bespannen der jeweils gegenüberliegenden Seiten in stets diagonaler Richtung fort. Mit dem Festklammern der Leinwand hören Sie etwa 15 cm vor den Ecken auf, damit Sie zum Schluss genug Spiel zum Einfalten und Spannen der Ecken haben. Sie dürfen zum Schluss nicht über die Schnittstelle der Ecke quer tackern, wie es bei billigen Fertigrahmen anzutreffen ist. Sie könnten sonst nie nachspannen.

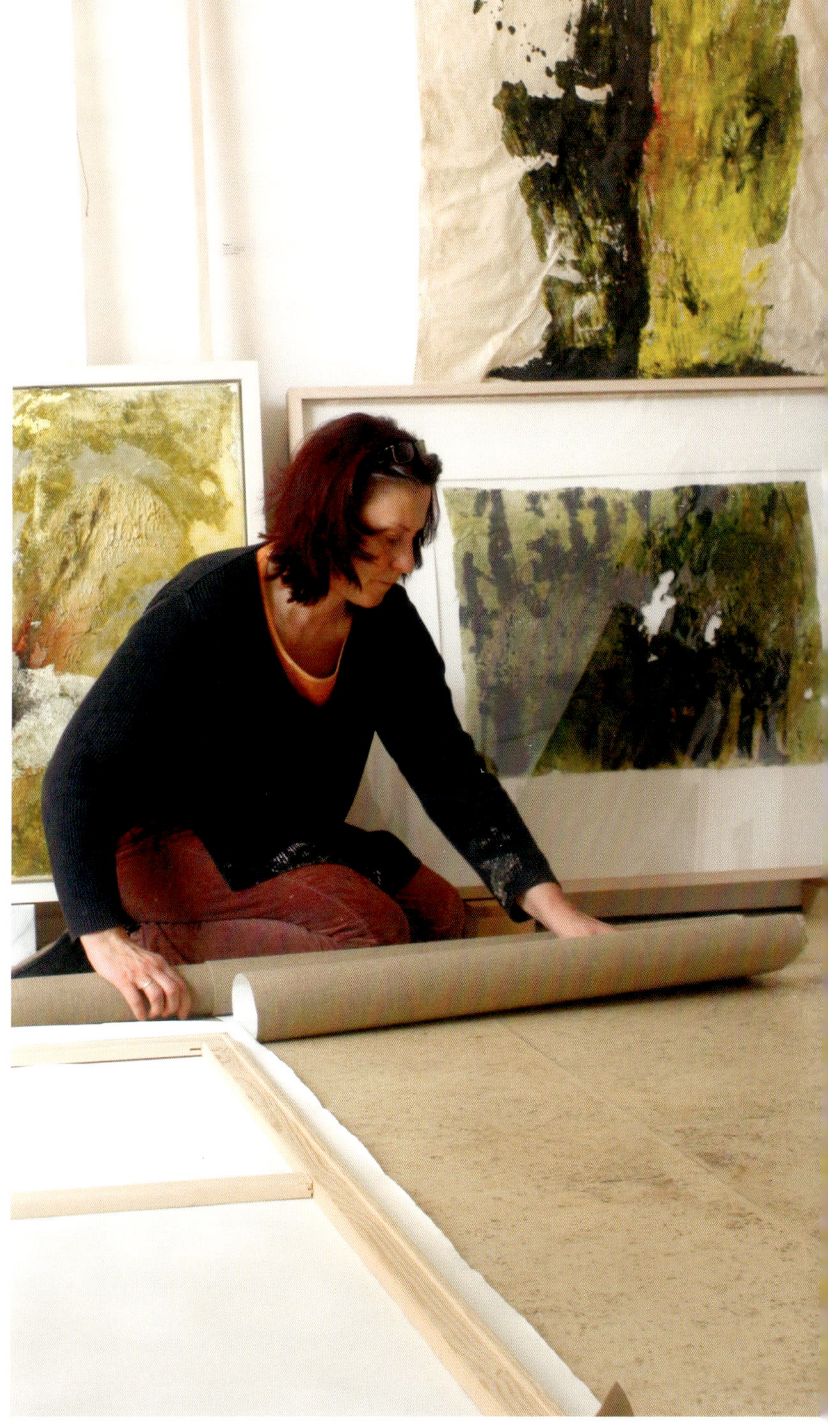

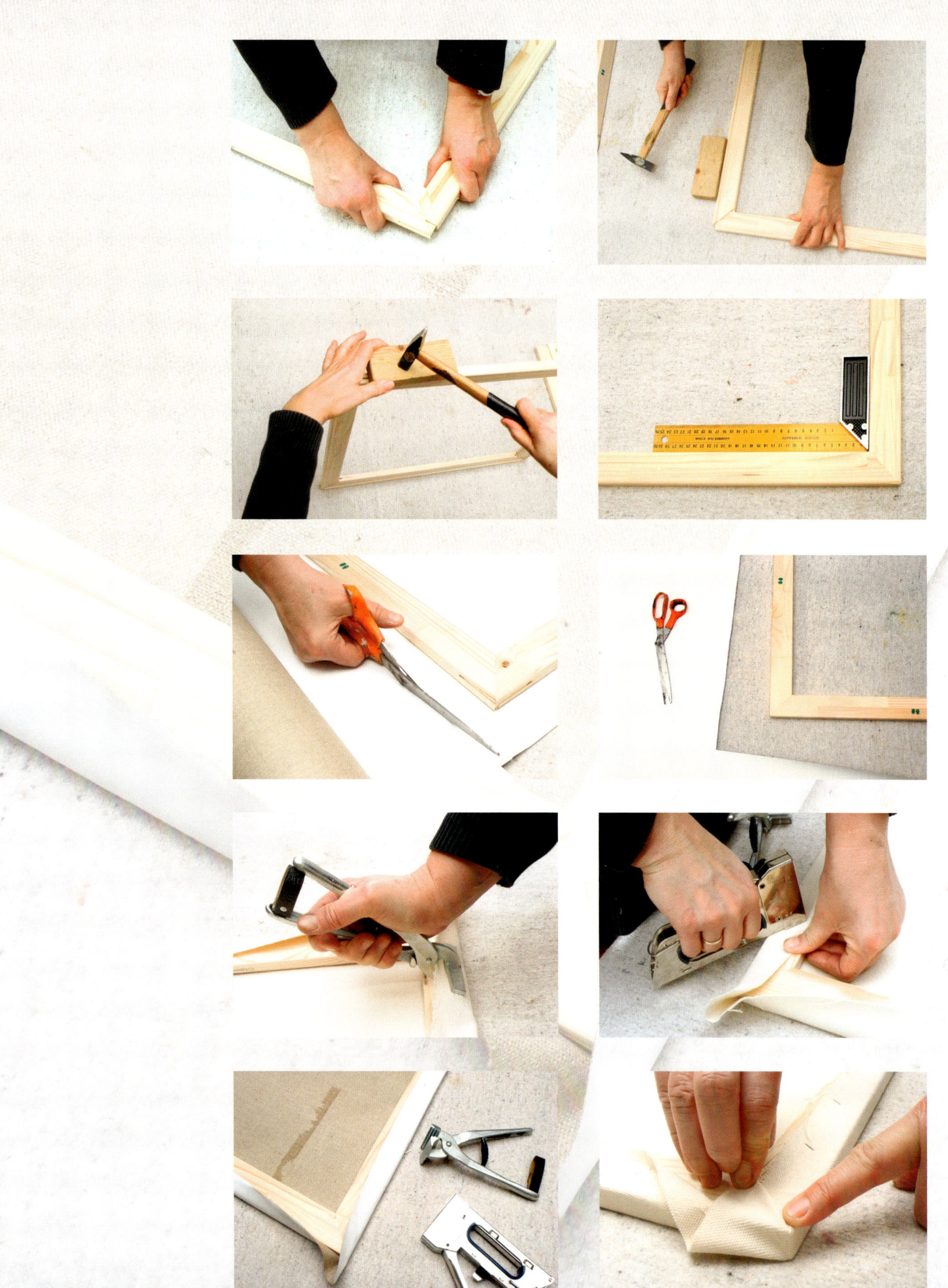

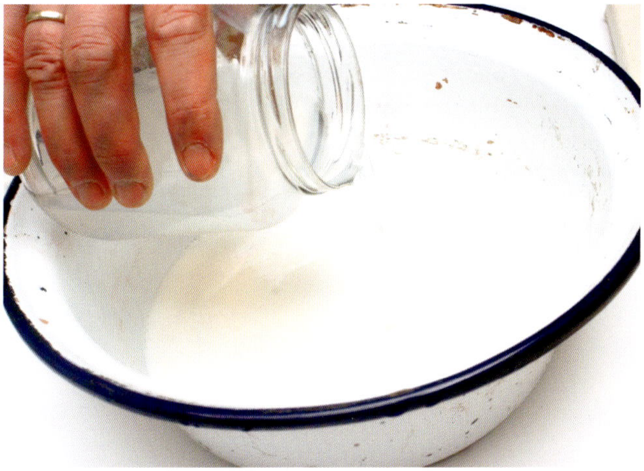

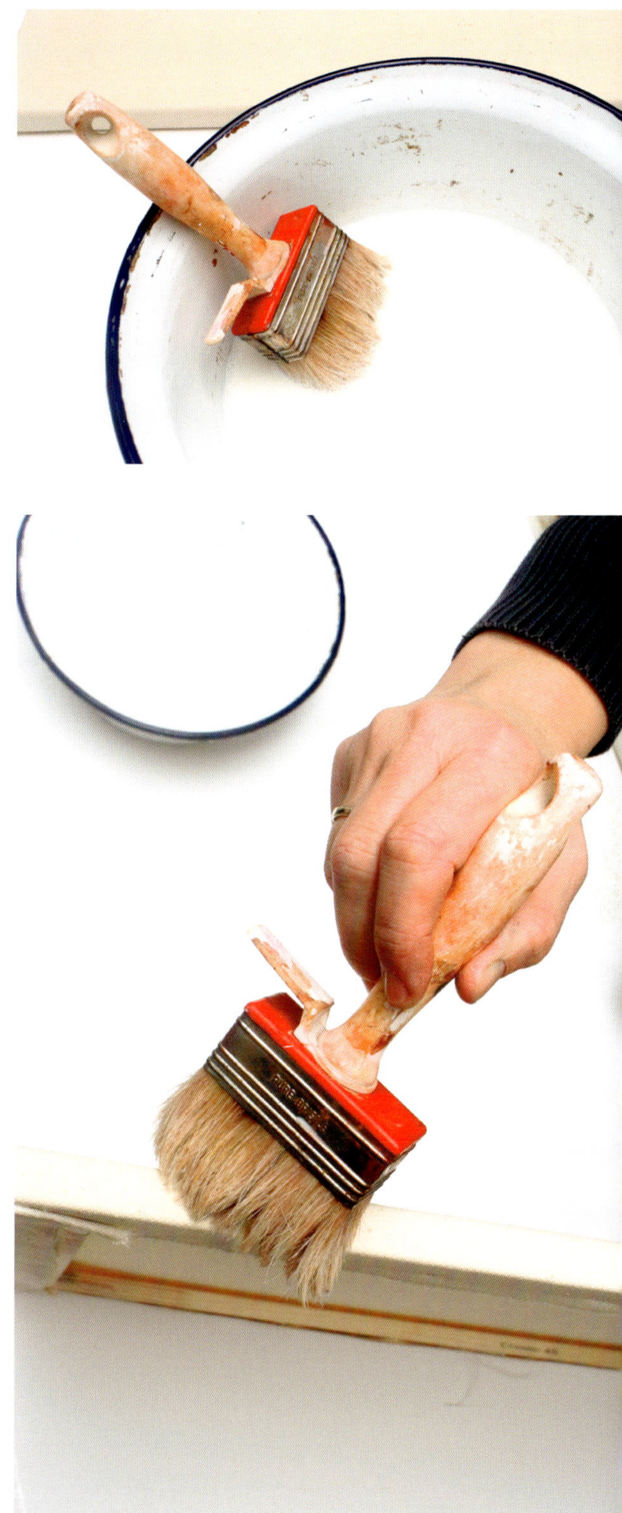

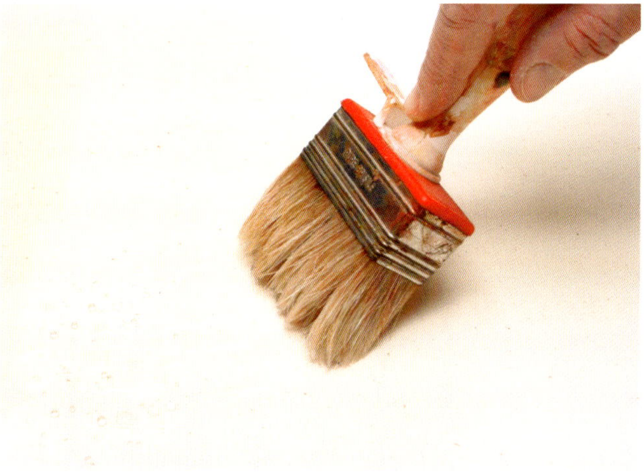

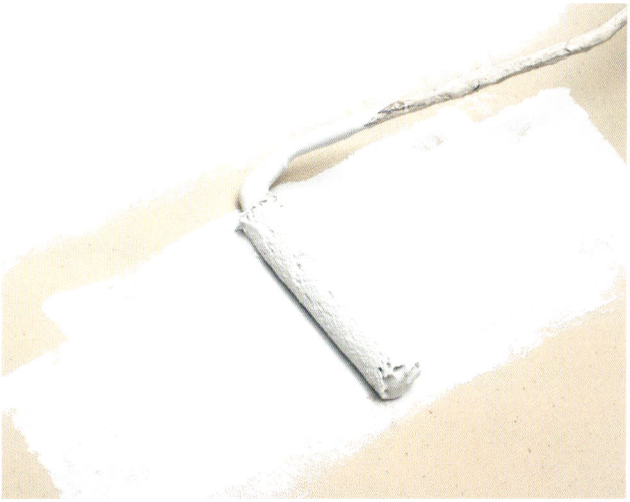

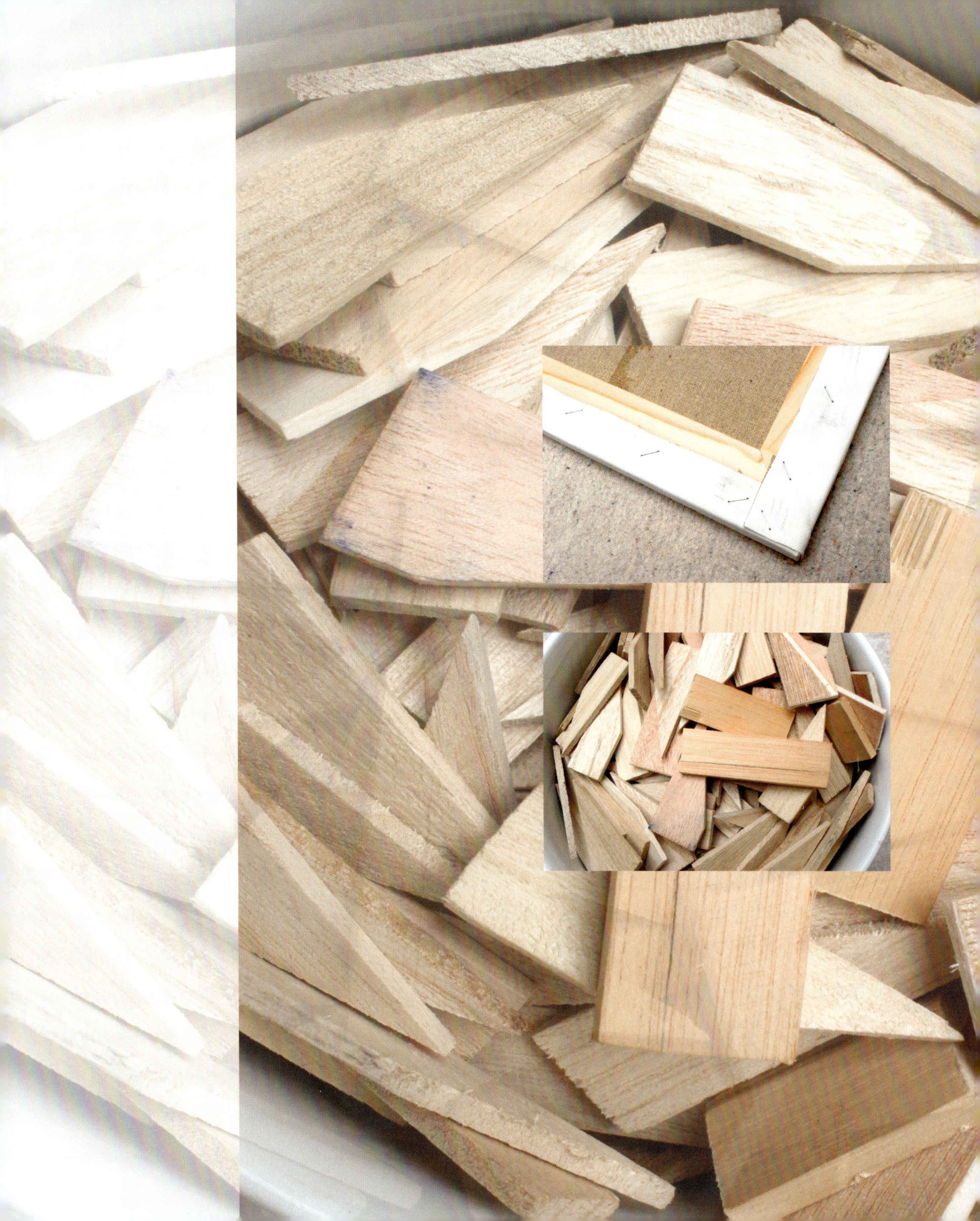

Die Einsatzmöglichkeiten von Gewebe bei Spachtelmassen

Maltuch mit Marmormehl- und Marmorgrieß-Spachtelmassen

Es gibt überhaupt keine Probleme, mit den Marmorspachtelmassen auf Maltuch zu arbeiten. Die Flexibilität dieser Massen ist ungeheuer groß. Auf grundiertem Tuch ist es zudem reizvoll, auf die Optik des Tuchs einzugehen und dies mit in die Gestaltung einzubeziehen, also Teile der Leinwand nicht mit der Spachtelmasse abzudecken. Noch mehr Sinn macht die Kombination von gespachtelter Fläche mit rohem, nicht grundiertem Tuch bei der unbehandelten Leinwand. Die dergestalt aufgebrachten Farben erhalten einen völlig anderen Ausdruck und es entsteht eine unterschiedliche Farbtiefe, je nachdem, ob sie auf offene oder bespachtelte Tuchstellen aufgetragen wurden.

Maltuch mit Gipshaftputz-Spachtelmasse

Im Zusammenhang mit der Gipshaftputz-Spachtelmasse ist das leicht saugende, grundierte Tuch von Nutzen. Es bietet dem Gipsmaterial die Möglichkeit, sich am Untergrund „festzukrallen", was bei einer glatten, nicht saugenden Fläche nicht möglich ist. Wenn Sie allerdings auf einem ungrundierten Tuch arbeiten möchten, würde ich in diesem Fall den Anteil an Acrylbinder in der Binder-Wasser-Mischung bei der Herstellung dieser Spachtelmasse erhöhen. Des Weiteren hat die doch recht unflexible Gipshaftputz-Spachtelmasse ihre Grenzen: Da die Leinwand in Bewegung bleibt, auch wenn sie aufgespannt ist, wird ihr Auftrag instabil, wenn er in dicker Schicht über die ganze Fläche Ihrer Leinwand gesetzt wurde. Natürlich spielt die Größe der verwendeten Leinwand dabei eine Rolle. Ohne Probleme kann partiell in einer Dicke von etwa drei Zentimetern aufgetragen werden, ansonsten halten Sie den Auftrag millimeterdünn.

Maltuch mit Freskokalk-Mörtelmischung

Diese beiden Materialien schließen sich eigentlich aus. Bewegungen des Untergrundes würden das Abplatzen des ein bis mehrere Zentimeter starken, unflexiblen Materials bewirken. Doch nichts ist ausgeschlossen. Probieren Sie es aus.

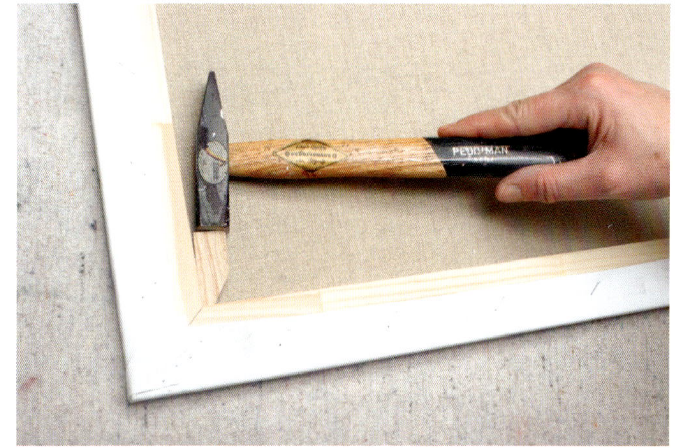

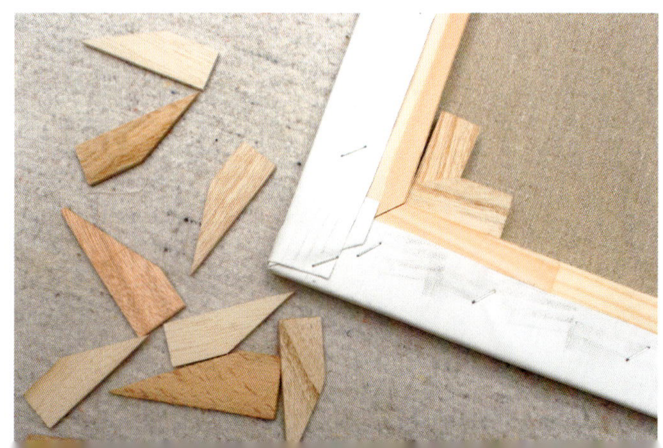

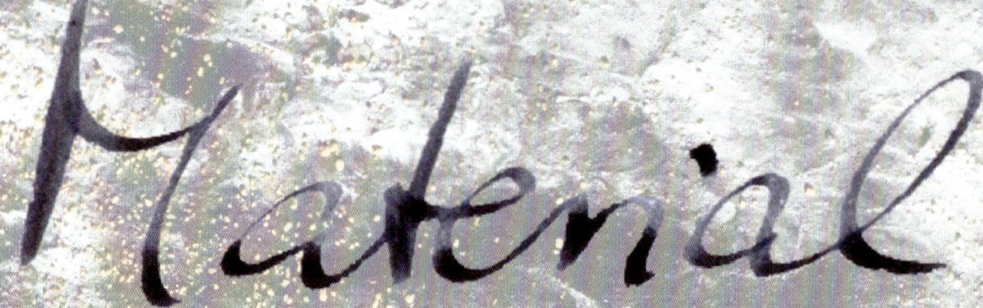

Papier

In unserem Kulturkreis ist Papier in der künstlerischen Verwendung ein noch recht junges Produkt, ganz ähnlich dem Malgewebe. Papier gibt es bei uns erst seit dem 11. Jahrhundert und seit dem 13. Jahrhundert wird es künstlerisch verwendet – allerdings zunächst noch für weniger kostbare Arbeiten. Das Pergament nimmt zu der Zeit des ausgehenden Mittelalters noch den wichtigeren Platz ein. Ein weitaus älterer Vorgänger des Papiers war im alten Ägypten bekannt: Der Papyrus, welcher in diesem Kulturkreis bereits dem Malen und Schreiben diente.

Unser heutiges Papier ist eine Mischung aus chemisch aufgeschlossenen Holzfasern, Flachs, Hanf, Baumwolle und Stroh. Nach entsprechender Vorbereitung entsteht durch Feinmahlung und Bleichung eine Masse, der Leimstoffe zugesetzt werden. Meist industriell in verschiedenen dünnen Schichten gepresst, glatt gewalzt und getrocknet, besitzt es eine sehr unterschiedliche Qualität bezüglich der Alterungsbeständigkeit, im Gewicht und in der spezifischen Eigenart der Oberfläche wie der Stofflichkeit.

Ursprünglich wurde Papier aus aufbereiteten Lumpen gefertigt und handgeschöpft, gewonnen durch Siebe, die den Papierteig auffingen. Bestanden diese Lumpen aus zellulosehaltigen Fasern, bezeichnet man sie auch heute noch als Hadern. Dieser Begriff ist den meisten in Verbindung mit hochwertigen Aquarellpapieren geläufig, die die Bezeichnung „hadernhaltig" führen.

Im Zusammenhang mit Spachtelmassen kann ich nur jeden einladen, die Möglichkeiten zartester Kahari-Papiere genauso auszuprobieren wie die von Aquarell- und Büttenpapieren. Das Kahari-Papier benutze ich zum Abziehen noch feuchter Spachtelstrukturen. Das Papier lässt sich zudem mit Pigmenten wunderbar weiter bearbeiten und einfärben. Das Aquarell- und Büttenpapier benutze ich wie eine nicht grundierte Leinwand: Stellen des Papiers bleiben bei der Beschichtung mit Marmor-Spachtelmassen oder Sand-Spachtelmassen frei. So nutze ich die Möglichkeit des offenen Papiers, um einen Farbraum ganz unterschiedlicher Dichte zu kreieren.

Holzplatte

Eine antike und mittelalterliche Variante des Bildgrundträgers ist das Holz, denn Leinwände kamen erst später als technische Möglichkeit hinzu. Holz ist ein Materialkörper, der eine natürliche Kombination von Zellulose, Holzstoff, Eiweiß, Stärke, Wasser und anderem ist. Es wird deutlich, dass er daher keinen sehr berechenbaren Untergrund darstellt. Frisches Holz verliert zwar einen hohen Anteil des Wassers, ein gewisser Anteil verbleibt jedoch oder es nimmt Wasseranteile aus der Luft wieder auf. Zuschnitt und Verleimungsarten bestimmen das „Arbeiten" des Holzes. Ähnlich dem Papier bleibt Holz allerdings ein lebendiges Grundmaterial.

Wenn Sie gerne eine der vorgestellten Spachtelmassen auf Holz verarbeiten wollen, ist es unbedingt notwendig, dass Sie das Holz rundum grundieren.

Transparente Grundierung

Hierzu nehmen Sie entweder handelsübliche transparente Grundiermittel für Holz, die gut einziehen können. Sie gehören in die Gruppe der Kunstharzlösungen.

Oder sie gehen auf transparente Acrylemulsion über. Diese hat eine enorme, wenn auch je nach Produkt unterschiedliche Klebekraft und muss daher verdünnt werden. Als Orientierung dient hier: 1 Anteil Acrylemulsion zu bis zu 2 Anteilen Wasser. Diese Acrylemulsion gehört in die Gruppe der Kunstharzdispersionen.

Auf Boraxkaseinleim gehe ich im Zusammenhang der Binder zum Herstellen der Kaseinfarbe ein. Er ist leicht zu bearbeiten und trocknet vollständig wasserunlöslich auf. Bei Kasein ist die Frische des Produktes wichtig.

Die besten Erfahrungen machte ich im Zusammenhang mit dem Grundieren von Naturholz mit Warmleimen (Glutinen). Glutinleime werden aus Knochen, Haut oder entgerbtem Leder von Tieren gewonnen. Ratsam ist hier der Kauf des Produktes in der Graupen- oder Splitterform. Hautleim hat im Gegensatz zu Knochenleim den Vorteil, dass er nicht so spröde ist, er besitzt aber eine

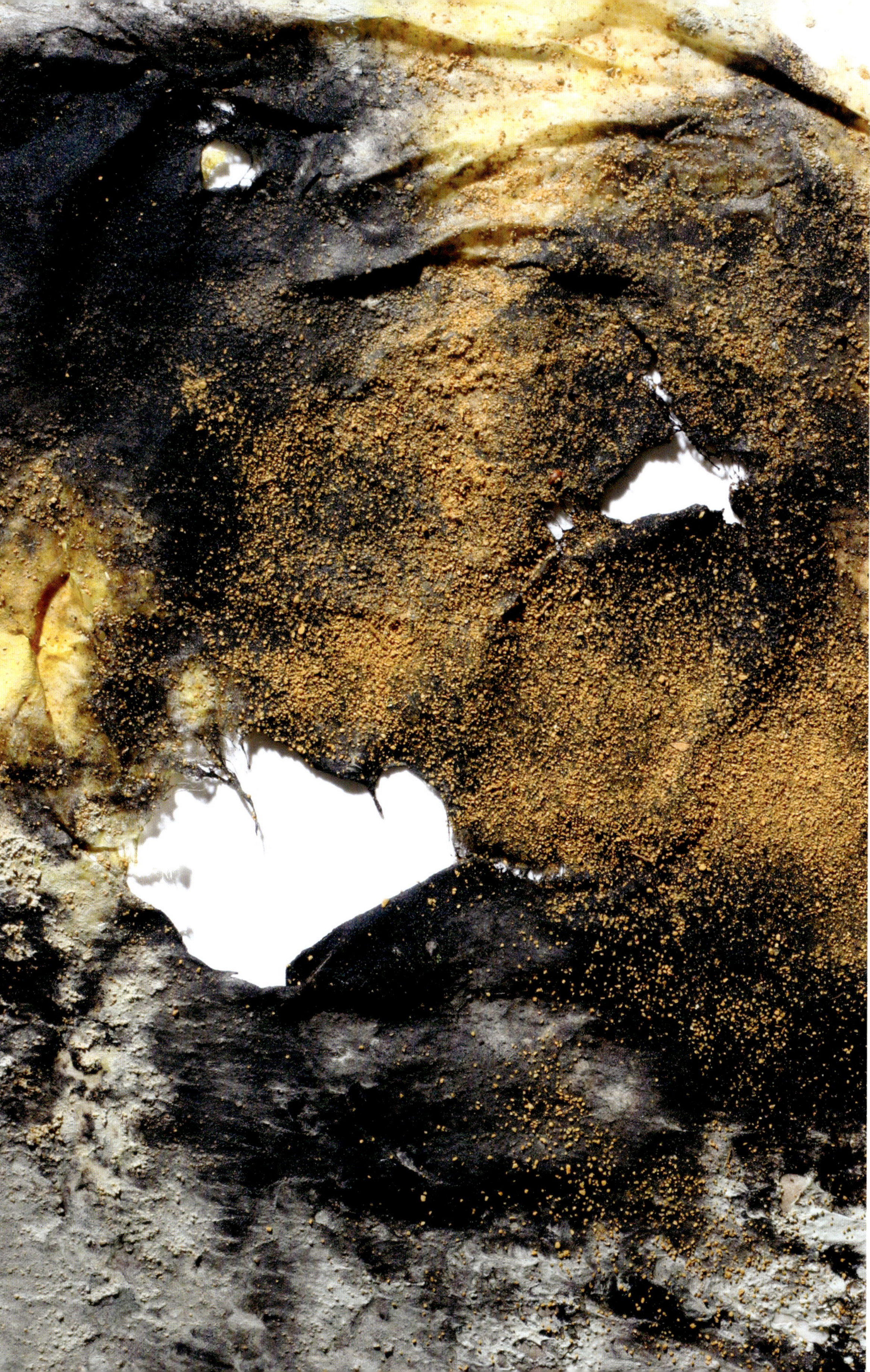

geringere Klebekraft. Er sollte auch länger quellen. Warmleime aus Hautleim dürfen nie höher als 60 Grad erwärmt werden, da die Klebekraft dadurch abgebaut wird. Ein kleiner Schuss Nelkenöl in den hergestellten Leim verlängert seine Haltbarkeit.

Diese traditionelle Herangehensweise ist allerdings äußerst gewöhnungsbedürftig: Weder der Geruch noch das Warmhalten im Wasserbad auf der Heizplatte ist uns mehr vertraut. Beides braucht Übung: Das Aushalten des ungewöhnlichen Geruchs, wobei Hautleim weniger riecht als Knochenleim, sowie das Handhaben der gallertartigen Masse.

Rezept zur Herstellung des Warmleims / der Leimlösung 60:1000

60 g Leimsplitter oder Leimgraupen in 3/4 Liter Wasser einweichen und für etwa 3-5 Stunden quellen lassen;
in 1/4 Liter Wasser wird 6 g Kalialaunsalz
(10 Prozent des Trockengewichts des Leims) aufgelöst;
das Gefäß mit dem vorgequollenen Leim kommt in ein Wasserbad, aber nie direkt auf die Heizplatte;
der Leim geht in Lösung, darf allerdings nie kochen; dem gelösten Leim wird das in Wasser aufgelöste Kalialaun beigefügt.
In diesem warmen Zustand ist der Warmleim verarbeitungsfähig. Beim Erkalten geliert die Masse und kann nach Bedarf zu einem späteren Zeitpunkt wieder im Wasserbad erhitzt werden. Die Zugabe von Alaun dient der Festigkeit des erkalteten Leims, der dadurch nicht so leicht wieder anlösbar ist.

Der Vorgang des farblosen Grundierens erfolgt auf der trockenen Holzplatte einschließlich der Kanten. Er sollte mindestens zweimal – nach einem Durchtrocknen zwischen den Aufträgen – vorgenommen werden.

Weißgrundierung

Nachdem das Naturholz, das Sperrholz oder die Spanplatte vollständig rundum transparent grundiert worden ist, können Sie nach Bedarf natürlich noch weiß grundieren.

Weiße Grundierschichten haben die Aufgabe, als weißer Untergrund „der Farbe an sich" den größtmöglichen Raum zu geben, um seine Leuchtkraft entwickeln zu können. Ferner muss die Grundierung eine gewisse Stofflichkeit haben, damit sie saugfähig ist. Die Farbe darf weder in ihr einsinken noch oben aufliegen. Für diesen Vorgang nehmen Sie beispielsweise die handelsüblichen weißen Farben zur Grundierung von Leinwänden oder hochwertige, stark pigmentierte Wandfarbe aus dem Malerbedarf.

Auf dem Medium Holz können Sie sich sehr leicht auch einmal alten Rezepten von Weißgrundierungen zuwenden. Was beim Einsatz auf Leinwand sehr viel Übung benötigt, um eine starke Rissbildung zu vermeiden, werden Sie hier eher wie ein Kinderspiel erleben können. Das Weißpigment, mit dem Sie das gut probieren können, ist Champagnerkreide oder auch Marmormehl.

Tipp: Lassen Sie beispielsweise Teile Ihres Holzes natur, also transparent grundiert stehen, grundieren Sie mit einer Marmormehl-Kaseinfarbe mehrfach dünn übereinander, aber unterschiedlich dick und setzen Sie partiell Struktur mit einer Marmormehl-Spachtelmasse auf. So kann Ihnen auf der Fläche Ihres Malgrunds ein einzelner Farbauftrag schon eine Breite an Wirkungen eröffnen. Erfahren Sie dadurch, welcher Untergrund wie wirkt und wie er sich verhält.

Rezept für Marmorgrund

(Marmor kann auch durch Champagnerkreide ersetzt werden; der Grund wird dadurch etwas saugender.)
1 Becher Marmormehl (oder Marmorgrieß fein) wird gemischt mit
1 Becher Titanweiß; unter ständigem Rühren wird nach und nach die Pulvermischung in die fertig vorbereitete Kaseinleim-Wassermischung (1:3) eingerührt.
Die Konsistenz des Malgrundes bestimmen Sie selbst. Die weiße Grundierung wird in dünner Lage aufgetragen, die Saugfähigkeit und Dicke

des Grundes richtet sich nach der Anzahl der Schichten. Sie spüren, dass Sie auch hier wieder einen Gestaltungsspielraum haben, der überhaupt nicht berührt wird, wenn Untergründe stets fertig gekauft werden.

Hartfaserplatte

Die Hartfaserplatte ist eine industriell gefertigte Leichtbauplatte. Sie hat durch eine mechanische Bearbeitung (Zerfasern des Holzes) die natürlichen Eigenschaften des Holzes verloren: Die Reaktion auf Luftfeuchtigkeit und damit eine starke Bewegung. Daher ist sie für den Kunstmaler seit etwa den 30er Jahren von Bedeutung geworden.

Sie besteht aus Holzfasern, die unter Zugabe von Kunstharzen und Wasser, mit hohem Druck gepresst und anschließend bei hoher Temperatur getrocknet werden. Durch das Auflegen von Pressgittern ist die Platte einseitig geriffelt. Allerdings gibt es auch zweiseitig glatte Flächen.

Die Platten sind – je nach Fabrikation – durch die verwendeten Metallplatten mit einem unsichtbaren Paraffinölfilm versehen. Diese wasserabweisende Oberfläche muss für die Vorbereitung als Malgrund mit Aceton abgerieben werden. Erst dann ist die Haftung der weißen Grundierfarbe möglich. Einige meiner Studenten versuchten das weiße Grundieren zu umgehen und trugen Marmormehl-Spachtelmasse direkt auf die dunkle Platte auf. Das Abplatzen der Strukturschicht war häufig die Folge. Der Grund dafür ist die Fettschicht auf der Hartfaserplatte.

Ansonsten sind Hartfaserplatten ideale Bildträger. Ich benutze sie beispielsweise für große 1,2 x 1,2 m Bilder, auf die ich schwere, stark strukturierte Flächen aus Gipshaftputz-Spachtelmasse lege. Grundsätzlich verleime und verschraube ich die Hartfaserplatte auf einen Keilrahmen in gleicher Größe. Große Arbeiten erhalten sogar ein Keilrahmenkreuz, wodurch sie verzugsfrei werden. Anstatt des Keilrahmens können auch zugeschnittene Dachlatten verwendet werden. Die Hartfaserplatte kommt im Bereich der beschriebenen Spachtelmassen folgendermaßen vor:

Hartfaserplatte mit Marmormehl- bzw. Marmorgrieß-Spachtelmasse

Die Hartfaserplatte wird mit Aceton entfettet und nach Wunsch weiß grundiert. Eine zuvor angelegte transparente Grundierung entfällt.

Hartfaserplatte mit Feskokalk-Mörtelmischung

Die Hartfaserplatte wird mit Aceton entfettet. Für das Bearbeiten mit dem Kalk benötige ich zum einen eine raue Beschaffenheit der Oberfläche, zum anderen möglichst viel Wasser auf der Platte vor Beginn der Beschichtung. Daher wird die Platte mit der Kante eines Spachtels verletzt: Ich ritze sie ein und erhöhe dadurch ihre Saugfähigkeit. Dann kann ich, muss aber nicht, gröberen Sand mit Acrylemulsion zu einem flüssigen Rührteig mischen und Spuren von dieser Mischung zusätzlich hinterlegen.

Mit Freskokalk-Mörtelmischung beschichtete Hartfaserplatte, die zuvor auf einen Holzrahmen verleimt und verschraubt wurde.

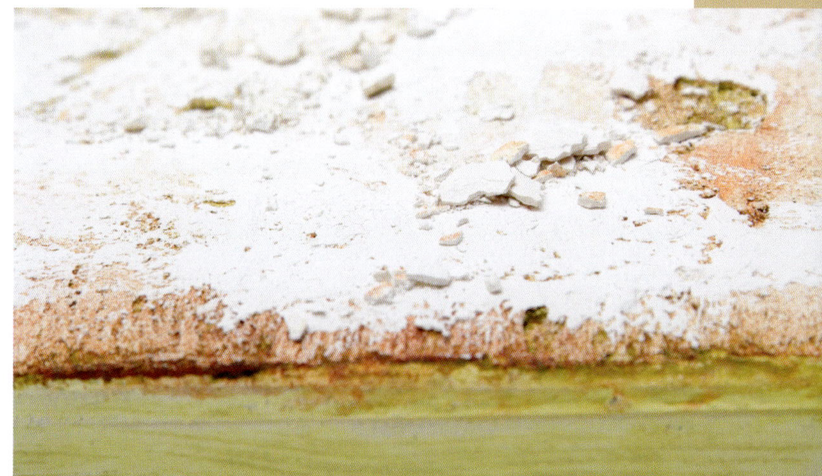

Hartfaserplatte mit Gipshaftputz-Spachtelmasse

Die Hartfaserplatte wird mit Aceton entfettet. Sie ist für die Haftung der Gipshaftputz-Spachtelmasse zu glatt. Es sei denn, sie liegt Ihnen in geriffelter Form vor. Was auf jeden Fall nie entfällt: Es wird ein Haftgrund erstellt und aufgetragen. Dieser Haftgrund besteht aus Sand und der unverdünnten Acrylemulsion. Das Mischverhältnis muss dergestalt sein, dass Sie viel Acrylemulsion verwenden und ein dünner Rührteig entsteht. Den Teig bringen Sie mit einem Japanspachtel oder Zahnspachtel auf.

Dieser sandige Haftgrund kann nach Wunsch mit Pigmenten oder Acrylfarben versetzt werden. Für mich kommt zum Einfärben nur ein Pigment in Frage: Die entstehende Fläche ist farblich changierend und lebendig. Als Malende reagiere ich auf das mir Vorliegende unbewusst. Es fällt anders aus, ob ich ein lebendiges oder ein plastikhaftes Erscheinungsbild des Untergrundes vor mir habe.

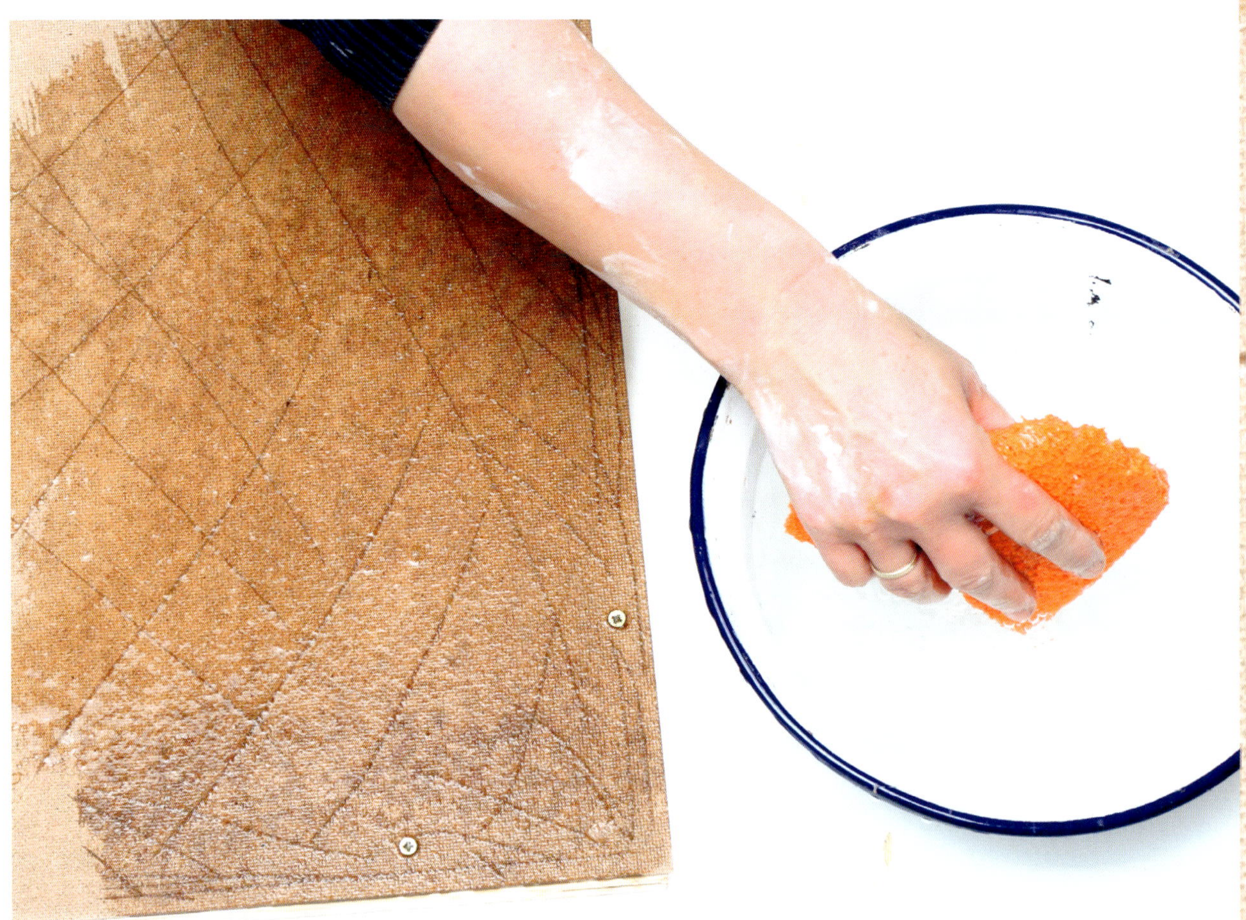

Vor und während der Beschichtungen mit Freskokalk-Mörtelmischungen muss die Hartfaserplatte stark feucht gehalten werden. Die Hartfaserplatte wird zuvor auf einen Holzrahmen verleimt und verschraubt. Bei Gipshaftputz-Spachtelmasse übernimmt der aufgetragene Haftgrund die günstige Haftungsunterlage.

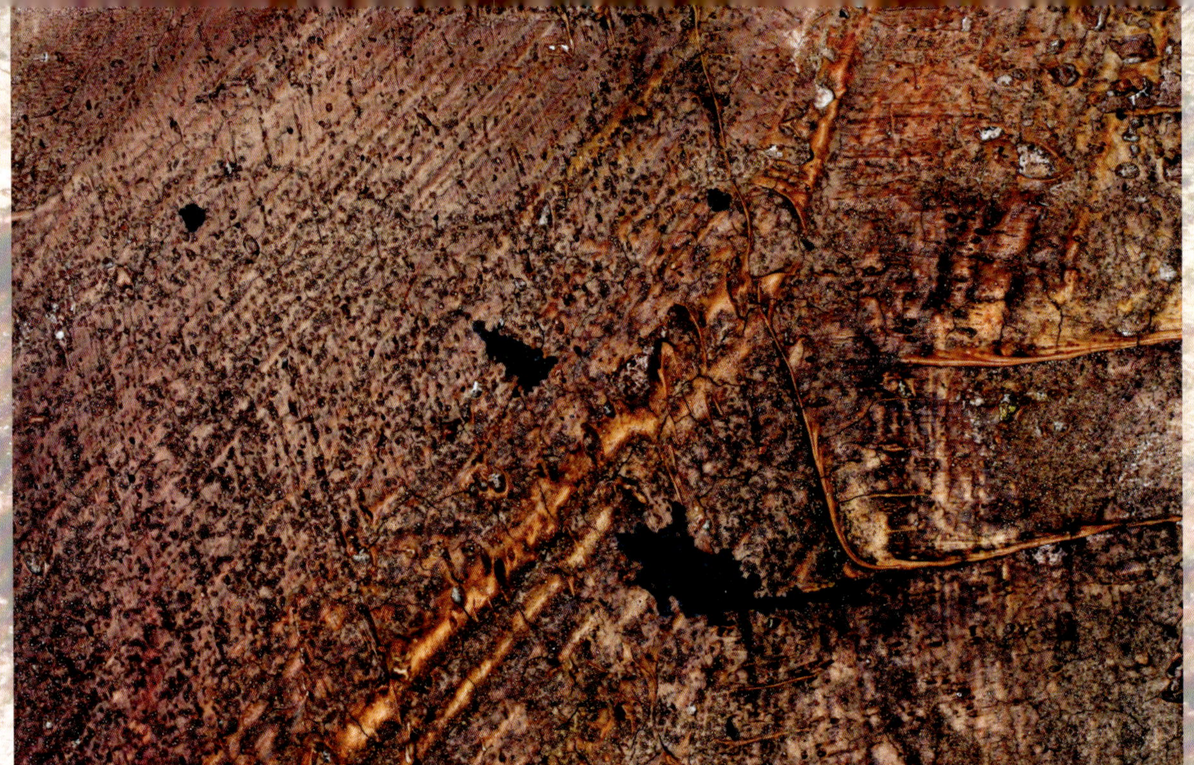

Hartfaserplatte mit Marmormehl-Spachtelmasse

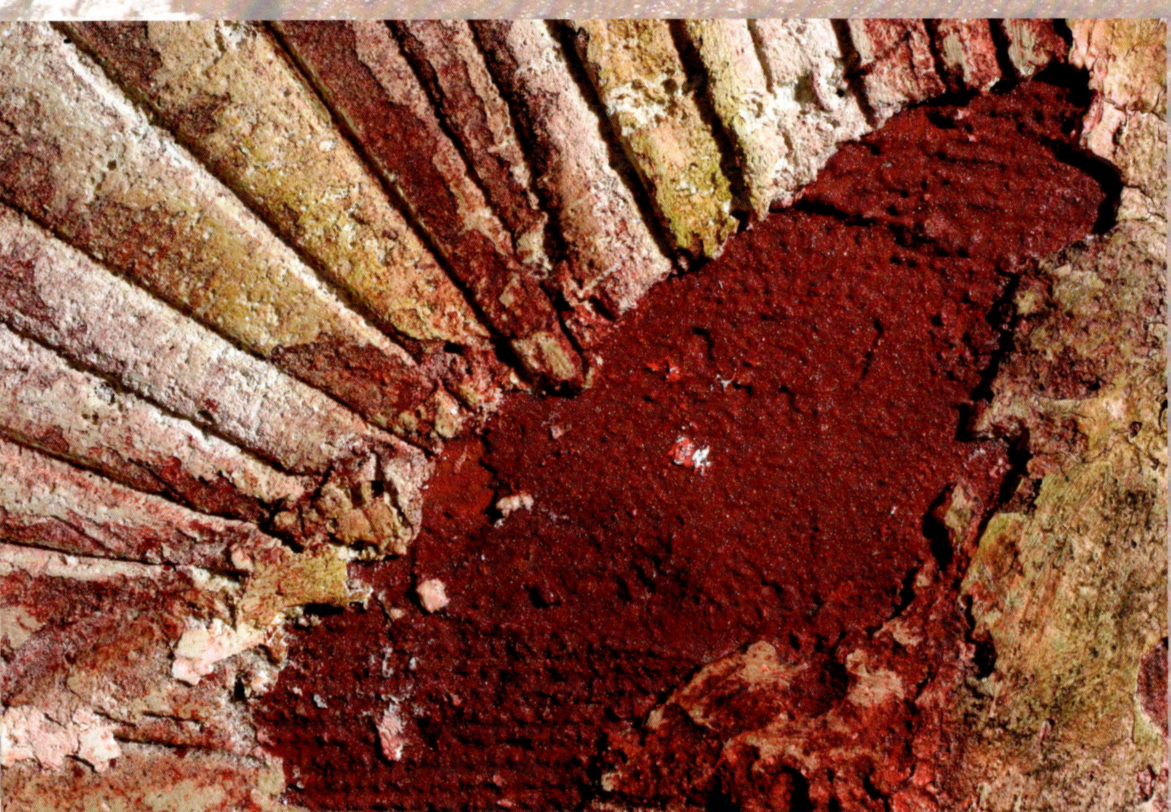

Gipshaftputz-Spachtelmasse mit sichtbarem Haftgrund aus Sand, Pigmenten mit Acrylemulsion

Baumaterialplatte
Im Zusammenhang mit der Freskokalk-Mörtel-Spachtelmasse setze ich die Gipsfaserplatte *Fermacell* ein. Sie ist eine industriell gefertigte Platte, die aus Natur- oder Reagips und Zellulosefasern besteht. Gipsfaserplatten werden im Innenausbau eingesetzt und haben eine strapazierfähigere Oberfläche als Gipskartonplatten. Sie sind in verschiedenen Formaten und Stärken erhältlich.

Hier kommen 1 cm starke Platten zum Einsatz, die auf einen Keilrahmen geschraubt werden können und somit das Anbringen einer Aufhängevorrichtung erleichtern. Möchte man sie allerdings in einen Wandausschnitt (nicht größer als etwa 60 x 60 cm) einkleben, so würde dies entfallen können. Bei größeren Formaten ist aufgrund des erheblichen Gewichtes mit einem Verzug zu rechnen. Die Platte sollte daher auf eine Unterkonstruktion aufgebracht werden.

Die weitere Verwendung unterscheidet sich nur unwesentlich von dem bereits beschrieben Einsatz der Hartfaserplatte. Das Entfetten der Platte entfällt natürlich.

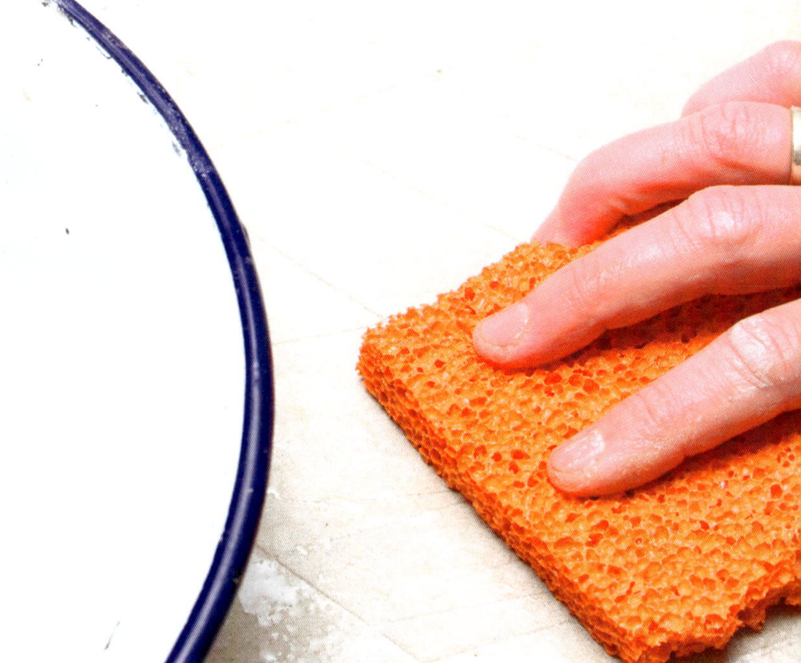

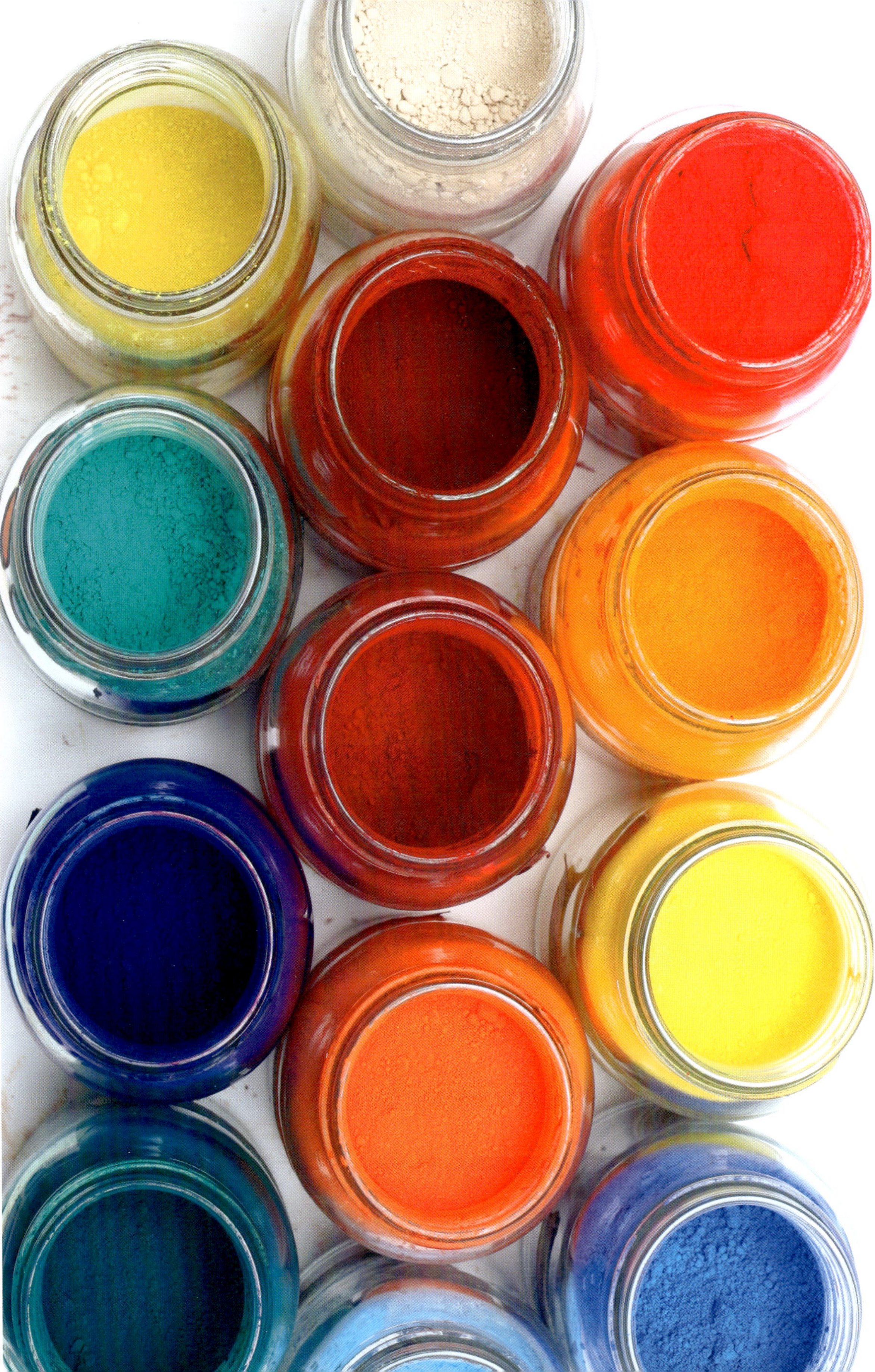

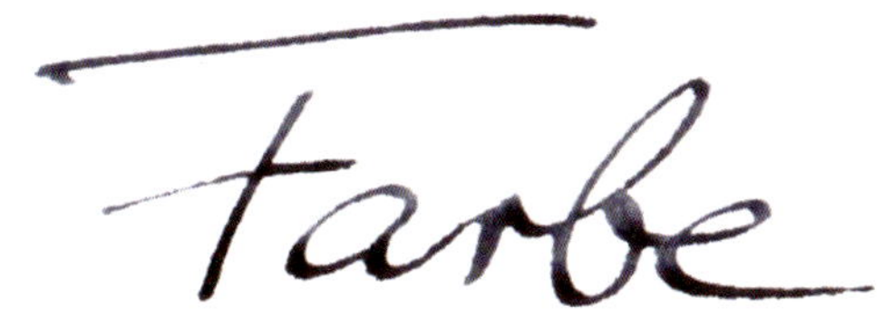

Farbenspiel: Pigmente

Eine Farbe besteht in der reinen Form immer aus zwei Anteilen: dem Pigment und dem Binder.

Der Binder kann vieles sein – Öl, Ei, Kasein (aus Quarkgewinnung), Leime, Acrylemulsionen und anderes. Der Binder ist also sowohl von geschmeidiger Natur (ölige Anteile wie zum Beispiel in fettigen, pflanzlichen Ölen und in Eigelb) als auch harter Natur (synthetische Anteile, die erst durch „Weichmacher" geschmeidig werden). Je geschmeidiger ein Binder ist, umso flexibler ist die Möglichkeit, das Gewebe zu bewegen und zu rollen.

Ein Pigment ist immer ein Pulver, eine unlösliche Farbsubstanz. Man unterscheidet heute zwischen den Pigmenten und den Farbstoffen. Ein Pigment bildet mit dem Binder eine Farbsubstanz, die in Binde- und Verdünnungsmitteln aufgeschlämmt wird. Es löst sich nicht in dem Binder auf, sondern geht mit ihm eine Beziehung ein. Und wie im richtigen Leben: Stimmt der Grund nicht, d. h. ist die Basis dieser Beziehung (z. B. die Leinwand) nicht gut vorbereitet, so geht diese Beziehung wieder auseinander – der Binder versickert in den Grund und das Pigment liegt oben drauf.

Ein Farbstoff hingegen dient dem Einfärben und bedient nicht die Ansprüche des Künstlers nach Lichtbeständigkeit. Dennoch haben Beizen und Lasuren einen hohen Reiz und finden im zeitgenössischen, künstlerischen Ausdruck ihren Platz.

Aus diesem einfachen Verhältnis von „Binder und Pigment zur Bearbeitung des Grundes", aus dem die wunderbarsten Farben und ein Bild entstehen können, kann ich als Malerin erkennen, wie wesentlich die einzelnen Anteile in der Entstehung eines Bildes doch sind – wie im echten Leben. Es gibt nirgendwo einen Unterschied, auch nicht beim Malen.

Eine gekaufte Farbe ist nicht mehr so rein wie ein selbst hergestelltes Produkt. Aus Gründen der Haltbarkeit und des Preises werden mir persönlich von Seiten der Industrie zu viele Kompromisse gemacht. Es kommen Verschnittmittel hinein wie Marmormehl, synthetische Füllstoffe, Verdickungsmittel und anderes. Die Zusammenstellung ist nicht transparent.

Aus diesem Grund halte ich es wie die alten Meister und stelle meine Farbe selbst her. Daher verwende ich das Pigment häufig in seiner reinen Form und binde es ein. In meinem Fall für gewöhnlich mit Mohnöl und Leimen.

Das Licht, die Leuchtkraft der Farben hängen von dieser Reinheit ab. Jedes Pigment ist ein Kristall bzw. hat einen fein- oder grobstofflichen Träger (bei organischen Pigmenten). Die Lichtbrechung ist natürlich eine andere, wenn das Pigment nicht „dick umhüllt" ist und auch, wenn das Pigment selbst von edler Natur ist. Daher verwende ich nur edle Pigmente feinster Herstellung und Körnung neben den natürlichen Pigmenten, die in der Natur zu finden sind: Sande und Erden.

Gesammeltes: Erden und Sande

So begann es: Die ersten Pigmente waren schon bei den prähistorischen Menschen bekannt. Hauptsächlich waren es gelbe und rote, natürliche, eisenoxidhaltige Erden. Heute gehören sie in die Kategorie der „Erdpigmente" bzw. den natürlichen, anorganischen Farbmitteln. Weiße Erden wie Kreide und Ton oder der zarte Ton der grünen Erde kommen noch dazu.

Diesen Erden verwandt sind mineralische Naturfarben aus farbigem Gestein. Dieses wird mühsam zerkleinert, gewaschen und zum Teil aufbereitet. Beispielhaft möchte ich hier den tiefblauen Lapislazuli und den grünen Malachit nennen. Die Zinnobergewinnung war früher ein äußerst mühsames Unterfangen: Als Schwefelquecksilber kam es im Wesentlichen in der Form von kleinen rostroten Kristallen vor, welche erst beim Malen ihre Farbe preis gaben oder es musste aus Einschüssen anderer Gesteine gewonnen werden.

Wer reist oder einfach nur mit offenen Augen durch die Sandkuhlen des Münsterlandes oder einheimische Gärten geht, findet Farbiges.

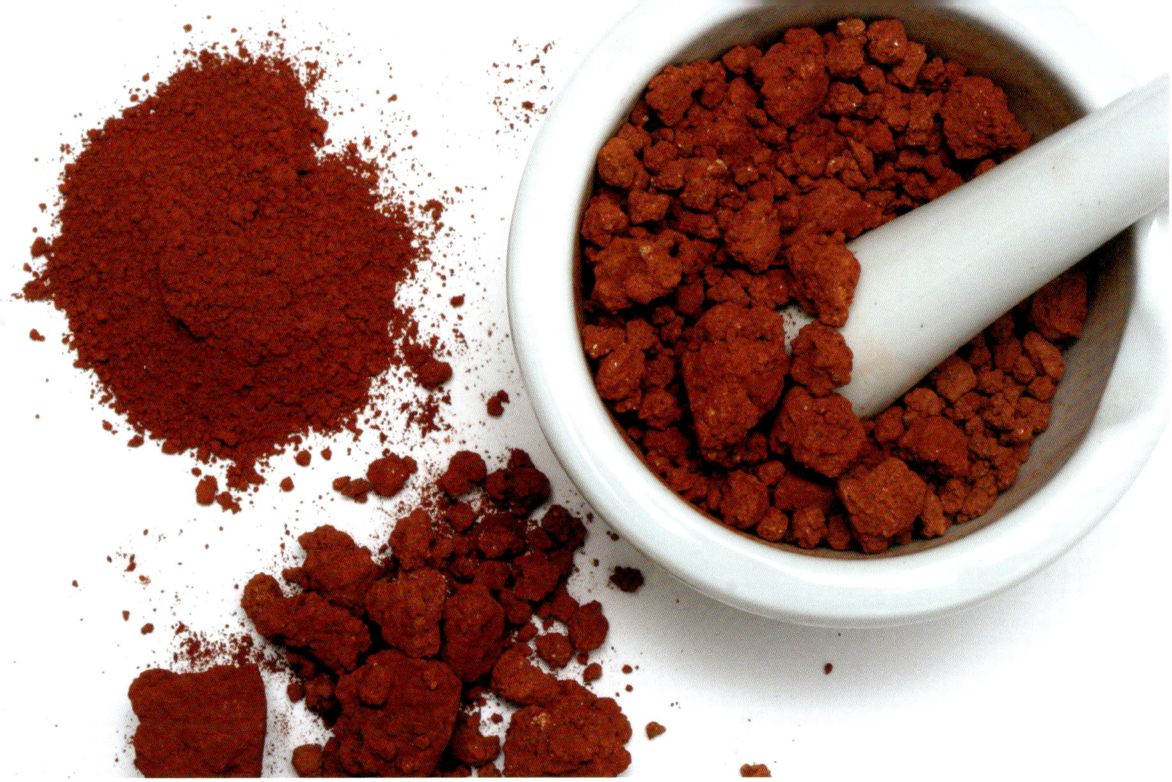

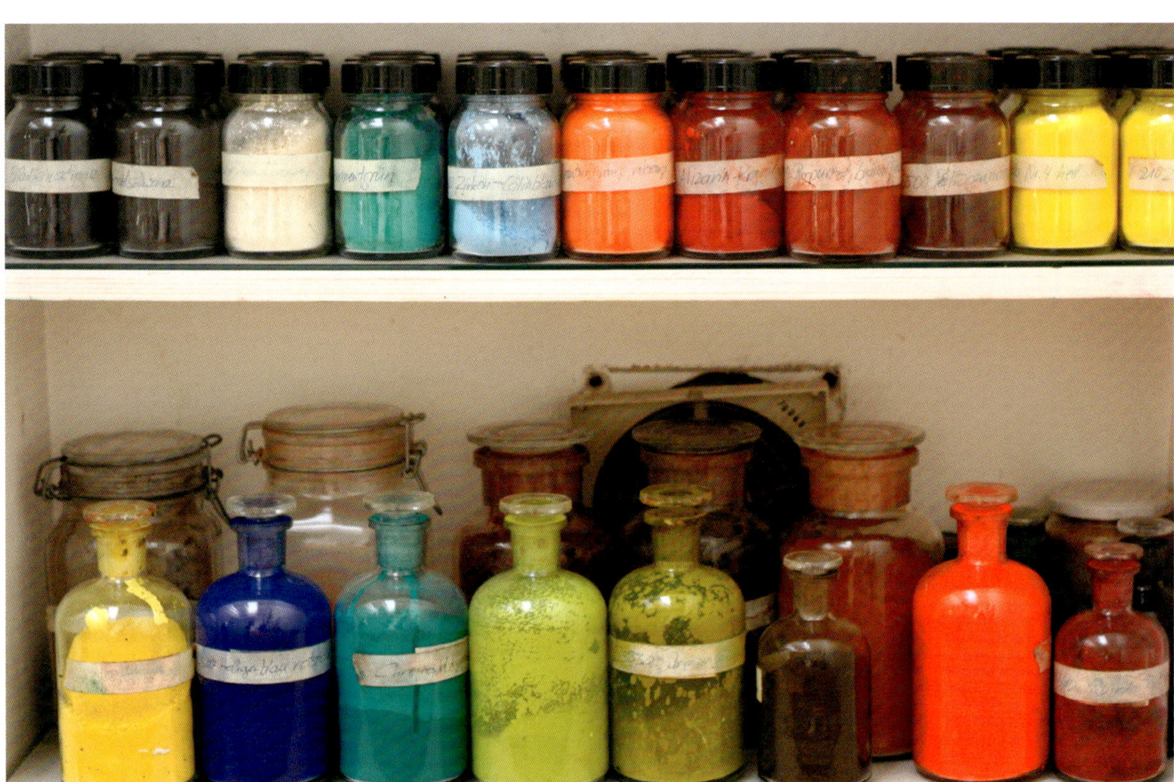

Wir sind umgeben von der ursprünglichen Form archaischer Pigmente – haben Sie sich das schon einmal bewusst gemacht? Für das Arbeiten mit Spachtelmassen können Sie sich Ihre gefundenen Sandschätze nutzbar machen.

Künstlerpigment

Natürlich sind die zuvor aufgeführten Erdpigmente in der gereinigten, feinstgemahlenen Form auch Künstlerpigmente. Pigmente lassen sich nach ihrer chemischen Zusammensetzung in anorganische und organische sowie nach ihrer Herkunft in künstliche und natürliche Pigmente unterscheiden.

Pigmentpulver liegt in kleinsten Kristallen vor, dem Korn. Je feiner das Korn, umso farbintensiver das Pigment in der Färbekraft. Allerdings: Mit einem Sortiment an Pigmenten aus der Natur zu experimentieren, ist einfach unglaublich beeindruckend. In ihrer Brillanz und Vielfalt sind sie maschinell nicht herstellbar. Die Oberfläche des Farbkörpers, die kristalline Struktur ist unregelmäßig. Dadurch fängt sich das Licht vielfältig ein und verleiht ihnen mehr Leuchtkraft und Tiefe. Dies ist einfach der Unterschied, z. B. zwischen meinen bestimmt sehr hochwertigen Ultramarinblau-Tönen und dem Lapizlazuli-Ultramarin: Die einen schreien im Ton, das andere ist tief und still.

Ganz wesentlich für die Qualität eines Künstlerpigments ist noch seine Lichtbeständigkeit. Je nach Bindemittel, verändert sich die Lichtbeständigkeit des Pigments, bleibt aber bei den meisten echten Künstlerpigmenten sehr beständig. Zurück zu den weiteren Pigmentgruppen: Seit dem Altertum sind neben den natürlichen Erdfarben chemische, anorganische Pigmente bekannt. Es handelt sich dabei um das antike Cerussa (Bleiweiß). Das Glühen der Cerussa brachte weitere Töne von hellgelb bis rötlich (Bleiglätte) hervor. In dem Bereich dieser Gruppe kommen Farbbezeichnungen vor wie beispielsweise Menninge, Ägyptischblau und Grünspan. Mittlerweile sind die Pigmente aus diesem Bereich sehr umfangreich. Selbst alte, bewährte Erdpigmente können auf künstlichem Wege hergestellt werden – mit den Einschränkungen wie zuvor beschrieben.

Eine weitere Gruppe der Pigmente sind die natürlichen, organischen Pigmente, die auch bereits im Altertum vorkamen. Solche Stoffe stammen aus dem Tier- und Pflanzenreich. Sie dienten ursprünglich insbesondere zum Färben. Die zum Teil flüssigen Substanzen mussten erst über die Verlackung zu einem unlöslichen Pigment werden. Hier wird mit Hilfe einer chemischen Methode ein Farbstoff so auf ein weißes Substrat fixiert (zum Beispiel Kreide, Schwerspat, Gips, Ton), dass eine unlösliche Verbindung entsteht. Bisweilen gibt es Farbstoffe, die sich schwer „verlacken" lassen oder es wurden ungeeignete Substrate gewählt, sodass in dem gewonnenen Pigment noch Spuren löslicher Farbanteile zurückblieben. „Eine Farbe blutet aus" und schlägt bei darüber gelegten Farben durch. Sie sehen, schon die Art der Herstellung des Pigments beeinflusst ihre Qualität.

Für diesen Bereich der natürlichen, organischen Pigmente möchte ich beispielhaft den Saft der Purpurschnecke und der Cochenillelaus sowie das Indischgelb, ursprünglich gewonnen aus dem Urin indischer Kühe, erwähnen. Verkohlte Knochen und Pflanzenreste zu Holzkohle verschmort, ergeben braun- und tiefschwarze Pigmente, z. B. „Atramentum", ein kompliziert hergestelltes schwarzes Pigment. Holzkohlenschwarz ist meist aus Buchenholzkohle, Rebschwarz oder Frankfurter Schwarz aus verdorrten Rebabschnitten hergestellt. Sie gehören auch noch in diese Gruppe.

Im 19. Jahrhundert dann begann mit der Herstellung künstlicher, organischer Farbmittel aus Steinkohlenteer die Entwicklung einer Vielzahl von künstlich hergestellten Pigmenten, wie z. B. das Indigo oder auch komplett neue Farbnuancen. Ein großes Problem bei diesen Farbentwicklungen war in den Anfängen die zunächst geringe Farblichtechtheit. Die Entwicklung in diesem Pigmentbereich blieb dort natürlich nicht stehen. Am Beispiel des heutigen Alizarinkrapplacks wird das deutlich. Er übertrifft den ursprünglichen Wurzelkrapplack in der Qualität bei Weitem.

Verwendete Binder für Pigmente und Verdünnungsmittel

In den diversen Handbüchern für Künstler können Sie natürlich explizit das Herstellen von Farben nachlesen. Ich stelle Ihnen hier die Arten meiner persönlichen Herstellung vor und streife die klassische Herstellung der Farben insoweit, wie Sie es für das Erzeugen Ihrer Farbklänge in Ihren Bildern brauchen.

Es gibt zwei Möglichkeiten, Pigmente bei den strukturierten Flächen zum Einsatz zu bringen: Sie stellen zuvor eine Farbe her oder Sie arbeiten später den Pigmentüberschuss ein. Natürlich werden beide Möglichkeiten bei der farbigen Bearbeitung eines Bildes auch gemischt eingesetzt. Und beide Möglichkeiten sind unglaublich einfach.

Bei strukturierten Flächen macht es keinen Sinn, die Farbe hinterher so pastos aufzutragen, dass von der Struktur nichts mehr zu erkennen ist – zumal Sie feststellen werden oder vielleicht schon festgestellt haben, dass Ihr Bild dadurch leblos wird. Alle Anteile Ihrer Bildelemente möchten nämlich miteinander kommunizieren können. Insofern benötigen Sie keine pastosen Farben und wenn Sie diese aus Gründen der Farbherstellung zu einer festen Paste anmengen, so verdünnen Sie die Farbe wieder im Nachhinein. Achten Sie besonders bei Verdünnungsmitteln auf verarbeitungstechnische Hinweise bzw. Gefahrenquellen.

Zelluloseleim

Es kann aus Holz Zellstoff, die Methylzellulose, gewonnen werden. Dieses Pulver hat ganz unterschiedliche Handelsbezeichnungen. Jeder kennt es als Kleister zum Ankleben von Tapeten. Insbesondere findet dieser Binder zum Herstellen von Farbteigen seine Funktion in der Anwendung bei Gipshaftputz-Spachtelmassen und den Kalk-Spachteluntergründen.

Zelluloseleim rühre ich sehr konzentriert an – also zu dick – und fülle ihn in ein Glas mit Schraubverschluss. In dieser Form des Konzentrats kann er monatelang bei normaler Raumtemperaur lagern, ohne dass er schimmelt. In ein zweites Glas fülle ich mir etwas ab und verdünne es mit Wasser zu einer schleimigen Konsistenz. Mit dieser können die Farbpaste hergestellt und Pigmente eingebunden werden. Dazu später mehr.

Das Schöne an diesem Binder ist, dass er sich völlig neutral verhält und das Pigment in seiner Farbwirkung nach dem Trocknen nicht beeinträchtigt. Er trocknet mit sehr geringer Spannung auf, sodass Sie ein Überbinden oder Abplatzen nicht befürchten müssen. Farbanstriche behalten eine hohe Elastizität und trocknen sehr gleichmäßig auf. Allerdings: Sie müssen beachten, dass sich der Farbauftrag leicht wieder mit Wasser ablösen lässt. Das ist ein ungeheurer Vorteil, wenn Sie die Struktur in ihrer Offenheit bewahren wollen. Dies zeige ich in dem Kapitel *Praktische Einladung in das Experimentierfeld* bei der Gipshaftputz-Spachtelmasse (S. 137-149) auf. Dadurch, dass das Material sehr saugt und oberflächig offen ist, erzielen Sie mit diesem Binder spielerisch wunderbare Farbeffekte. Dieser Binder ist weniger geeignet bei einem Untergrund mit Marmor-Spachtelmasse, da er dort wenig einziehen kann und die Farbe damit schwach in der Haftung ist. Um der Nachwelt ein Bild mit Zelluloseleimfarben gut zu erhalten, sollten Sie es nach der Fertigstellung mit verdünntem Kaseinleim tränken.

Kaseinleim

Kasein (Casein) ist natürlich in der Milch in geringer Konzentration enthalten. Erst in der weiteren Aufarbeitung zu Kaseinleim unter Verwendung eines Aufschlussmittels mit Borax, Kalk oder Ammonium, bekommt es die Leimqualitäten, die es zu einem Bindemittel von Pigmenten macht.

Kalkkasein bildet die stabilste Verbindung und ist die älteste Methode der Kaseinleimbereitung. Ausgangsprodukt ist hier der Quark oder gequollenes Pulverkasein. Aufschlussmittel ist der eingesumpfte Weißkalk, den Sie in diesem Buch als Sumpfkalk bereits kennen gelernt haben. Boraxkasein wird mit dem Zusetzen von Borax erschlossen. Sie können es leicht selbst herstellen. Es ist schwach alkalisch und kann über einen Zeitraum von Monaten aufbewahrt werden. Im Künstlerbedarf können Sie es fertig hergestellt kaufen. Da dieses allerdings Jahre im offenen Zustand hält, ist davon auszugehen, dass diesem Kaseinleim ein Haltbarmacher zugesetzt wurde.

Ammoniumkasein entsteht durch Aufschließen des gequollenen Kaseinpulvers mit Ammoniumcarbonat, was geläufiger ist als Hirschhornsalz. Dieses ist schwieriger herzustellen, da es sich nicht vollständig auflöst und schnell fault.

Hochwertig aufgeschlossene Kaseinleime haben eine wunderbare Bindefähigkeit – anders als fertige Kasein-Temperafarben, die mit dem Alter an Bindefähigkeit verlieren. Er ist der hochwertigste Kaltleim und von ganz anderer Beschaffenheit als der aus Magermilch gewonnene Kaseinleim des 12. Jahrhunderts, der als Binde- und Malmittel in der Wandmalerei verwendet wurde.

Frisch hergestellt und in hochwertiger Zusammensetzung trocknet der heutige Kaseinleim irrevesibel auf, d. h. er trocknet nicht nur wasserunlöslich auf, er ist auch mit nichts anderem löslich. Die Bindekraft ist einfach enorm, doch ebenso auch die Spannung. Anders verhält es sich bei dem Zelluloseleim. Es ist bei der Verwendung von Kaseinleimen daher darauf zu achten, dass Sie ihn stets genug verdünnen, er also spannungsfrei auftrocknen kann. Wenn Sie ihn nach Vorschrift anmengen, so müssen Sie ihn 1:3 zu einer gebrauchsfertigen Lösung verdünnen, bevor Sie damit ihre Farbe herstellen und Kalk- oder Gipshaftputzbilder firnissen. Beeindruckt hat mich in dem *Handbuch für Künstler* von Welthe die Beschreibung, dass versehentlich eingetrocknete Reste von Kaseinleim die Glasur von Porzellan- und Emaillegefäße zum Abspringen bringen können. Daher verdünne ich eher etwas mehr als vorgeschrieben und erreiche damit gute Ergebnisse: Als ich einen Farbauftrag in einem Bild direkt nach dem Einbinden des Pigments wieder etwas auswaschen wollte, blieb dies komplett ohne Erfolg. Da half mir nur das Schleifen, um den Ton heller zu bekommen. Und ein zweites Beispiel: Eine Teilnehmerin aus meinen Malklassen meinte es bei einer Arbeit „gut" und firnisste unverdünnt. Der Kaseinleim sprengte Stellen der Farbschicht bis auf den Gipshaftputzmörtel ab. Im Handel gibt es gebrauchsfertige Mischungen von Kaseinleimen. Selbst diese verdünne ich nochmals etwas mit Wasser.

Rezept für Borax-Kaseinleim

40 g Milchsäurekaseinpulver,
mindestens 12 Stunden in 125 ccm kaltem Wasser eingeweicht, wird mit 16 g kristallinem Borax, der in 125 ccm heißem Wasser zuvor gelöst wurde, zusammengefügt.

Eitemperaemulsion

Mit der Eitemperaemulsion sind äußerst leicht Farben herzustellen, die im mehrfachen Auftrag eine Tiefe und Intensität entwickeln können, die Sie an Ölmalfarben erinnern werden.

Das Ei ist die von sich aus natürliche und für uns leicht zugängige Emulsion: Es besteht im Wesentlichen aus 12 Prozent Eiweiß, 12 Prozent fettem Öl und 74 Prozent Wasser. Das Eidotter kann bis zu 700 Prozent weitere Fette aufnehmen, was wir später in der Herstellung der Künstlichen Eitemperaemulsion wiederfinden werden. Das ganze Ei ist ein guter Emulgator und damit eine Substanz, die in der Lage ist, wässrige und nichtwässrige Stoffe miteinander zu vermengen. Mit dem hohen Zusatz von weiteren Ölen verändert sich das Verdünnungsmittel der Farbe. Diese wird dann naturgemäß von einer Temperafarbe mit überwiegend wässrigen Bindemittelanteilen, die mit Wasser ausmischbar sind, zu einer „Öltempera", die Verdünnungsmittel benötigt, wie man es aus der Ölmalerei kennt. Hier, im Zusammenhang mit Spachtelmassen, spreche ich stets von der Eitemperaemulsion, die mit Wasser vermalbar und durch ihre Eigenarten sehr vielseitig einsetzbar ist.

Sie beeinflusst durch den öligen Anteil die Farbe und gibt ihr einen tieferen Ton. Die Farbe mit diesem Bindemittel lässt sich auf allen hier in diesem Buch vorgestellten Spachteluntergründen verwenden.

Rezept zur Herstellung einer wasservermalbaren, künstlichen Eitemperaemulsion

Ich stelle Ihnen hiermit eine Variante vor, und zwar die, die Sie im kühlen Keller oder auf der winterlichen Fensterbank von außen gut bis zu zwei Monate aufbewahren können. Doch hier gilt natürlich auch: je frischer, je besser.

Sie nehmen ein leeres Marmeladenglas mit Schraubverschluss und kleben von außen senkrecht ein Kreppband dran. So können Sie die Markierungen mit Bleistift von außen einfach anbringen.

1 ganzes Ei ohne Schale in das Glas schlagen

– die Höhe am Glasrand markieren, schütteln und warten, bis die Schaumbildung zurückgegangen ist; dann erfolgt die 2. Markierung (liegt nah an der ersten); bis zur Hälfte des Zwischenraums wird Venetianer Terpentinöl-Lösung aufgefüllt: 3 Teile Venetianer Terpentin, verdünnt mit einem Teil Balsamterpentinöl;

lange schütteln (etwa 2-3 Minuten);

die restliche Hälfte wird nach der Rückbildung des Schaums mit einer Dammar-Balsamterpentinöl-Lösung aufgefüllt; 6 Esslöffel leicht verdünnten Kaseinleim hinzufügen;

zwecks Konservierung werden 8 Tropfen Nelkenöl zugefügt. Hier achten Sie darauf, dass es nicht mehr werden;

wieder wird lange geschüttelt

(etwa 2-3 Minuten).

Balsamterpentinöl

Balsamterpentinöl zählt man zu den ätherischen, flüchtigen Ölen. Wichtig ist: Sie haben keinerlei pigmentbindende Fähigkeit. Sie dienen dem Verdünnen der öligen Farben, machen sie vermalbar. Und Sie können mit dem Balsamterpentinöl zu intensiv gewordene Farbpartien wieder „frei" wischen und den Farbauftrag anlösen. Während Sie mit dem mineralischen Terpentinersatz die Farbe wieder in ihre Einzelteile sprengen würden, kann man bezogen auf das Balsamterpentinöl sagen: Hier verdünnen Sie die fertige Farbe. Ohne oder nur mit einem geringen Rückstand verdunstet das Balsamterpentinöl.

Für den künstlerischen Einsatz ist eine gute, gereinigte Qualität wichtig. Es heißt dann rektifiziert oder doppelt rektifiziert und meint hiermit den Destilliervorgang. Da bei der Gewinnung harzige Anteile mit übergehen, beeinträchtigt ein weniger reines Balsamterpentinöl diesen Anteil durch Vergilben.

Sie zögern ein Schlechtwerden des Balsamterpentinöls durch ein lichtundurchlässiges Gefäß hinaus.

Terpineol

Terpineol ist der Eigenname für Terpenalkohol, der aus dem Balsamterpentinöl gewonnen wird. Er ist eine klare, farblose ätherische Flüssigkeit von einer Konsistenz, die an Glycerin erinnert. Ich liebe das Material wegen des Geruchs und dem „guten Stand" der Farbe. Ich setze Terpineol ein, wenn ich ein vollkommen mattes Auftrocknen der Ölfarbe wünsche. Ferner benutze ich Terpineol genauso wie Leinöl im Zusammenhang mit Tuschezeichnungen und mache mir die unterschiedlichen Sprengwirkungen durch diese Stoffe in der Tusche zu Nutze.

Terpineol setzen Sie ansonsten genauso ein wie Balsamterpentinöl.

Terpentinersatz und Aceton

Beide Verdünnungsmittel sind mineralische, flüchtige Öle, die industriell durch ein Destillierverfahren aus dem Erdöl oder der Steinkohle gewonnen werden.

Terpentinersatz bzw. Testbenzin kann maltechnisch als Löse- und Verdünnungsmittel eingesetzt werden. Es findet zum Teil in langsam trocknenden Malmitteln Verwendung. Aceton, welches hier im Zusammenhang mit der Entfettung von Hartfaserplatten erwähnt wird, ist ein sehr starkes Lösungsmittel mit toxischer Wirkung auf Leber, Niere und Bauchspeicheldrüse und sollte daher mit aller Vorsicht und in verdünnter

Version mit Zusatz von Testbenzin verwendet werden.

Bezüglich der Giftigkeit beider Verdünner im Vergleich konnte ich die verlässliche Aussage eines Fachmanns bekommen: Die Giftigkeit des Terpentinersatzes bzw. Testbenzins (Siedegrenzbenzinen) hängt mit dem Zusatz an Aromaten zusammen, die karzinogen sind. Aromatenfreies Benzin ist weniger giftig als Aceton, aromatenhaltiges ist dagegen giftiger als Aceton.

Venetianer Terpentinöl-Lösung

Das Venetianer Terpentinöl gehört in die Gruppe der Balsame, die stets honigähnlich aussehen und zäh sind in ihrer Konsistenz. Balsame sind Naturgemische von Harzen und ätherischen Ölen, die durch die Verletzung der Rinde bis auf das Holz hervorquellen. Speziell das Venetianer Terpentinöl, welches von der Lärche gewonnen wird, hat häufig eine zähflüssige Honigkonsistenz und einen hohen Anteil an ätherischen Ölen. Es verharzt leider zu spröde, als dass man es als Schlussfirnis einsetzen könnte, denn es hat den Vorteil, dass es gar nicht oder kaum vergilbt. Doch es wird sehr geschätzt in der Verarbeitung bei der Herstellung von Harzmalmitteln für die Ölmalerei und als Zusatz zur Herstellung von Eitempera- und Kaseinemulsionen.

Rezept Venetianer Terpentinöl-Lösung
3 Raumteile Lärchenterpentin
1 Raumteil Balsamterpentinöl, doppelt rektifiziert

Dammar- (Balsam)Terpentinöl-Lösung

Dammar ist ein natürliches Weichharz und ist in größeren Stücken wie auch als grober Grieß im Handel erhältlich. Seine Färbung ist gering blass-gelblich, im Bruch ist er glasklar. Zum Herstellen der Dammar-Lösung wird ein doppelt rektifiziertes Balsamterpentinöl genommen. Sie bewahren diese Lösung am besten unter Lichtabschluss oder in braunen Flaschen auf.

Dammar-Lösungen werden vor allem als Schlussfirnis in der Öl- und Temperamalerei und als Malemulsion verwendet. In diesem Buch werden Sie Dammar-Lösung in dem Rezept zur Herstellung einer künstlichen Eitemperaemulsion wiederfinden. Dammar-Lösungen unterliegen einer Vergilbung bei Lichteinfluss, die nicht mehr rückgängig zu machen ist.

Rezept Dammar Terpentinöl-Lösung
100 g Dammarharz
200 ccm Balsamterpentinöl, doppelt rektifiziert

Fette, oxidierende Öle

Für den künstlerischen Einsatz nehmen Sie bitte ausschließlich pflanzliche Öle, und zwar diejenigen, die ungesättigte, oxidierbare Fettsäuren beinhalten. Diese Öle führen immer zu einer Vertiefung des Pigmenttons und es entsteht mit dem Auftrag ein Glanz in Ihren Bildern. Im Zusammenhang mit den Spachtelmassenuntergründen sind die Untergründe aus Marmor-Spachtelmassen absolut ideal. Ferner setze ich sie bei stark saugenden Papieren ein, was ungewöhnlich, jedoch absolut reizvoll ist oder lasse Pigmente, eingebettet in einen öligen Untergrund, mit Hilfe des Wasserstrahls anstatt des Pinsels über die Bildfläche gleiten. Auch benutze ich das fette Öl, um bei der Marmormehl-Spachtelmasse die Oberflächenspannung und damit die Rissbildung der Struktur zu erhöhen, indem ich sie in die feuchte Masse mit unterhebe. Dazu werden Sie im Kapitel *Praktische Einladung in das Experimentierfeld* (S. 100-150) Beispiele finden.

Tipp: Wichtig ist stets nur eines – bitte erinnern Sie sich immer daran, dass die Verwendung von diesen Ölen eine mehr oder weniger starke Nachgilbung nach sich zieht. Das Vergilben und Nachdunkeln der Bildschicht wird unter Lichtabschluss des Bildes intensiviert: Alle Öle, insbesondere Leinöl, vergilben unter Lichtabschluss sehr stark. Setzt man dieses dunkle Bild wiederum dem Licht aus, verliert es bis zu einem bestimmten Grad seine Vergilbung wieder. Ich setze das bewusst als Gestaltungselement ein, wenn ich den Ton des Öles als Farbton im Bild haben möchte.

Leinöl

Das klassische Öl zum Anreiben der Ölfarbe ist das Leinöl. Trotz der besonderen Auswahl und Reinigung neigt dieses Bindemittel zum Vergilben. Das Vergilben der trocknenden Öle hat naturgemäß viel mit der Qualität der eingesetzten Samen oder Nüsse zu tun. Leinölbilder vergilben besonders stark, wenn sie unter Lichtabschluss gehalten werden, solange sie noch nicht älter als 3 Jahre sind. Ein dünner Auftrag der Ölfarbe sollte nach etwa 5 Tagen durchgetrocknet sein. Für ein Firnissen sollte ein Durchhärtungsprozess von mehreren Monaten abgewartet werden. Bitte verwechseln Sie dieses Öl nicht mit der Leinölfirnis.

Mohnöl

Ich selbst greife sehr gerne zu Mohnöl. Es ist weicher, allerdings trocknet es langsamer auf. Im Vergleich zum Leinöl braucht es etwa 15 Tage. Für ein Firnissen sollte ein Durchhärtungsprozess von mehreren Monaten abgewartet werden.

An dem Preis des Mohnöls erkennen Sie unschwer, dass es schwieriger herzustellen ist. Mohnöl gilbt wesentlich weniger nach. Das tut es allerdings nur, wenn es von weißblumigem Mohn gewonnen wurde. Schauen Sie es sich an und probieren Sie es: Es sollte wesentlich heller aussehen als Leinöl und leicht nussig schmecken.

Sonnenblumenöl

In unserer Region weniger geläufig ist das Sonnenblumenöl zum Anreiben der Farbe. Doch das aus weißen Sonnenblumenkernen gewonnene Öl steht dem Mohnöl in seinen Eigenschaften sehr nahe und gilbt noch weniger nach als dieses.

Leinölfirnis

Leinölfirnis hat die Funktion eines oberflächlichen Abschlusses Ihres Bildes und sollte daher schneller durchtrocknen. Bei Leinölfirnis werden Sie Preisunterschiede feststellen, je nachdem, ob Sie sie im Künstlerfachhandel oder im Farben- oder Baufachhandel kaufen. Das hat den Ursprung darin, dass die Firnisse für den Künstler möglichst wenig nachgilben und auch die Inhaltsstoffe ausgewiesen sein sollten. Diese Zusätze, die dem Öl zugeführt werden, damit es den Firnischarakter erhält, bewirken eben genau dieses Nachverfärben. Daher dirigiert hier die Hochwertigkeit der Zusätze die Qualität des Firnis!!!

Leinölfirnis dient nicht zum Herstellen des Ölfarbteiges. Dennoch wird es möglicherweise gewünscht, genau dieses Öl pur als „Farbe" einzusetzen – d. h. zu dick, was zur Schrumpelung führt oder in der weniger hochwertigen Form, sodass es einen bräunlichen, öligen Ton entwickelt.

Sie sehen an dieser Stelle wieder einmal beispielhaft, dass ich Ihnen zwar sage, was Sie nehmen sollten, um Ihrem Bild Hochwertiges zukommen zu lassen, doch gleichzeitig sind Sie frei zu experimentieren. Was geschieht wann? Über das Ausprobieren finden Sie zu neuen Ausdrucksformen und manches Mal geht auch etwas schief. Nutzen Sie dies als Chance und finden Sie heraus, soweit als möglich, wie das passieren konnte. Nie sollte es an solch einem Punkt heißen, dass Sie mit dem Probieren aufhören müssen. Für mich ist es nur so, dass ich mich dem Käufer meiner Bilder gegenüber verantwortlich fühle. Er sollte wissen, ob das Bild, welches ihm gefällt, in naher Zukunft noch vielfarbig sein oder sich braun verfärben wird, auf dem Papier oder der Leinwand haften bleibt oder bereits anfängt, sich abzulösen.

Farbteige

Eine strukturierte Fläche lässt sich im getrockneten Zustand wunderbar mit angeteigten Pigmenten zu einem Spiel intensiver, leuchtender Farbkompositionen führen. Dazu stellt man im engeren Sinne nicht unbedingt eine Farbe her. Und wie jeder es fühlen kann, wie unterschiedlich Farben wirken und sich unterschiedlich vermalen oder auflösen lassen, so vielfältig verhalten sich Pigmente beim Verarbeiten zur Farbe. Eine Farbherstellung ist häufig viel leichter, als man allenthalben glauben mag und es ist spannend, sofort mit einem jeweils unterschiedlichen Charakter konfrontiert zu werden. Und nicht jedes Pigment mag jeden Binder. Hier helfen die verarbeitungstechnischen Hinweise zu dem jeweiligen Pigment natürlich weiter. Doch wenn Sie mit dem Pigment arbeiten, wird es Ihnen selbst aufzeigen, was es wünscht.

Probieren Sie aus, ob Sie ein Pigment vor sich haben, welches angeteigt werden möchte, bevor es mit dem Binder in Kontakt kommt. Das Anteigen geschieht mit etwas Wasser, dem Spiritus zugesetzt ist. Mit einem Spachtel wird das Pigment mit der Wasser-Spiritus-Lösung vermengt, bis es zusammenklumpt. Sukzessive und umsichtig kommt nach und nach der Binder dazu. Das berücksichtigt nahezu keiner, wenn er anfängt, Farbe herzustellen: Mit dem kostbarsten Pigment wird verfahren, als würde es kaum Färbekraft besitzen und mit der Menge an Binder, als hätte er Probleme, als solcher zu funktionieren. Tatsächlich gibt es Situationen, wo ein „Prassen" ganz sinnvoll ist. Und letztlich wird es jeder für sich über das praktische Tun genauso herausfinden, wie ich für mich vor vielen Jahren. Mit diesem Buch möchte ich Ihnen allerdings die Möglichkeit geben, meine Erfahrungen in Ihr Handeln mit einzubeziehen.

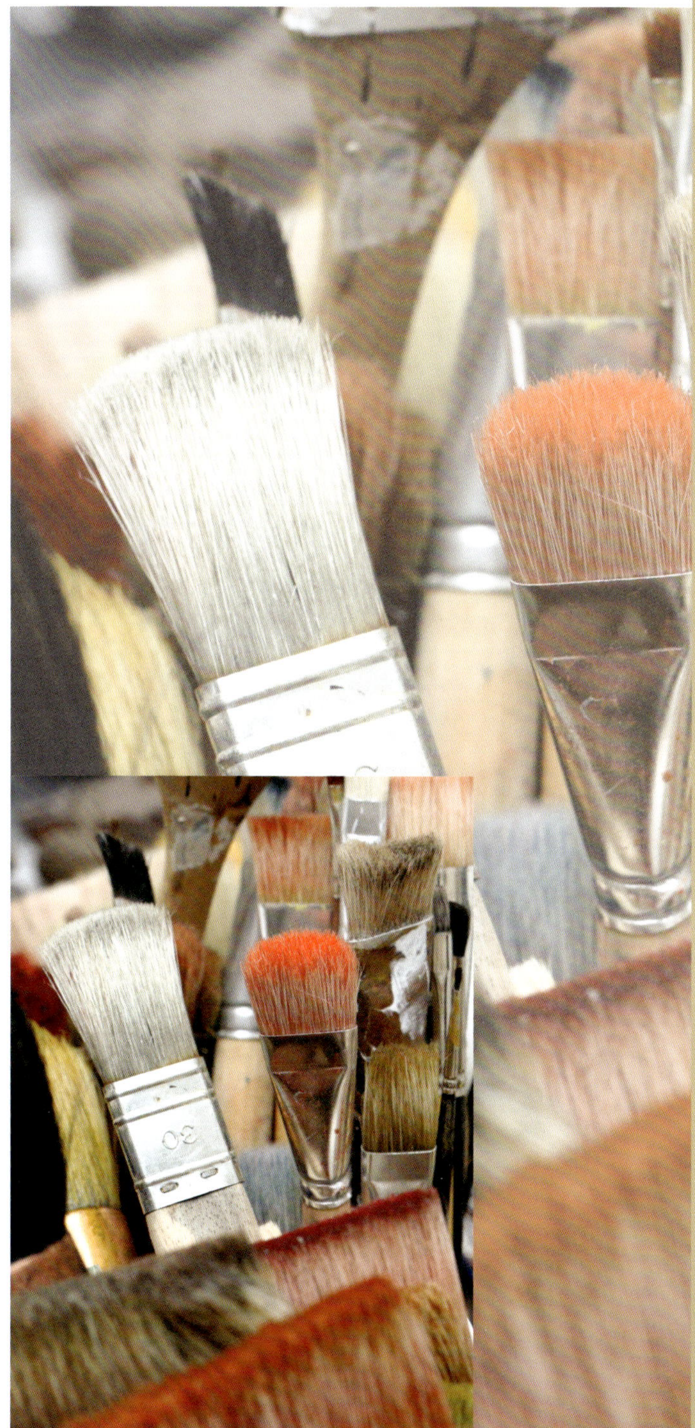

Pigment und Zelluloseleim

Die einfachste Form einen Farbteig herzustellen, ist wohl die mit Zelluloseleim. Sie benötigen hier kein Anteigen der Pigmente vorab. Auf einen ausrangierten Teller geben Sie einen Teelöffel Pigment und legen einen Esslöffel des Zelluloseleims in seiner leicht fließenden Konsistenz abseits des Pigmenthäufchens dazu. Dann nehmen Sie mit Hilfe des Malspachtels etwas von dem Zelluloseleim ab, ziehen es zu dem Pigment herüber und fangen an, beides miteinander zu vermengen. Das wiederholen Sie so lange, bis Sie das gesamte Pigment eingebunden und einen Farbteig in der Beschaffenheit einer Handcreme haben. Den Rest des Zelluloseleims verwenden Sie für einen weiteren Farbteig.

Tipp: Wenn Sie schon einmal in einem italienischen Kochbuch nachgeschaut haben, wie dort der Nudelteig zubereitet wird, können Sie sehen, dass Ihnen zwar exakte Mengenangaben fehlen, doch der Teig einfach wunderbar werden muss. Hier ein Beispiel: „Legen Sie einen größeren Haufen Mehl auf Ihre Küchenanrichte, machen Sie eine tiefe Kuhle hinein. Legen Sie in die Kuhle ein aufgeschlagenes Ei, machen Sie es mit der Gabel auf und vermengen das Ei mit etwas Mehl aus dem Umfeld, sodass ein Brei entsteht. Geben Sie eine Prise Salz hinzu und holen Sie nach und nach aus dem Umfeld des Eies weiteres Mehl hinzu, mit dem Ziel, dass Sie nach und nach einen glatten, nicht mehr klebenden Nudelteig erkneten. Den nun noch verbleibenden Mehlüberschuss verwenden Sie zum Ausrollen Ihrer Nudelteigplatten. Fertig." Genauso einfach stellen Sie die Farbe aus Pigment und Zelluloseleim her.

Pigment und Kaseinleim

Den Kaseinleim müssen Sie auf jeden Fall im Verhältnis 1 Teil Kaseinleim zu 3 Teilen Wasser verdünnen – es sei denn, Sie haben eine gebrauchsfertige Mischung gekauft. Erst diese Wasser-Kaseinmischung benutzen Sie zum Herstellen Ihrer Farbe. Das Vorgehen zum Herstellen der Farbe ist ähnlich einfach wie bei dem Zelluloseleim. Sie legen ein Pigmenthäufchen auf einen ausrangierten Teller oder ähnlich flachen Gegenstand. Durch die stärkere Bindekraft des Kaseinleims müssen Sie weniger von ihm zum Herstellen eines Farbteigs verwenden. In einem kleinen eckigen Gefäß halten Sie nun Ihre Bindermischung bereit und träufeln den Binder über eine Ecke des Gefäßes umsichtig auf Ihre puren oder zuvor angeteigten Pigmente, arbeiten ihn mit dem Malspachtel den Pigmenten nach und nach unter. Der Farbteig, der nun entsteht, sollte wesentlich fester in der Konsistenz sein als die cremige Masse beim Zelluloseleim. Hier soll der Farbteig eine Beschaffenheit vorweisen, die der Tubenkonsistenz nahe kommt.

Tipp: Diese Farbe hat eine völlig andere Intensität als die Farbe aus der Tube. Sie beinhaltet keine Streckungsmittel und sie bedarf durch ihre kompakte Form unbedingt der weiteren Verdünnung mit Wasser.

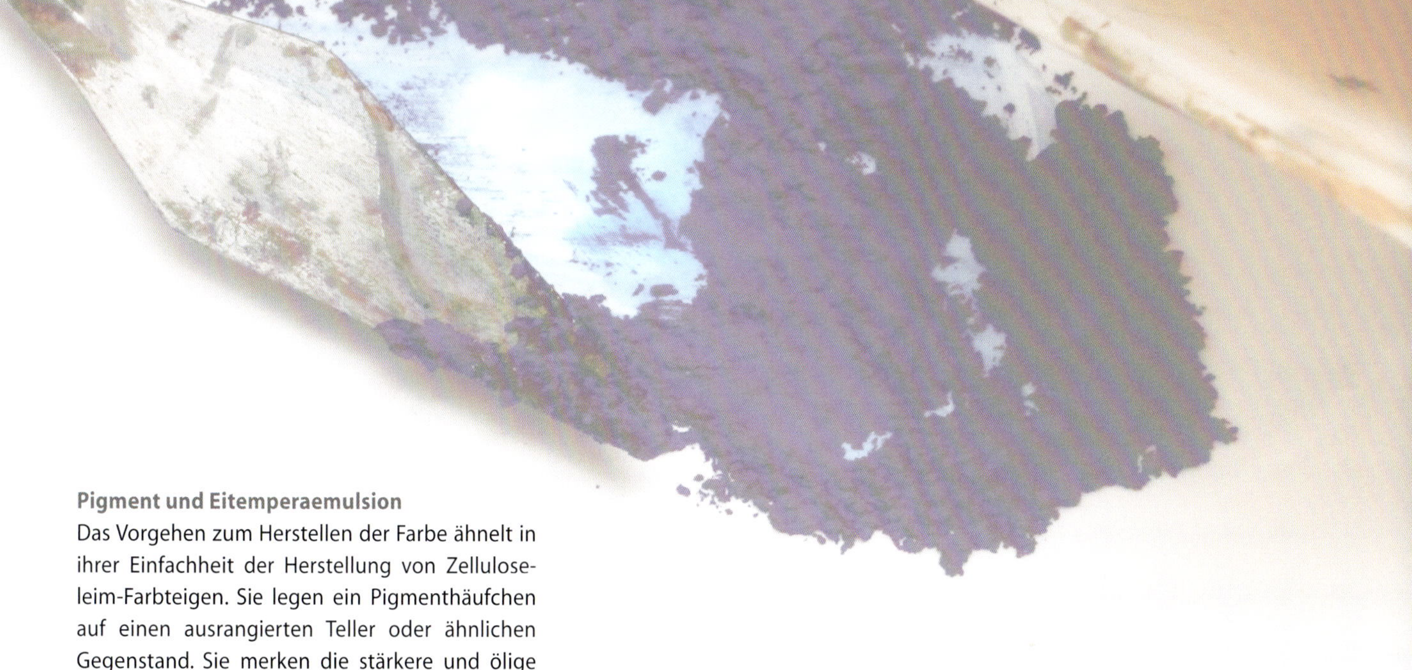

Pigment und Eitemperaemulsion

Das Vorgehen zum Herstellen der Farbe ähnelt in ihrer Einfachheit der Herstellung von Zellulose-leim-Farbteigen. Sie legen ein Pigmenthäufchen auf einen ausrangierten Teller oder ähnlichen Gegenstand. Sie merken die stärkere und ölige Bindekraft der Eitemperaemulsion sofort: Häufig benötigt man 2-3 Tropfen Binder, um ein Pigmenthäufchen in einen Farbteig zu verwandeln. Auch hier hilft Ihnen ein kleines eckiges Gefäß, in dem Sie die Menge des zugeführten Binders zum Pigment sehr gut portionieren können. Sie träufeln nun Ihre Eitemperaemulsion über eine Ecke des Gefäßes auf Ihr pures oder zuvor angeteigtes Pigmenthäufchen umsichtig drauf und arbeiten sie mit dem Malspachtel dem Pigment nach und nach unter. Der Farbteig, der nun entsteht, sollte der Tubenkonsistenz ähneln. Ihr Teig hat ein fettes Aussehen und wirkt zunächst so, als wenn er sich mit Wasser nicht mehr vermalen ließe. Das Wasser benötigt er aber unbedingt, damit er streichfähig wird. Sie verdünnen also mit Wasser und nicht mit weiterer Eitemperaemulsion, denn der Teig wird sonst derartig ölig, dass er zum einen die Vermalbarkeit mit Wasser verliert und des Weiteren die aufgetragene Farbe durch weitere, dünne Farbaufträge wieder und wieder durchschlägt.

Tipp: Wichtig ist auch hier: Diese Farbe hat eine völlig andere Intensität als die Farbe aus der Tube. Sie beinhaltet keine Streckungsmittel und es bedarf durch ihre kompakte Form unbedingt der weiteren Verdünnung mit Wasser. Im feuchten Zustand klebt sie wie Ölfarbe auf Ihrer Palette. Sie können Sie in kleinen Plastiktöpfchen, die sich gut verschließen lassen, in dieser Konzentration einige Wochen aufbewahren. Sie trocknet nicht ein sondern höchstens an und kann mit Wasser noch eine längere Zeit wieder angelöst werden.

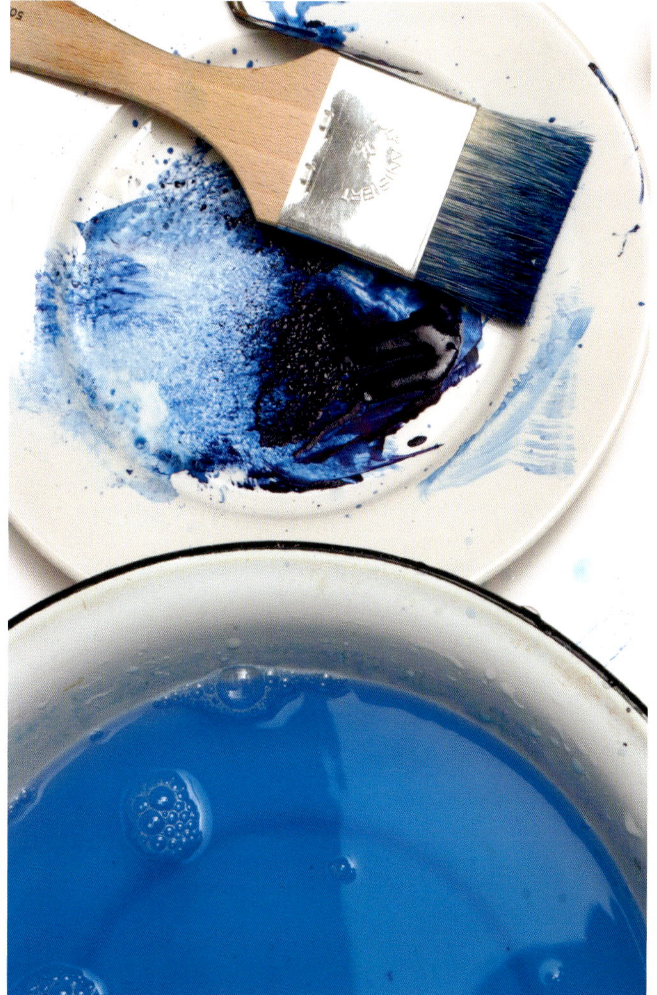

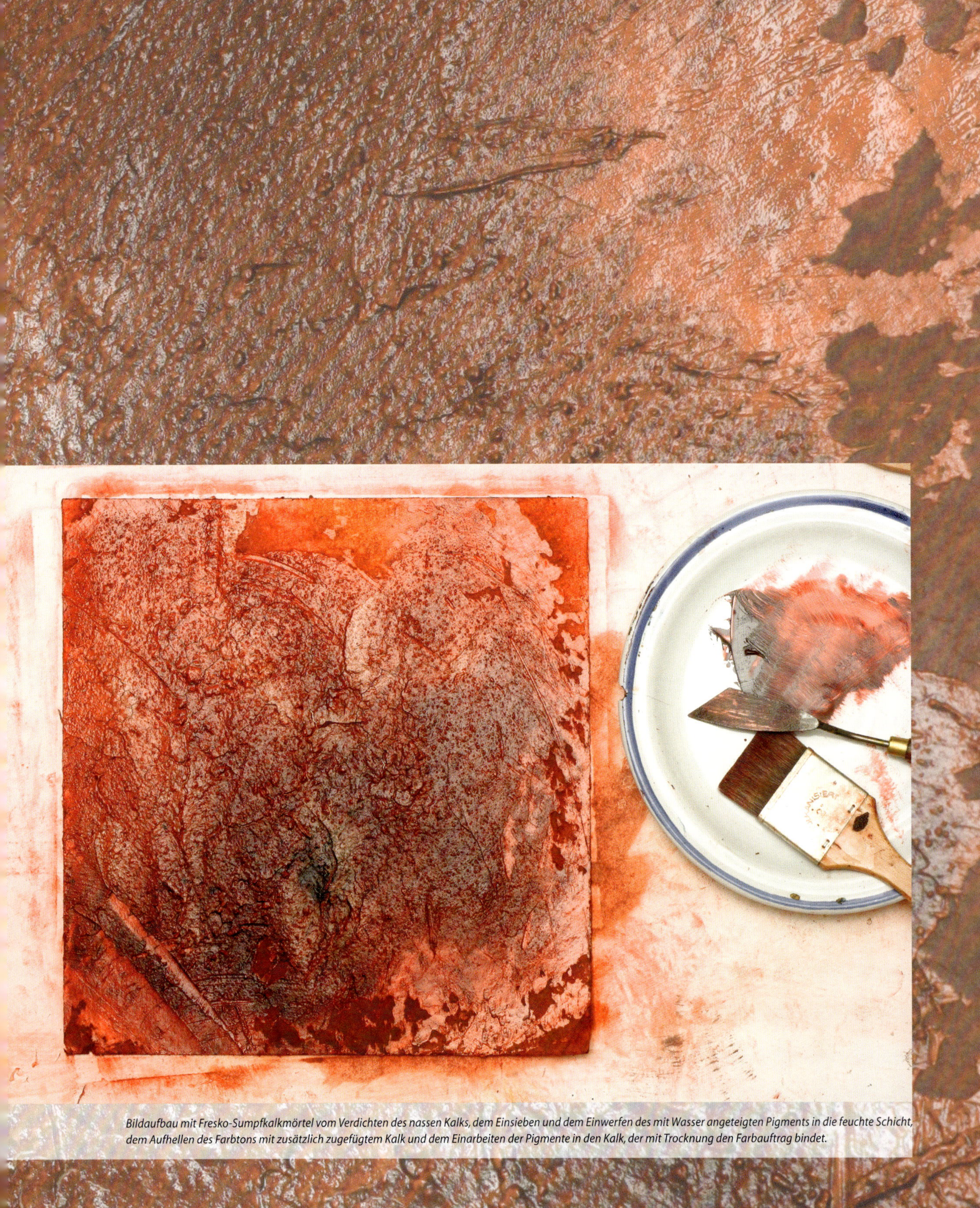

Bildaufbau mit Fresko-Sumpfkalkmörtel vom Verdichten des nassen Kalks, dem Einsieben und dem Einwerfen des mit Wasser angeteigten Pigments in die feuchte Schicht, dem Aufhellen des Farbtons mit zusätzlich zugefügtem Kalk und dem Einarbeiten der Pigmente in den Kalk, der mit Trocknung den Farbauftrag bindet.

Pigment und fette, oxidierfähige Öle

Wollten Sie im klassischen Sinne Ölfarben herstellen, so würden Sie einen Glastiegel zur Hand nehmen sowie eine aufgeraute Unterlage, wie z. B. eine mattierte Glasplatte oder die Rückseite einer ausrangierten Marmorfliese. Das Pigment würde angeteigt werden, wie an anderer Stelle beschrieben (S.81, Benetzung mit Wasser, dem Spiritus zugesetzt wurde) und folgend käme in dieses vorbereitete Pigment tropfenweise fettes Öl hinzu. Mit dem Glastiegel würden dann Pigment und Öl durch den Anreibevorgang miteinander verbunden. Entstehen sollte eine kompakte Farbpaste, die der Beschaffenheit der Ölfarbe aus der Tube in nichts nachsteht.

Eine so hergestellte Farbe ist eine völlig reine und absolut farbintensive Ölfarbe, hergestellt komplett ohne Marmormehl oder andere mögliche Verschnittmittel, die üblicherweise in der gekauften Ölfarbe Verwendung finden. Natürlich könnten Sie diese Ölfarbe sehr gut auf Untergründen mit Marmormehl- und Marmorgrieß-Spachtelmassen einsetzen.

Für das Aufbringen der Farben auf diese strukturierten Untergründen benötigen Sie allerdings eher dünne Farbaufträge. Der Reiz der Strukturen kommt am besten zum Tragen, wenn Sie aufgetragene Farbschichten zum Teil abnehmen bzw. stellenweise ihre Farbintensität in den Höhen der Struktur verringern und dergestalt Lichter hineinwirken lassen. Kurz: Die zu erzeugende Farbe könnte geschmeidiger sein, sodass ein umständliches Abnehmen kostbarer Farbschichten mit Balsamterpentinöl überflüssig wird. Pigment und Öl werden daher in ähnlicher Folge untereinander gehoben, wie dies auch schon bei anderen Bindern der Fall war.

In Öl, welches im klassischen Sinne zum Herstellen der Ölfarben dient (gebleichtes Leinöl-, Mohn- oder Sonnenblumenöl), arbeiten Sie das pure oder zuvor angeteigte Pigment mit dem Malspachtel untereinander. Auch hier kommt Ihnen das eckige Gefäß wieder zugute, da sie damit die Ölmengen exakt portionieren können. Einen zu fetten Farbteig würden Sie nur auf dem Untergrund der Spachtelstruktur hin- und herschieben. Zudem bedeutet viel Öl auch immer ein Nachgilben. Das hat seinen Reiz, wenn Sie es als Ton einsetzen möchten oder wenn durch ein zartes Blau der warme Ton des oxidierten Öls durchschlagen soll – ansonsten nicht. In dem Kapitel *Praktische Einladung in das Experimentierfeld* (S. 100-150) gehe ich auf Beispiele des Arbeitens mit diesen Farbölteigen ein.

Tipp: Das Entscheidende, weshalb das, was ich in diesen Fällen tue, so gut funktioniert, liegt einfach auch an diesen wunderbaren Untergründen der Marmormehl- oder Marmorgrieß-Spachtelmassen: Sie haben eine Offenporigkeit und eine Feinstruktur, die lasierende, ölige Farben liebt, d. h. aufsaugt und somit ihre Feinstruktur erst richtig offenbart. Man arbeitet so die Tiefen und Höhen aus dem Bild heraus. Diesen Prozess führt man mit verschiedenen Farbpigmenten durch und erhält mit der Zeit eine intensive Farbtiefe und differenzierte Farbigkeit.

Sie hätten es um ein Vielfaches schwieriger, wenn Sie das mit den gekauften Spachtelmassen erstellen wollten. Sie sind homogener und synthetischer in der Oberfläche. Doch könnten Sie beispielsweise mit Hilfe feiner, eingestäubter Sande in diese fertig gekaufte Spachtelmasse eine größere Haftung der weichen, lasierenden Aufträge erzielen.

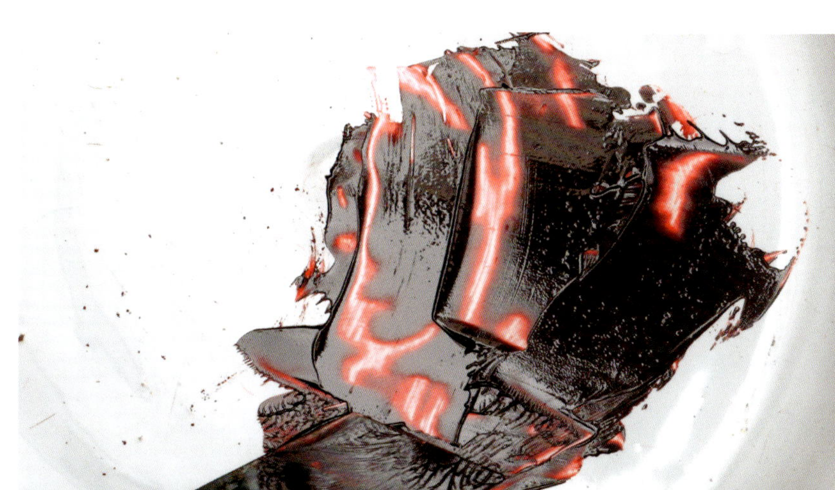

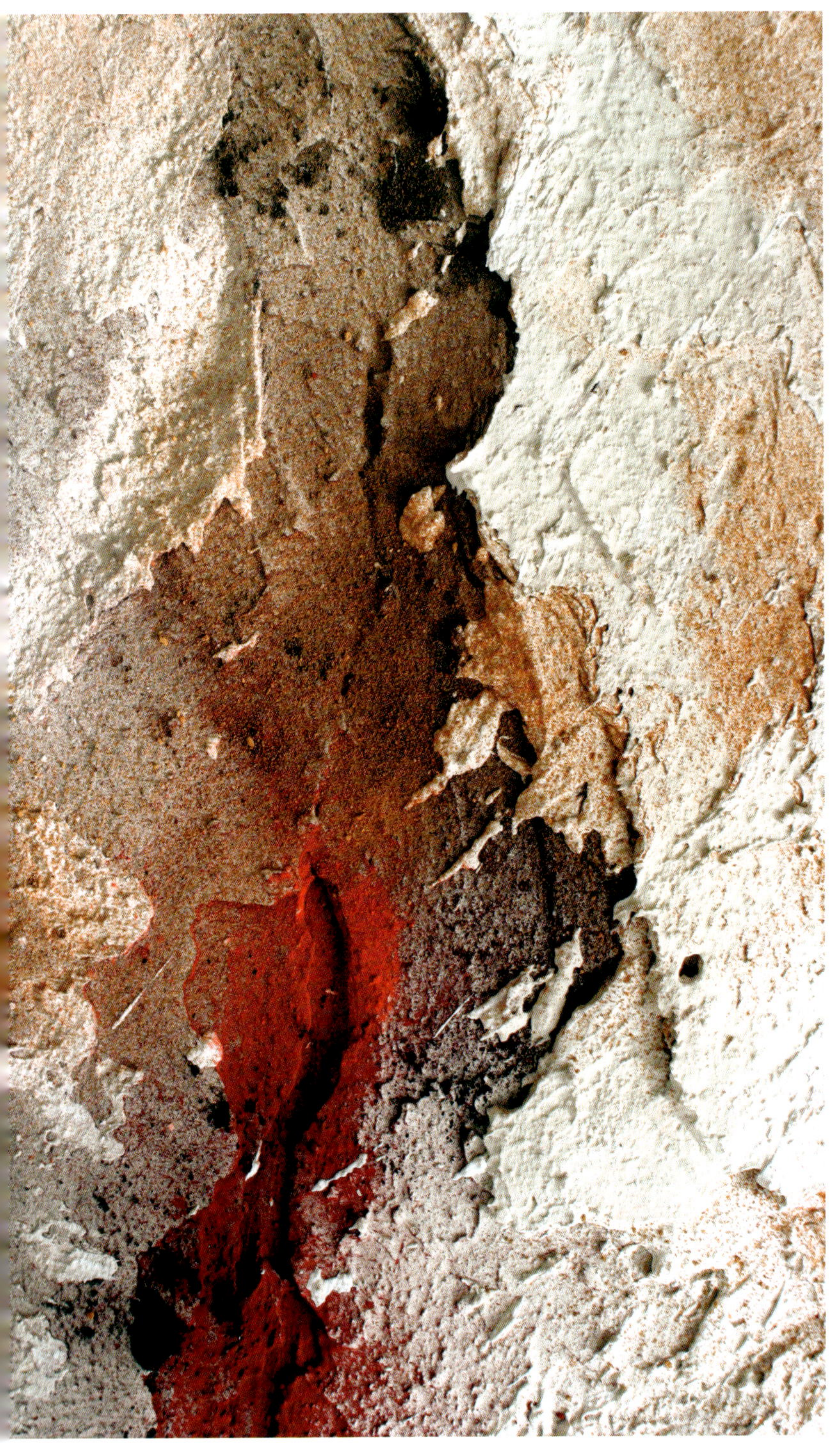

Streuen und Pusten

Sande sind Sande. Pigmente sind Pigmente. Wieso sollte man ihnen nicht in ihrer ganz ursprünglichen Ausdrucksform, nämlich dem Korn, dem Kristall, Rechnung tragen und sie so pur wirken lassen? Was ich an dieser Stelle allerdings ganz klar sagen muss: Achten Sie bitte auf die Giftigkeit des Pigments. Es gibt eine reiche Farbpalette gänzlich unproblematischer Pigmente, die sich zum Einstäuben eignen.

Sie können nun die Spachtelmassen dazu benutzen, den Pigmenten und Sanden den notwendigen Halt, die notwendige Einbettung zu geben. Legen Sie auf ein Stück Pappe oder einen breiten Spachtel farbige Sande oder Pigmente, halten Sie diese Unterlage nahe und seitlich an Ihr Bild und pusten Sie den Farbkörper in Ihre noch feuchte Masse ein. Trockene Sande lassen sich leicht pusten und verstärken die Körperlichkeit von weiteren Farbaufträgen. Pigmente verhalten sich gemäß ihres Charakters sehr unterschiedlich. Manche sind schwer, kleben zusammen und landen in unregelmäßigen dicken Flecken auf Ihrem Bild. Andere Pigmente sind leicht und schweben Ihnen in wunderbaren Spuren von Farbverläufen über Ihr Bild. Wieder andere Pigmente sind dergestalt fein, dass sie kaum wahrnehmbare Farbspuren hinterlegen. Insbesondere bei diesen Pigmenten ist es stets erstaunlich, welche Farbintensität sie hinterlassen haben, wenn man das Bild nach dem Trocknungsprozess mit Binder weiter bearbeitet: Sie haben einen enormen, nicht eingebundenen Farbüberschuss hinterlassen.

Des Weiteren können Sande und Pigmente in Ihre Arbeit eingeworfen werden. So wie ich das hier schreibe, meine ich es auch: Aus dem Schwung, Ihrer Körpermitte heraus und einem guten Bodenkontakt, werfen Sie die Sande auf Ihr Bild, so wie Sie normalerweise eine kraftvolle Tusche-Pinselspur hinterlegen. Jedes Zögern ist hier genau so sichtbar wie das Zögern in der Führung des großzügigen Strichs.

Sande und Pigmente können Sie ebenfalls einsieben. Haben Sie daher immer eine Auswahl an Sieben zur Hand: große und kleine, grob-

und ganz feinmaschige Siebe. Denn würden Sie beispielsweise ein feines, leichtes Pigment gezielt auf Ihrem Bild einsieben wollen, hätten Sie es bei einem grobmaschigen Sieb längst bis dahin verloren.

Pusten, Streuen, Sieben: Behandeln Sie auch diesen Farbauftrag wie den Farbauftrag mit dem Pinsel. Auch wenn Sie das Ergebnis in dieser Form weit weniger steuern können, würden Sie nie bei einem konventionellen Pinselfarbauftrag unkonzentriert hier und da mal ein Farbhäufchen machen. Flecken, in dieser Belanglosigkeit aufgebracht, egal in welcher Technik, zeugen bis zum Schluss von ihrer Belanglosigkeit. Häufig kann man sich nur klar von ihnen trennen, indem man sie wieder zerstört.

Die vorgestellten Spachtelmassen binden Sande und Pigmente unterschiedlich stark ein. Die feuchte Gipshaftputz-Spachtelmasse und die noch feuchte Kalk-Spachtelmasse bindet diese am stärksten ein. Marmorgrieß-Spachtelmasse folgt ihnen von der Intensität als nächstes und am schwächsten bindet Marmormehl-Spachtelmasse Sand und Pigmente ein. Das bedeutet, dass bei den letztgenannten Massen der Pigmentüberschuss stets auch am stärksten ist.

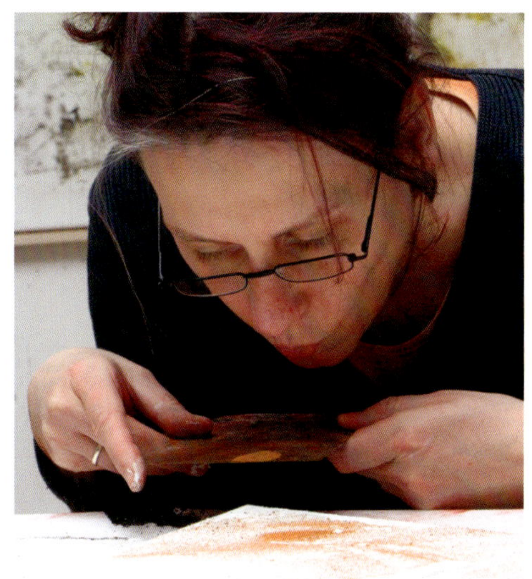

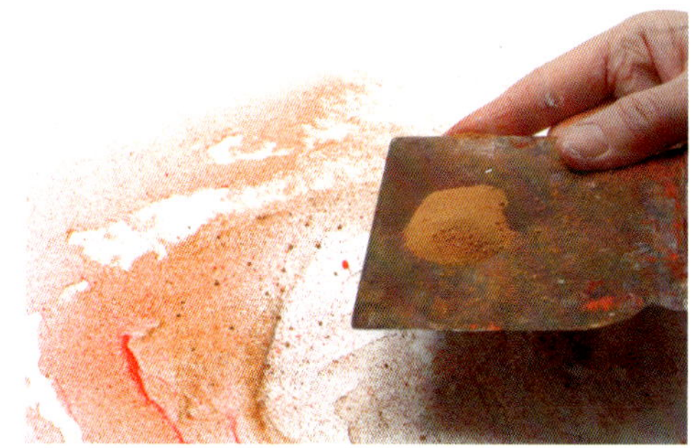

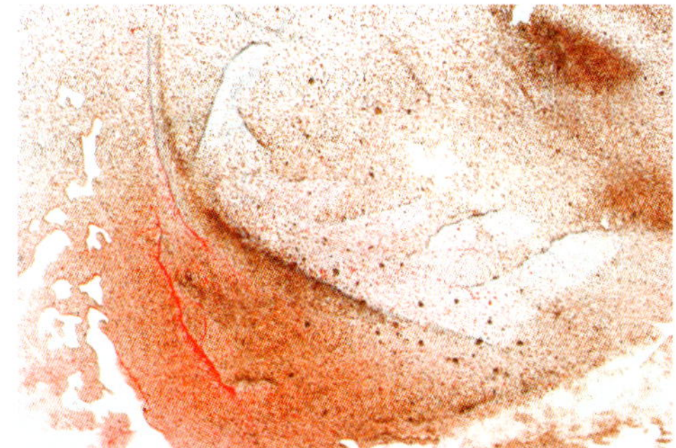

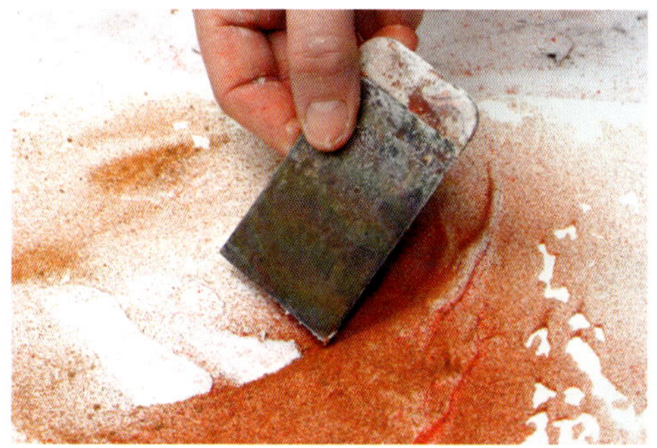

Erster Farbauftrag durch das Einstäuben mit farbigem Sand und Pigment in die feuchte, bereits zuvor mit dem Spachtel strukturierte Fläche. Der Staub lässt die Struktur sichtbar werden. Danach ist das Reinziehen weiterer Strukturelemente in die feuchte Masse möglich.

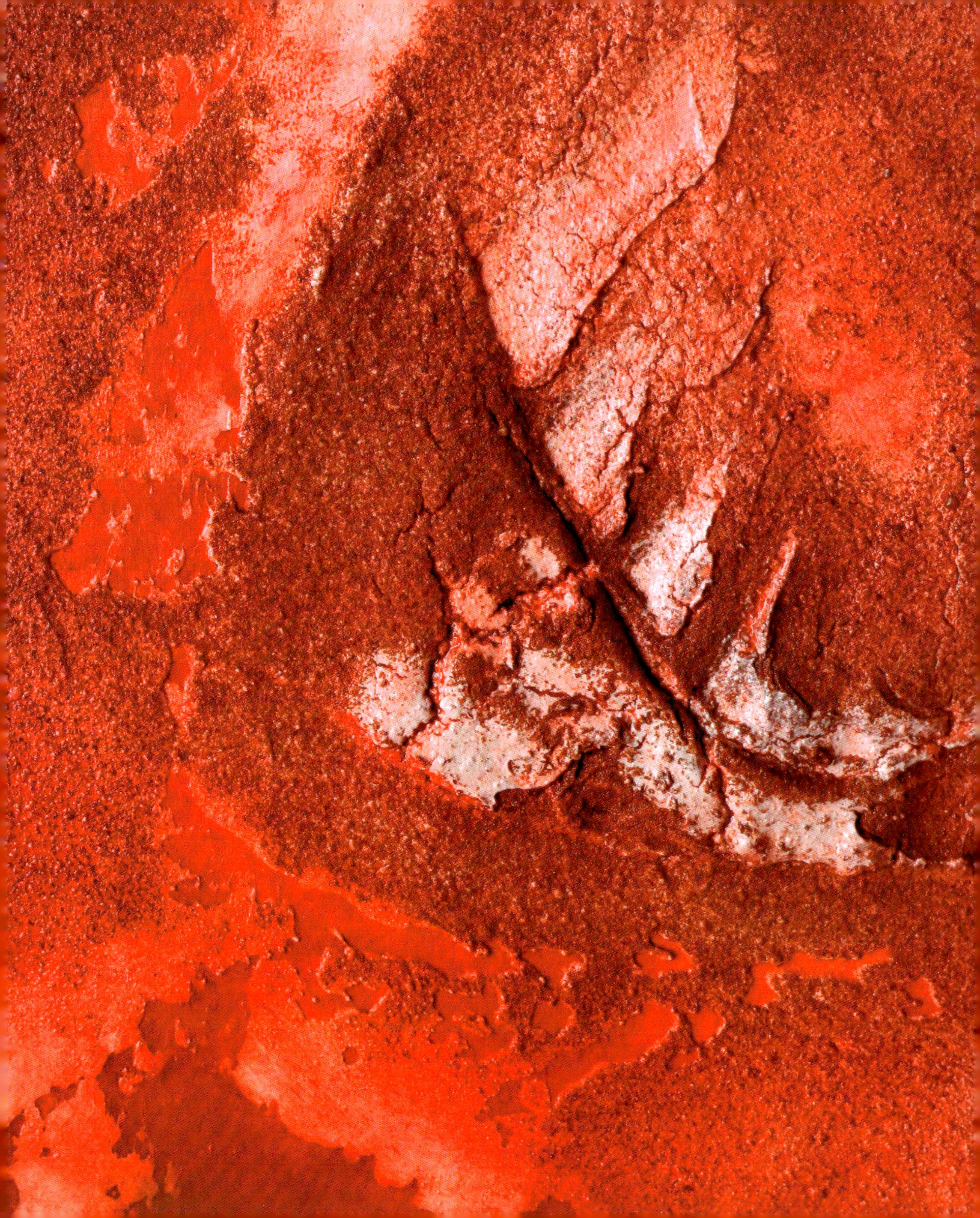

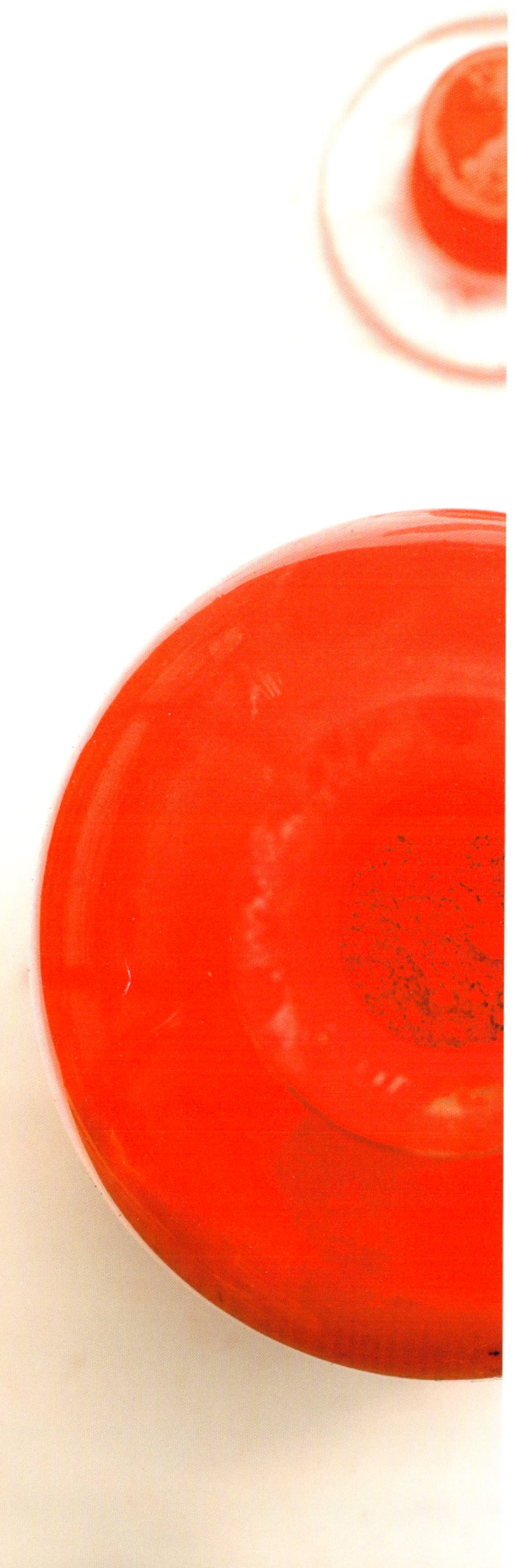

Einarbeiten und Fixieren der Pigmente

...bei Marmor-Spachtelmassen

(und bei gekauften Strukturpasten)

Farben können Sie sehr unterschiedlich in strukturierte Flächen einarbeiten. Bei der Marmormehl- und Marmorgrieß-Spachtelmasse verwenden Sie bei dem Einarbeiten von fetten Farben die dafür üblichen Borstenpinsel. Wie ich es an anderer Stelle beschrieben habe, verdünnen Sie die Farben vor allem bei dem ersten Farbauftrag, damit die Feinstruktur sichtbar wird. Die Farbe dringt somit in die feinsten Verästelungen ein.

Das gleiche gilt, wenn Sie Pigmente mit diesen Ölen in die Strukturen einarbeiten wollen. Sie stellen so mit dem Einarbeiten von Pigmenten und Öl die Farbe während des Malprozesses her. Für das Eintreiben der ersten Farbschichten ist meist ein kurzborstiger Pinsel von Nutzen, da Sie mit diesem Vorgehen – den Pinsel in aufrechter Haltung und zumeist kreisenden Bewegungen führend – die Farbe in die feinste Struktur Ihres Bildes einarbeiten können. Sie haben möglicherweise mehrere verschiedene Pigmente eingestäubt oder eingesiebt, sodass Sie Mischtöne bei diesem Arbeitsgang erzeugen. Als nächsten Schritt holen Sie nach dem Einarbeiten und Entstehen der Farbe mit Hilfe eines Stofflappens einen zu intensiven Ölüberschuss umsichtig abtupfend herunter. Sie benutzen diesen Vorgang allerdings auch dazu, die ersten Lichter und Dunkelheiten in Ihrem Bild herauszuarbeiten.

Durch das Herausarbeiten und Sichtbarmachen der Struktur des Bildes werden wie oben beschrieben bereits Farbverläufe und Mischtöne hergestellt. Weitere Farbaufträge erfolgen durch den Auftrag weiterer Farbteige. Von Mal zu Mal werden die Durchgänge feinstofflicher: Der Auftrag wie der Abtrag geschieht zunehmend nicht mehr flächendeckend, sondern differenzierter, also nur noch in Teilen Ihres Bildes. Die Pinsel werden möglicherweise länger und weicher im Haar. Farbabträge werden mit dem trockenen, dem öligen oder in Balsamterpentinöl benetzten Tuch oder Pinsel vorgenommen.

Wird die Eitemperaemulsion, der Kaseinleim oder ein anderer wasserlöslicher Binder für die Pigmente benutzt, verfahren Sie bei diesen Spachtelmassen in exakt dem gleichen Grundaufbau. Der wirkliche Unterschied geschieht hier dadurch, dass Sie Wasser als Verdünnungs- und Malmittel benutzen. Das Herausarbeiten von Lichtern oder das Verteilen der Farbe kann hier neben den grundsätzlich weichen (!) Pinseln und Tüchern auch mit Schwämmen vorgenommen werden.

Tipp: Zelluloseleim als Binder der Pigmente hält nicht gut auf Strukturpasten und Marmor-Spachtelmassen. Acrylemulsionen zum Herstellen der Acrylfarbe verhalten sich sehr schnell klebend – ähnlich den fertigen Acrylfarben. Hier müssen Sie stark verdünnen und schnell arbeiten. Trotzdem neigt dieser Binder zum schnellen Verkleben der Feinstruktur. Experimentieren Sie bei der Verwendung von Acrylfarben damit, dass Sie die Farbe zwischendurch immer wieder „aufbrechen", solange sie feucht ist: Nehmen Sie eine Blumenspritzflasche, füllen in Wasser verdünntes Spülmittel ein und sprühen so die Fläche wieder offen. Mit Tüchern oder einem Schwamm ziehen Sie die gelöste Farbe wieder ab.

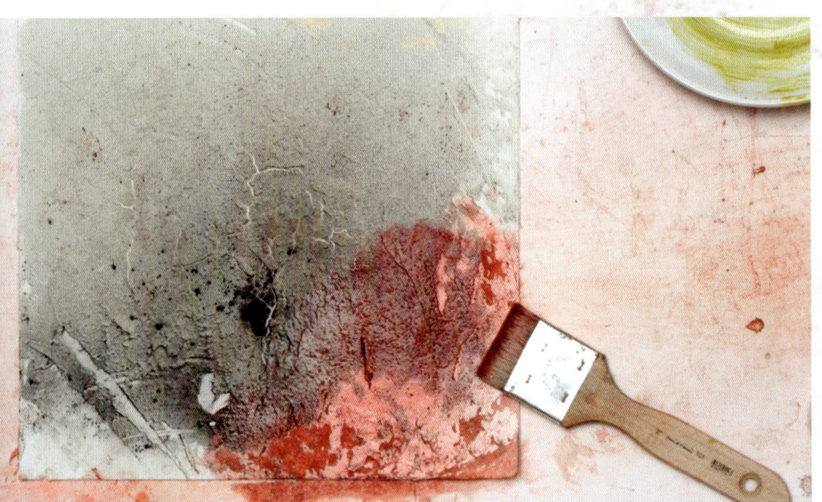

...bei Gipshaftputz-Spachtelmassen

Im Zusammenhang mit Gipshaftputz-Spachtelmassen arbeiten Sie die Pigmente und den Binder mit den für die Öl- und Acrylmalerei üblichen Borstenpinseln ein. Beim ersten Durchgang sollten die Borsten kurz sein.

Das weitere Vorgehen ähnelt der Arbeitsweise des Einarbeitens und Herstellens der Farbe bei den Marmorspachtelgründen. Für das Eintreiben der ersten Farbschichten mit dem kurzborstigen Pinsel – den Pinsel in aufrechter Haltung und zumeist kreisenden Bewegungen führend – arbeiten Sie die Farbe in die feinste Struktur Ihres Bildes ein. Sie haben möglicherweise mehrere verschiedene Pigmente eingestäubt oder eingesiebt, sodass Sie bei diesem Arbeitsgang Mischtöne erzeugen. Als nächsten Schritt holen Sie nach dem Einarbeiten und Entstehen der Farbe mit Hilfe eines Schwamms – stets in Wasser auszuwaschen – einen zu intensiven Kleisterüberschuss umsichtig abtupfend herunter. Sie benutzen diesen Vorgang allerdings auch dazu, die ersten Lichter und Dunkelheiten in Ihrem Bild herauszuarbeiten. Da Sie in dem Baumaterial einen stark saugenden und leicht getönten Untergrund vorliegen haben, nutzen Sie den Untergrund auch als „Farbe an sich".

Als Binder bevorzuge ich Zelluloseleim und ziehe ihn dem Kasein vor, da ich dadurch länger flexibel in der Farbintensität bin. Kaseinleim bindet mir die Farbe zu schnell ein, legt mich zu früh fest, wenn die Gesamtgestaltung noch vollkommen offen ist. Zelluloseleim verändert den Farbton des Pigments nicht und macht den Untergrund auch nicht schwer und dunkel. Dagegen würde der stark saugende Untergrund bei der Verwendung von fetten Ölen und Farben sehr dunkel und schwer. Wirkliche Lichter ließen sich nicht mehr hineinwischen oder einschleifen.

Allenfalls Eitemperaemulsion wäre hier noch die Alternative zu Zelluloseleim. Sie hätten hier ebenso die Möglichkeit, die Farbe wieder herunterzuwaschen, wenn sie zu intensiv und die Struktur zusetzen würde. Der Unterschied zwischen den entstehenden Farben ist bei Eitemperaemulsion und Zelluloseleim bereits an anderer Stelle beschrieben worden: Eitempera gibt der Farbe mehr Tiefe, verdunkelt sie etwas, während der Zelluloseleim die Farbe so auftrocknen lässt, wie es dem Ton des Pigments entspricht.

Tipp: Ein Binder von Pigmenten, auf den ich nur kurz eingehe, den Sie allerdings unter bestimmten Umständen bei der Gipshaftputz-Spachtelmasse einsetzen können, ist die Wachssalbe. Wenn Sie Ihr Bild eher flächig strukturiert oder vielleicht sogar einige Stellen geschliffen haben, ist Ihr Untergrund so beschaffen, dass die Farbflächen zusätzlich oder ausschließlich durch die Kombination von Pigment mit einer weichen Wachssalbe entstehen. Diese härtet nicht in einem dicken Auftrag durch und darf nicht verwechselt werden mit der gehärteten Wachssalbe, die ich als Firnis im späteren Verlauf des Buches vorstelle.

Dieses Wachs dient als Bindemittel. Pigmentüberschuss wird mit dem Wachs eingerieben. Dazu benutzen Sie einen weichen Stoff. Farben aus Pigment und Wachs, ganz leicht mit dem Malspachtel zusammengewirkt, werden mit dem Stoffstück eingerieben oder mit dem Malspachtel draufgekratzt. Gefirnisst wird später mit der gehärteten Wachssalbe.

...bei Freskokalk-Mörteln

In der Verwendung der Freskokalk-Spachtelmasse wird der noch feuchte Kalk als Bindemittel für das Pigment benutzt. Das ist die klassische und dem Fresko entsprechende Herangehensweise.

Hierbei kommen nur kalkverträgliche Pigmente zum Einsatz, damit die gewählte Farbigkeit auf Dauer bestehen bleibt. Natürlich liegt es in der Hand des Künstlers, ob er dies wünscht oder ob er alternativ ein Vergehen der Farbe als künstlerisches Ausdruckmittel einsetzen will.

Das Pigment wird mit dem Kalkwasser des Sumpfkalks zu einem Farbteig angeteigt. Grundsätzlich werden die Farben mit dem Auftrocknen heller. Das liegt in erster Linie an der feuchten Kalkschicht, in die hineingemalt wird. Ansonsten hängt das Aufhellen der Farbe natürlich von der beigefügten Menge an Kalk bzw. Wasser ab. Lasierender Auftrag heißt: Helligkeit entsteht

Rezept der weichen Wachssalbe:
1 Gewichtteil Bienenwachs, weiß,
1 Gewichtteil Carnaubawachs und
4 Gewichtteile Balsamterpentinöl,
doppelt rektifiziert,werden zusammen in einem Gefäß im Wasserbad erhitzt. Die gelöste Mischung darf nicht kochen. Sobald sie gelöst ist, füllen Sie die heiße Masse in ein Gefäß mit breiter Öffnung. Sie versteift mit dem Erkalten, behält allerdings eine cremige Konsistenz. Mit dieser Wachssalbe und den Pigmenten mengen Sie ihre Farbe an.

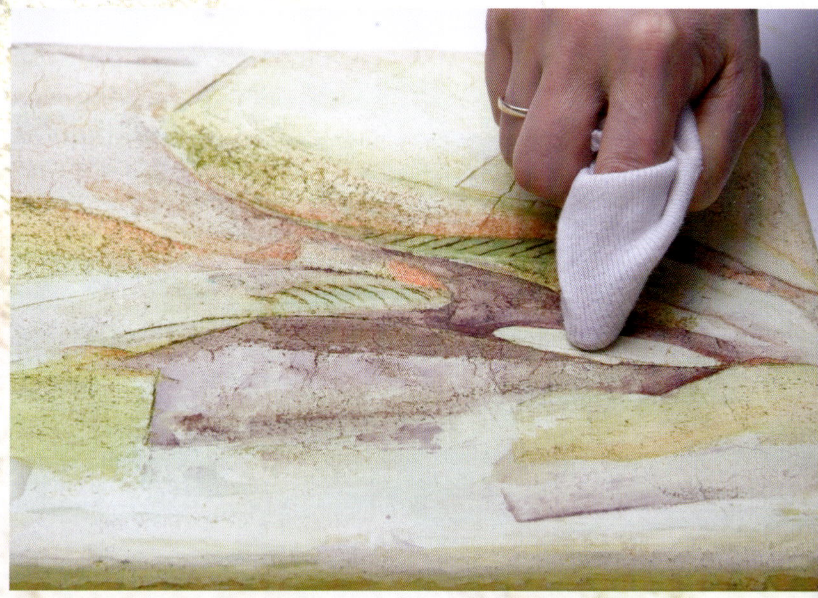

Fixieren des Pigmentüberschusses nachträglich aufgesetzter Farbe bei einem Fresko

durch den höheren Anteil Wasser. Deckender Auftrag heißt: Helligkeit entsteht durch Erhöhung von Zugabe des Sumpfkalks in den Farbteig. Grundsätzlich ist natürlich vom lasierenden Auftrag der Farben, dem deckenden Auftrag, der kombinierten Malweise, dem Streuen wie Pusten der Pigmente bis hin zum nachträglichen Einwirken mit Spachteln alles möglich.

Aufbringen mit dem Pinsel: Grundsätzlich bestehen beim Pinselauftrag zwei unterschiedliche Möglichkeiten, die man natürlich miteinander kombinieren kann: Dem lasierenden Auftrag, bei dem mit viel Wasser die Farbe zart aufgetragen wird und der Untergrund stark durchscheint und dem deckenden Auftrag, bei dem die Ausmischungen – also auch die hellen Farbabstufungen – mit dem Kalk des Sumpfkalkes vorgenommen werden (Farbteig aus Pigment und Sumpfkalk). Überraschend für jeden beim ersten Mal ist, dass ein feiner Strich, der in einen nassen Untergrund gezogen wird, nicht wie bei einem Aquarell verläuft. Das Pinselsortiment muss weiche Borstenpinsel und weiche, flächige Pinsel beinhalten. Die Schwierigkeit zu Anfang ist die, dass der Putz durch zu viel Druck und zu harte Pinsel aufgewaschen wird. Das erfordert Übung. Auch möchte man gerne fehl gelaufene Striche korrigieren. Doch wie auch in der Aquarellmalerei geht das kaum. Es ist eben so, dass mit dem „falschen" Strich kreativ gearbeitet werden kann, er bezieht Position, in ihm liegt die Kraft der Klärung. Stellt sich ein Auftrag als dennoch wirklich störend heraus, so trennt man sich von der Stelle, schabt diesen Teil mit einem Spachtel wieder ab und putzt ihn im bereits beschriebenem Aufbau der Schichten wieder neu ein.

Exakt in dieser Art und Weise der Pigmenteinbindung können Sie angeteigte Pigmente reintropfen lassen, hineinstreuen und mit dem Spachtel hineinziehen. Es gilt das, was für Pigmente im Allgemeinen gilt: Sie haben jeweils ihren eigenen Charakter. Manche benötigen viel flüssigen Kalk zum Einbinden, andere wiederum haften noch gut auf dem angezogenen Kalk.

Ich erinnere: Sie malen auf den nassen Grund! Dies alles geht also nur so lange, wie der Sumpfkalk ausreichend feucht ist. Das sind Erfahrungswerte, die mit dem Arbeiten wachsen. Ist der Kalk angezogen und zu trocken, um dem Pigment Bindung zu geben, so lassen Sie den Mörtel durchtrocknen.

Mit Kalkwasser (Kalksecco-Technik) oder anderen Bindern können Sie die Fläche nach der Trocknung farblich weiter bearbeiten. Mir dient die strukturierte Kalkmörtelmischung im getrockneten Zustand als Untergrund für weitere Farbaufträge. Dies geschieht mit den dafür klassisch vorgesehenen Bindern aus dem Bereich der farblichen Weiterbearbeitung von getrockneten Fresken: Es sind der Kaseinleim und die Eitemeraemulsion auf die ich im Vorfeld genau eingegangen bin.

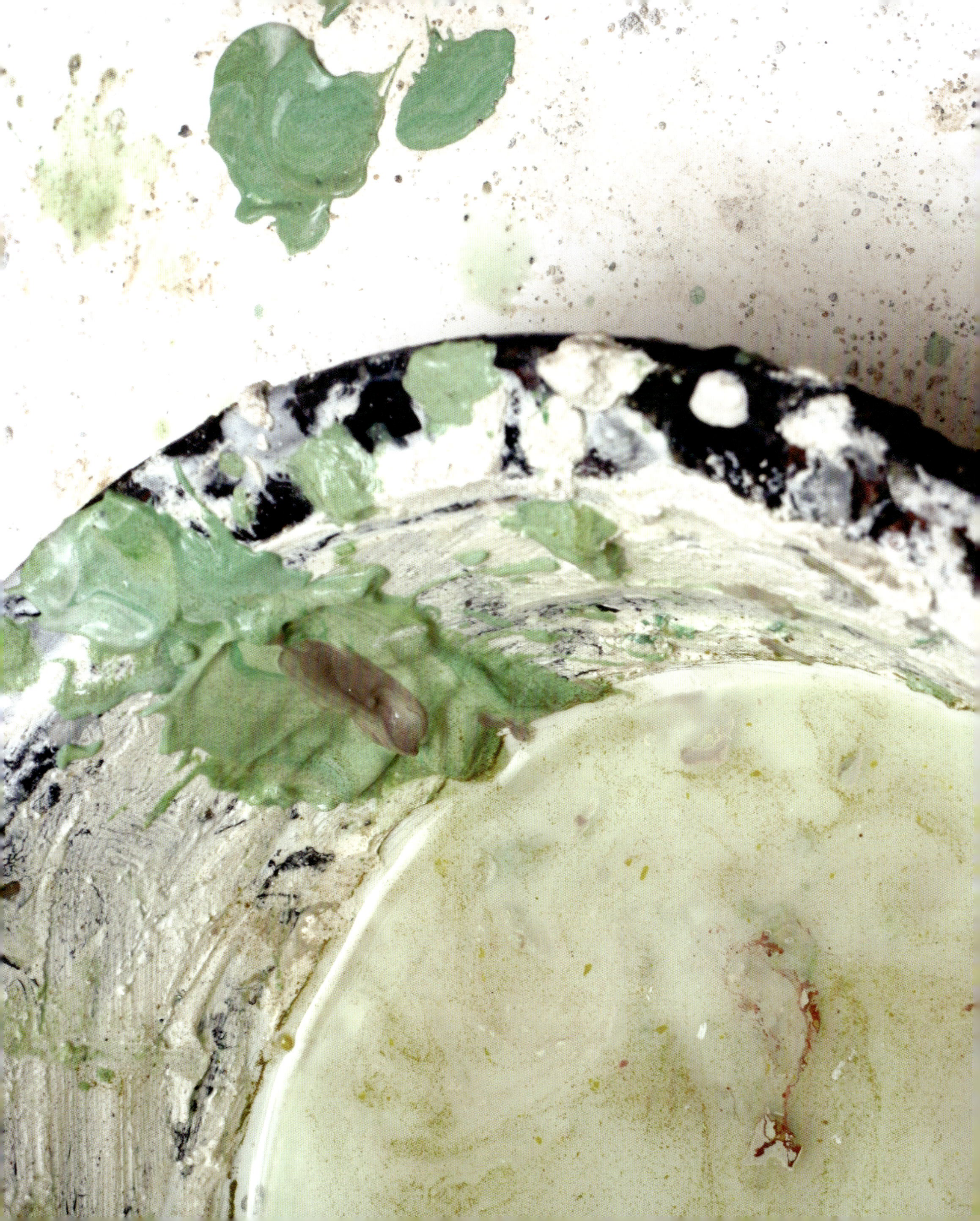

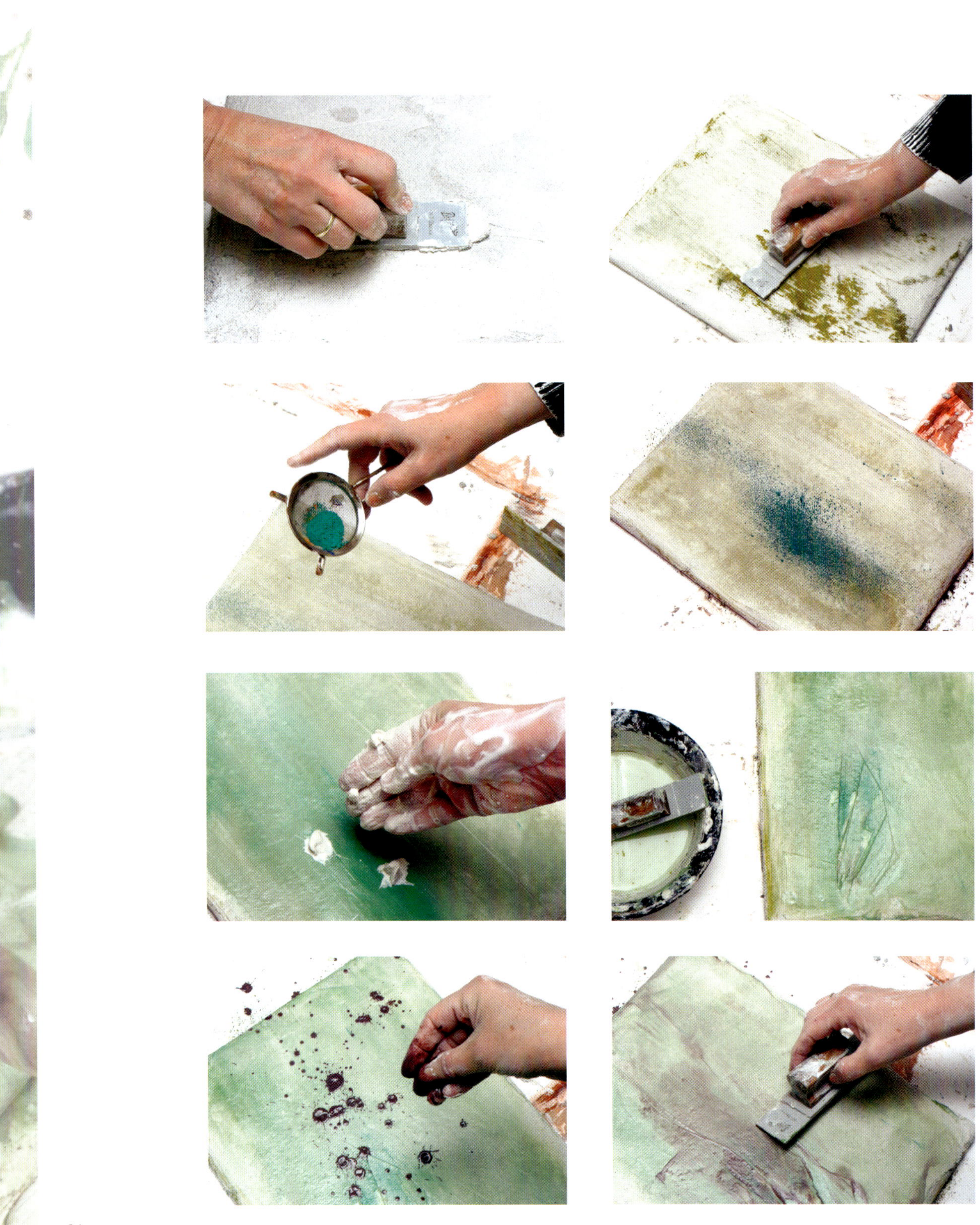

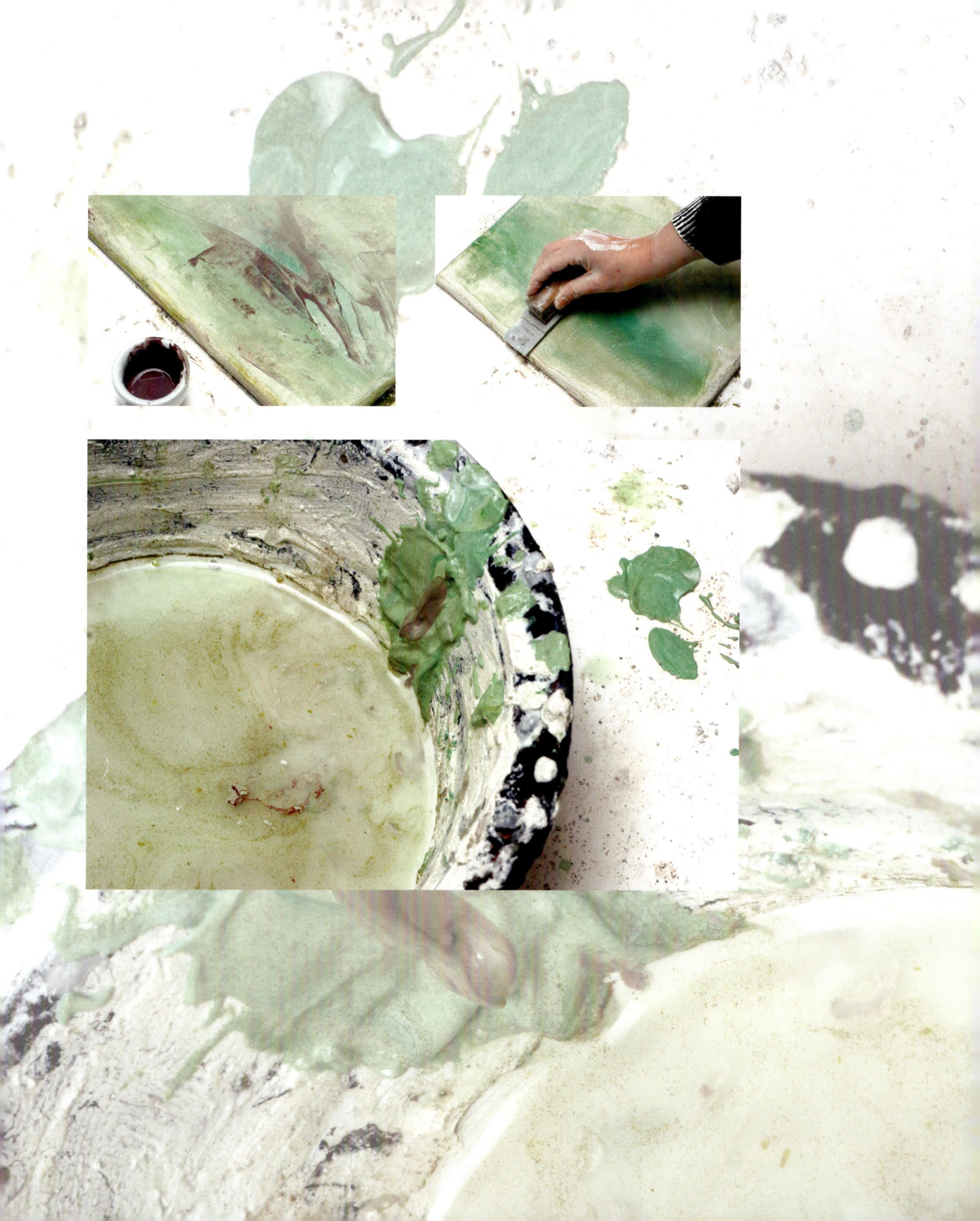

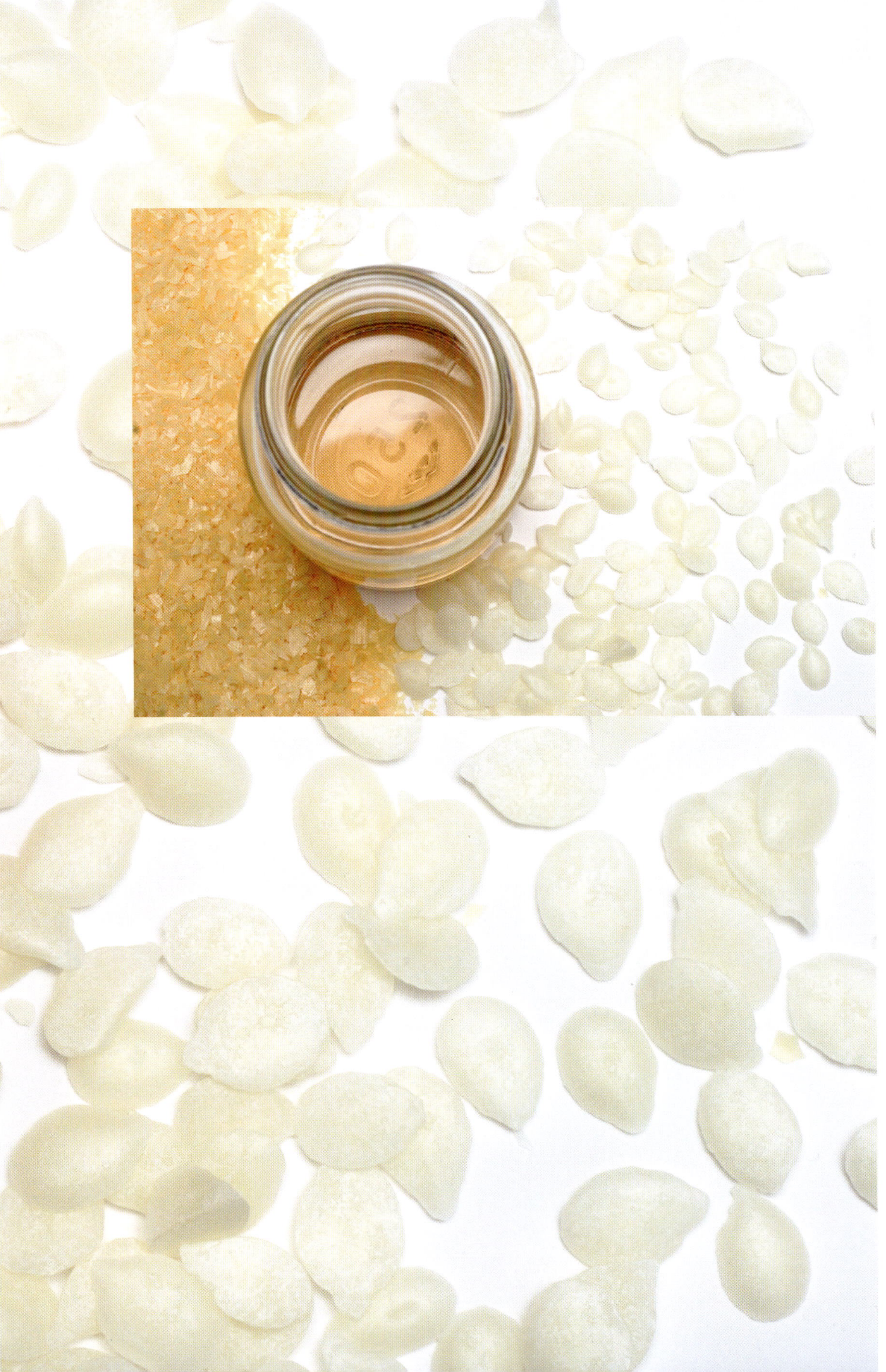

Firnissen der Bilder

Das nachträgliche Firnissen der Bilder ist abhängig von dem verwendeten Binder und der bearbeiteten Struktur – von ihrer Grundkonsistenz und ihrer Intensität an Höhen und Tiefen. Die Frage nach der Art des Firnissens ist auch abhängig von dem Effekt, den der Malende erzielen möchte.

Auf Marmor-Spachtelmasse, Sand-Spachtelmasse oder gekaufter Strukturpaste ist das Firnisspray anzuraten, welches zu der verwendeten Farbe passt. So sollten Eitemperabilder der Haltbarkeit wegen gefirnisst werden. Mit Farben auf der Basis von fetten, oxidierfähigen Ölen wird wegen der Lösbarkeit der Oberfläche kein Firnis benötigt – obwohl manche Farben durch Firnis einfach besser geschützt sind. Doch die Oberfläche könnte bei Ölfarben ungleichmäßig im Oberflächenglanz aufgetrocknet sein. Stört dies, so wählen Sie nach der guten Durchtrocknung der Farbe ein dazu passendes Firnisspray. Wünschen Sie allerdings genau diese Unterschiedlichkeit, so verzichten Sie darauf.

Auf Gipshaftgrund-Spachtelmasse und Freskokalk-Mörtel ist das Material selber so gestaltet, dass es Pigmente und Sande im feuchten Zustand einbindet. Kalk macht das komplett, Gipshaftputz-Spachtelmasse vollzieht diese Einbindung ebenfalls zum größten Teil. Das zusätzliche Einarbeiten von Farben oder Einbindungen der Pigmente erfolgt mit Bindern wie Zelluloseleim, Eitemperaemulsion oder Kaseinleim-Mischung. Ein Firnissen macht daher Sinn. Firnissen mit den handelsüblichen Firnissen ist allerdings schwierig, da die Inhaltsstoffe so selten deklariert werden und ich erlebt habe, dass Ausblühungen passieren. Daher firnisse ich alle diese Arbeiten mit einer verdünnten Kaseinleim-Mischung.

Ist die Oberfläche mit zurückgenommener Struktur allerdings eher glatt geschliffen, ist ein Firnissen mit Hartwachs ganz besonders schön. Den Glanz der Oberfläche bestimmen Sie selbst durch die Intensität des Polierens; das kann sogar innerhalb des Bildes variieren. Der Glanz von Wachs hat etwas sehr Edles, drängt sich nicht in den Vordergrund. Und wenn Sie es wünschen, bleibt er matt und hat dennoch die konservatorische Wirkung, die angestrebt wird. Zudem besitzt er die wunderbare Eigenschaft, nicht zu vergilben.

Zwei Beispiele gehärteter Wachssalben

Rezept 1,
welches weich erhärtet:
5 Gewichtteile Bienenwachs, weiß
1 Gewichtteil Carnaubawachs, natur
12 Gewichtteile Balsamterpentinöl,
doppelt rektifiziert

oder

Rezept 2,
welches fester erhärtet und erfahrungsgemäß eine gute Oberfläche schafft:
2 Gewichtteile Bienenwachs, weiß
1 Gewichtteil Carnaubawachs, natur
6 Gewichtteile Balsamterpentinöl,
doppelt rektifiziert

Bei beiden Wachsen werden die Zutaten zusammen in einem Gefäß im Wasserbad erhitzt. Die gelöste Mischung darf nicht kochen. Sobald sie gelöst ist, füllen Sie die heiße Masse in ein Gefäß mit breiter Öffnung. Sie versteift mit dem Erkalten.

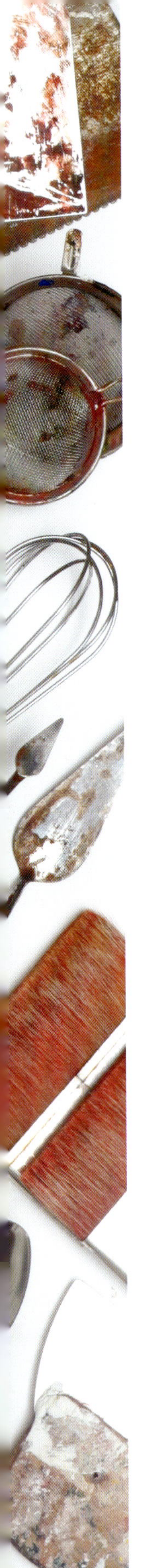

Das Handwerkszeug

Hier mischen sich Werkzeuge aus dem Künstlerbereich, dem Bauhandwerk, der Küche und allem, was Sie für einsatzfähig halten:

Pinsel / Malspachtel / Japanspachtel / Maurerspachtel und Kellen / Zahnspachtel / Holzfundstücke / Lappen / Viskoseschwämme / Haushaltsrollenpapier / Siebe in verschiedenen Größen / Gummibecher / Schüsseln / Baueimer / Teller / Paletten / Löffel / Messer / Gabeln / Quirl und anderes.

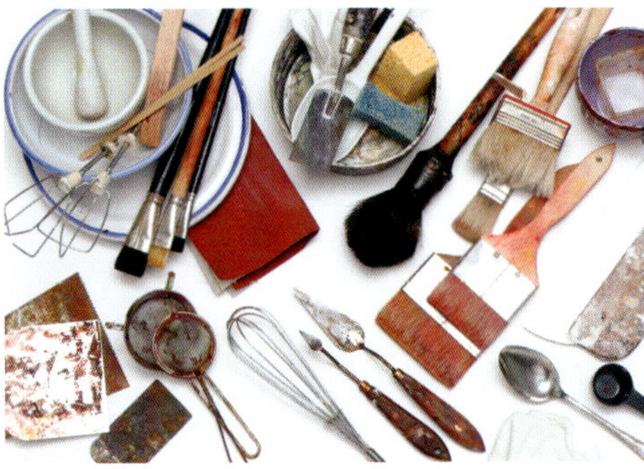

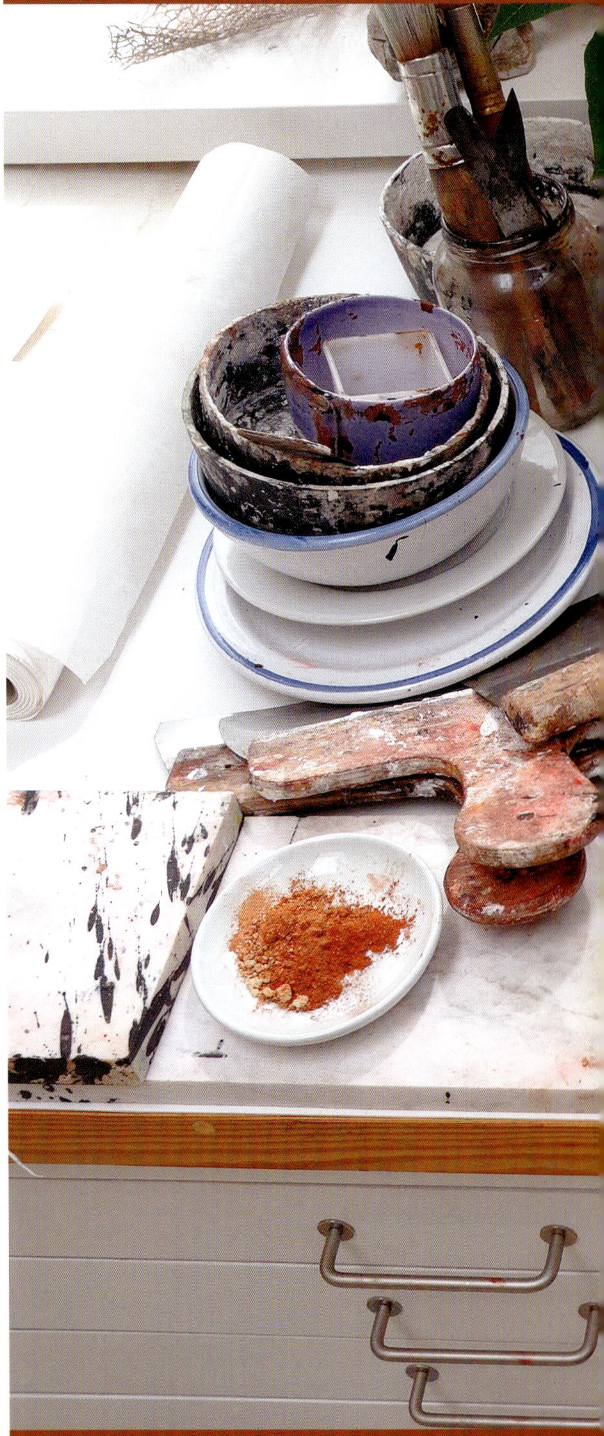

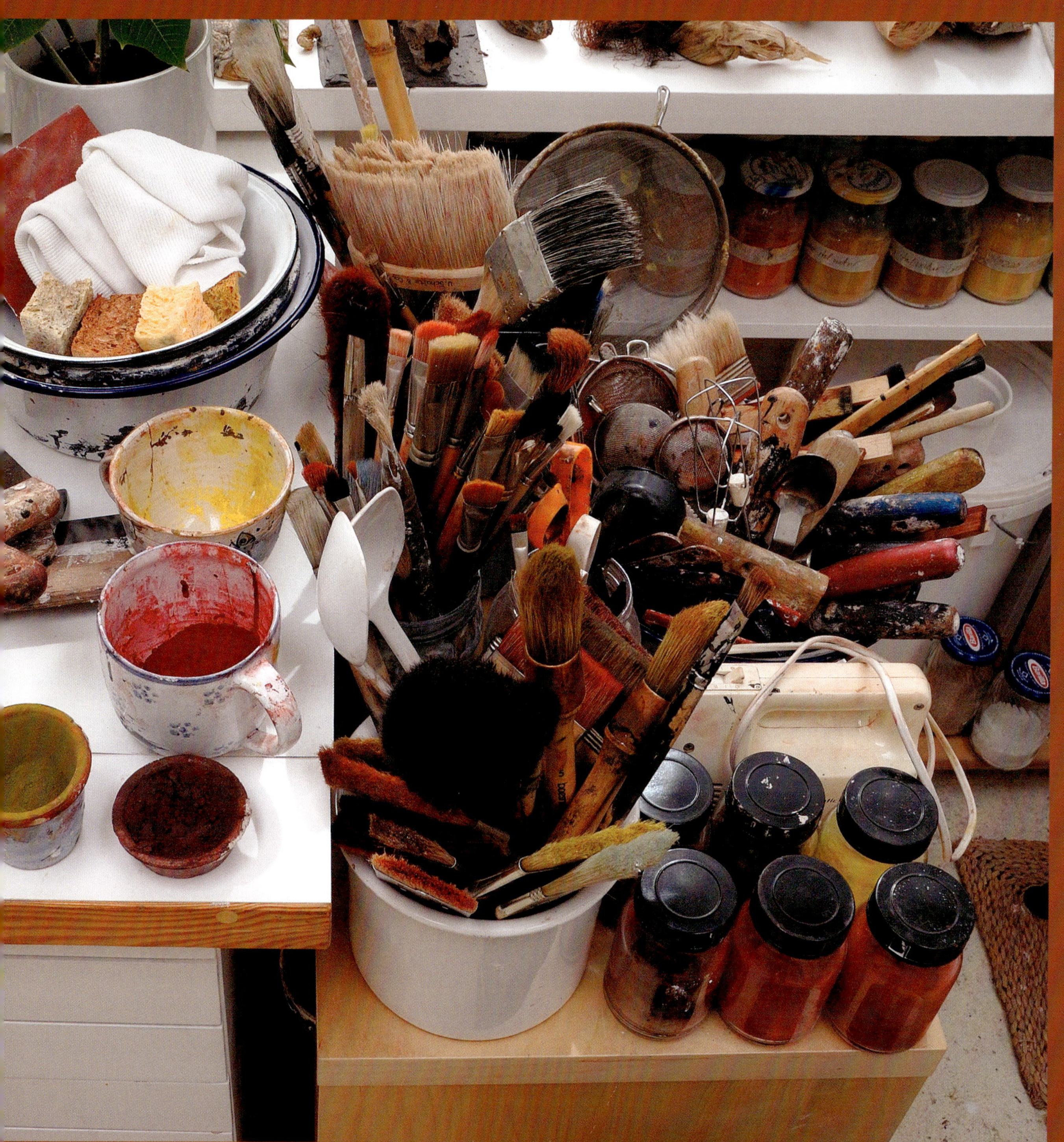

Kreativität

Praktische Einladung in das Experimentierfeld

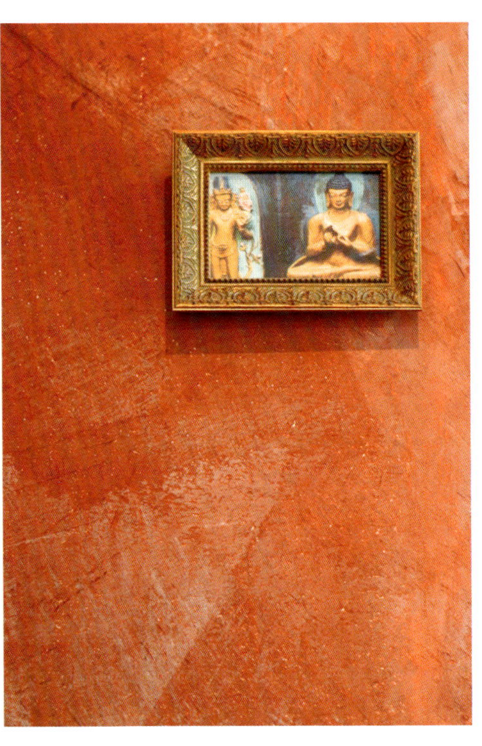

Gespachtelte Untergründe überzeugen durch ihre spannende Strukturoberfläche. Es macht daher wenig Sinn, diese wieder mit einer dicken Schicht pastos aufgetragener Farben oder einem Farbauftrag, der mit dem Untergrund kein Spiel und keine wirkliche Kommunikation eingeht, abzudecken. Der Grund sollte sichtbar bleiben, was die Malerei lebendig macht und so zu einer Addition von Wirkungen führt. Selbst ein deckender Farbauftrag, der mit einer lasierenden Farbschicht überzogen wird, kann das Zusammenspiel der Elemente wieder sichtbar werden lassen. Überhaupt lebt das Bild durch viele Schichten, von Auftrag und Abtrag. Die Spachtelmasse ist ein wunderbares Medium der Auseinandersetzung mit dem, was Leben ausmacht: ein Wechsel an Erfahrungen, ein Ringen um Gültiges und Bleibendes, was dann stets wieder zerrinnt. Älteres wird wieder ausgegraben, überprüft. Es entstehen Zeitkrusten, Vergängliches zeitigt seine Spuren.

Spiel der Transparenzen: Pigmente in Marmor-Spachtelmasse

Jede Spachtelmasse lässt sich mit Acrylfarben oder mit Pigmenten einfärben. Besonders reizvoll ist es, viele dünne, sich übereinander bewegende Spachtelfarbschichten zu legen, ein Vorgehen, das mit der Glättspachteltechnik verwandt ist. So entstehen Bilder mit einer durchscheinenden Atmosphäre, Transparenz und einer zarten Oberflächenglätte. Mit dieser Technik können Sie großflächige Wandgestaltungen in Ihrer Wohnung vornehmen.

Die Abb. auf der rechten Seite zeigen zwei Möglichkeiten auf: Das hauchdünne Überziehen mit einer pigmentierten, hellen Marmormehl-Spachtelmasse über einen dunklen Untergrund und das lasierende Überziehen mit Spachtelmasse aus farbigem Marmorgrieß über einen hellen Untergrund.

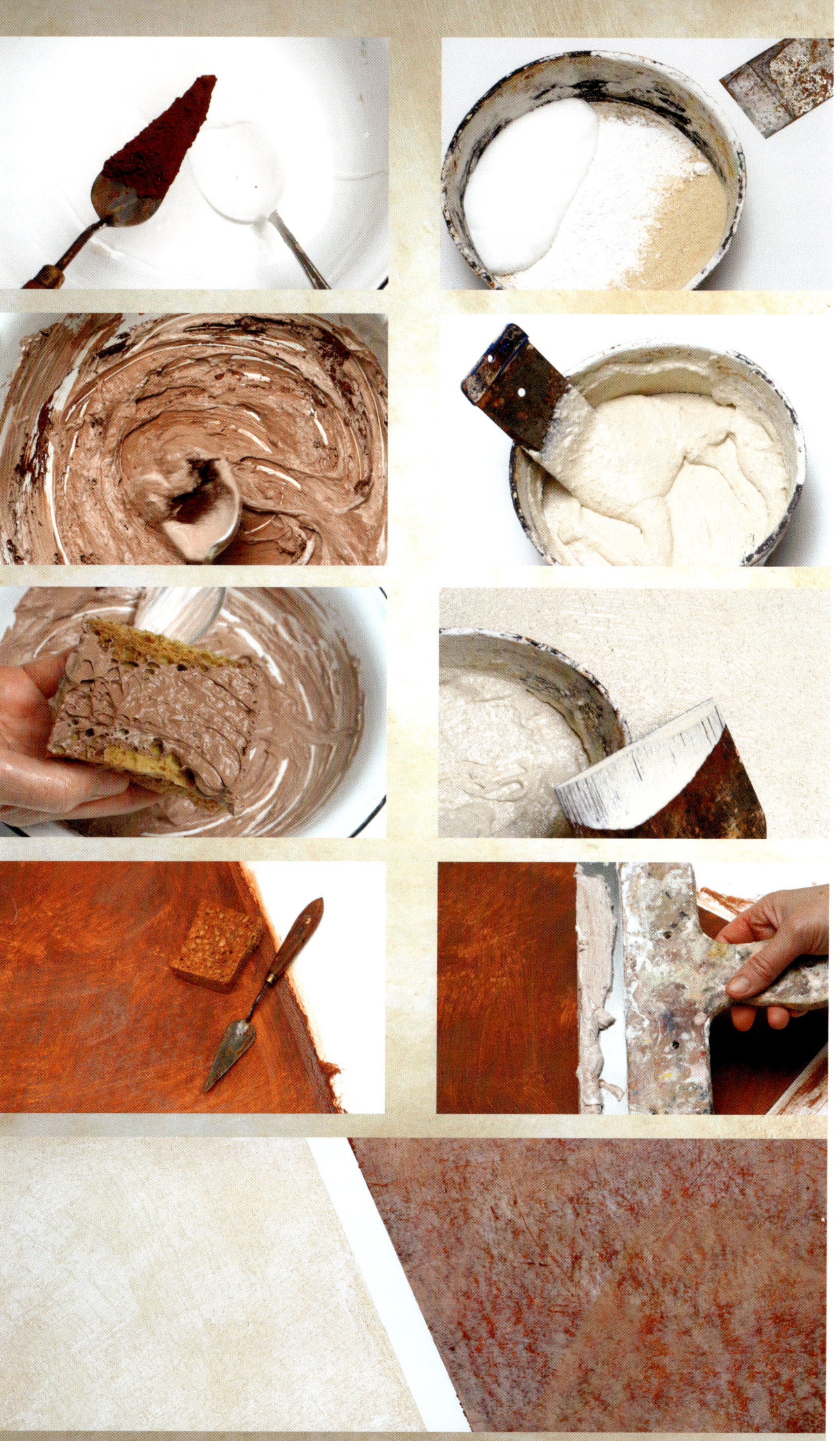

Bemalen der Struktur

Eine phantasievolle mit Japanspachtel aufgebrachte Spachtelmasse erfährt allein durch diesen Auftrag Spuren: Höhen und Tiefen. Weiter verändern kann der Künstler diese Fläche mit Zahnspachteln, Kämmen, Hineindrücken von Gittern und durch das Hineinblasen von Sanden in die feuchte Masse. Ist die Spachtelfläche trocken, kann sie mit Eitemperafarben genauso bemalt werden wie mit Öl- und Acrylfarben. Allerdings ist je nach verwendeter Spachtelmasse mal das eine, mal das andere ratsam. Und bei den Acrylfarben besteht die Schwierigkeit, dass sie durch ihren stark klebenden Binder sehr schnell ein Bild „dicht" und plakativ erscheinen lassen. Mit Acrylfarben arbeiten Sie besser in stark verdünnten Farbaufträgen.

Ein weißer Spachtelgrund, auf dem – wie zuvor beschrieben – die Farben so aufgebracht werden, dass ein Zusammenspiel mit der Struktur entstehen kann, ist von ganz besonderem Reiz.

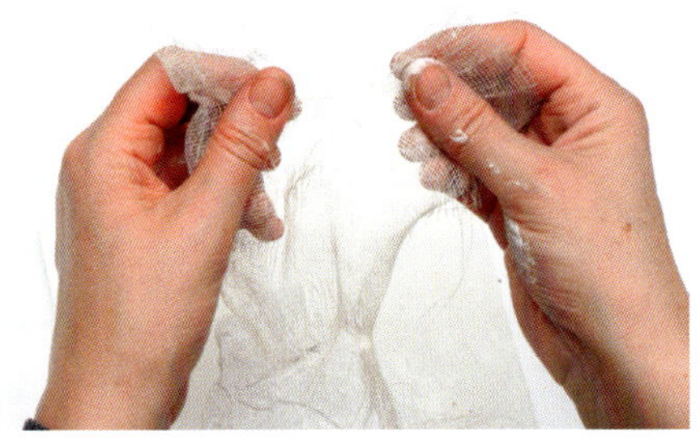

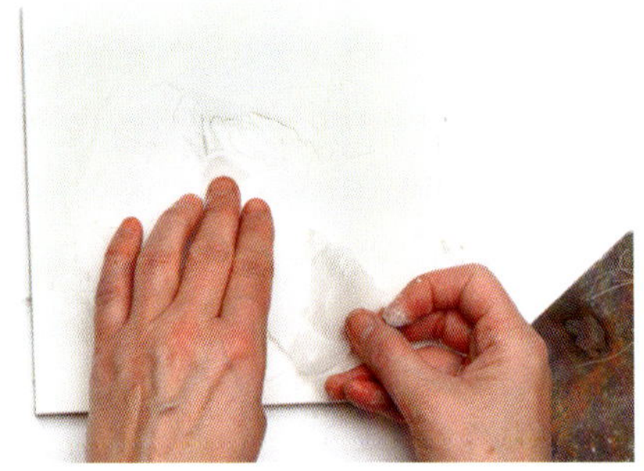

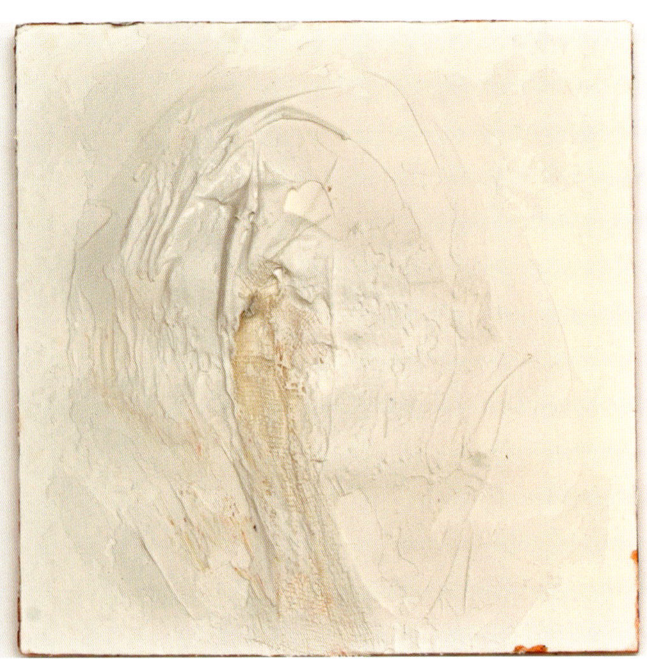

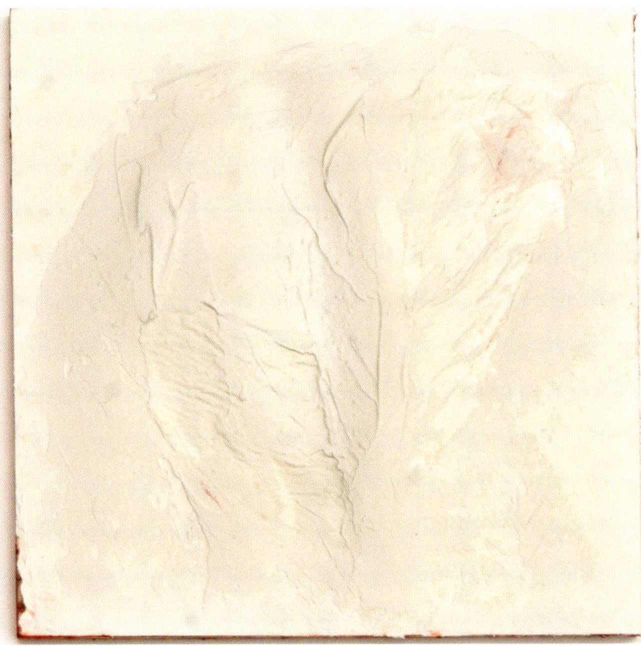

Struktur verstärken und Bemalen auf Aquarellpapier

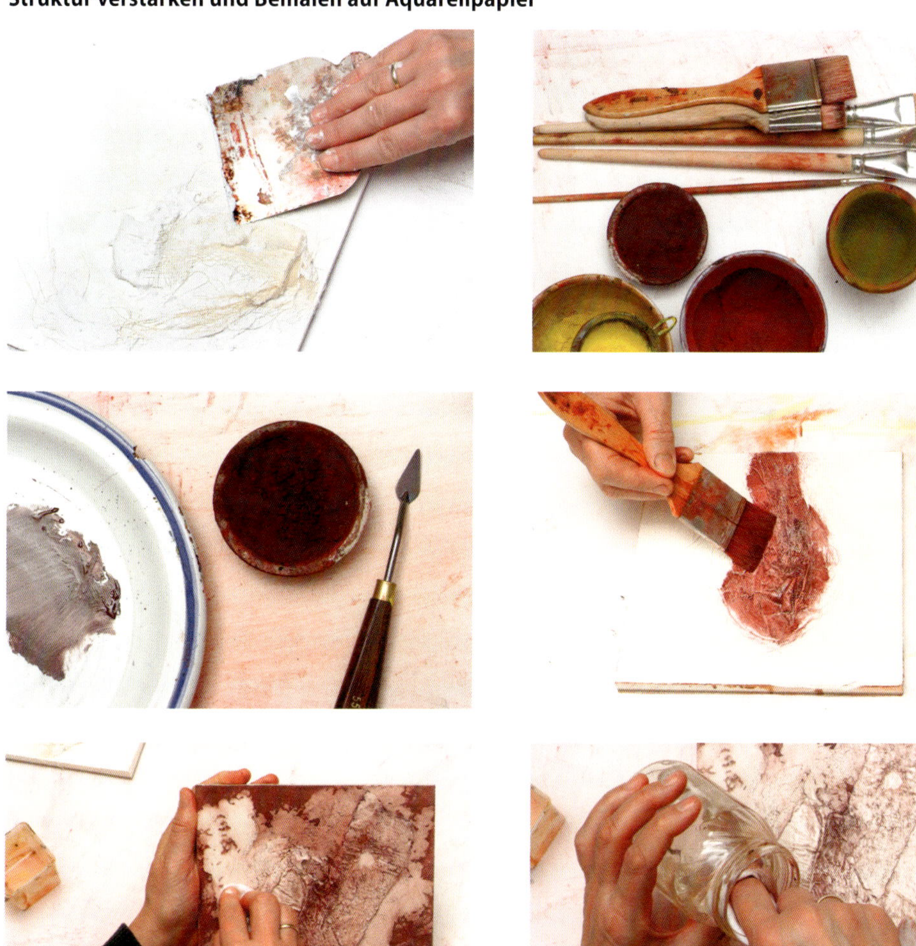

Wichtig ist der wiederholte Auf- und Abtrag des Farbteigs, um die Lichter frei zu legen!

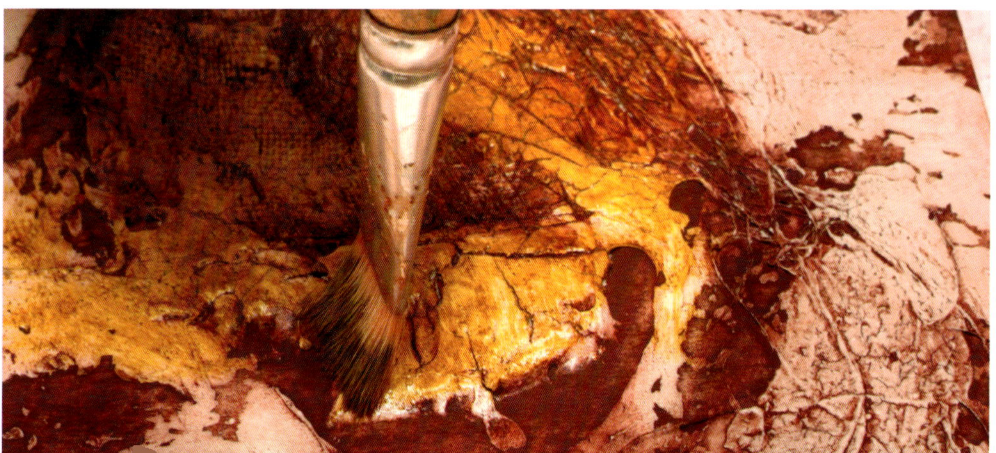

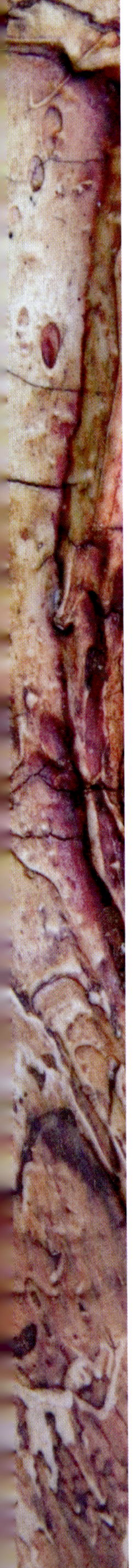

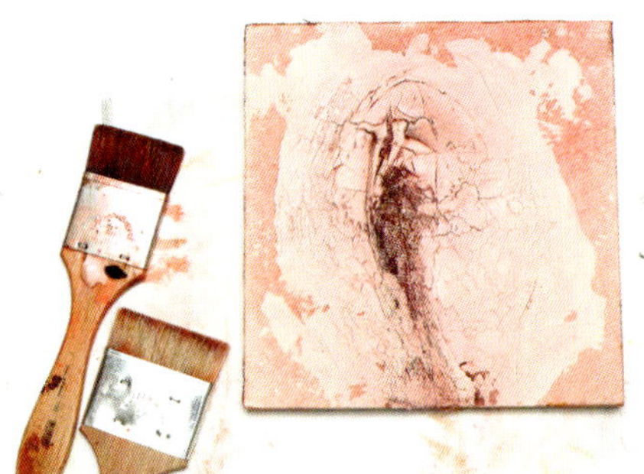

Marmor-Spachtelstruktur mit aufgelegter Gaze und einem mit Mohnöl eingearbeiteten Pigment

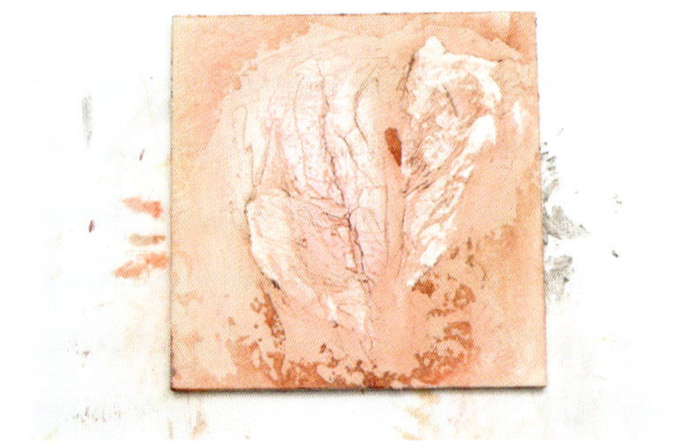

Marmor-Spachtelstruktur mit aufgelegtem Pergaminpapier und einem mit Mohnöl eingearbeiteten Pigment

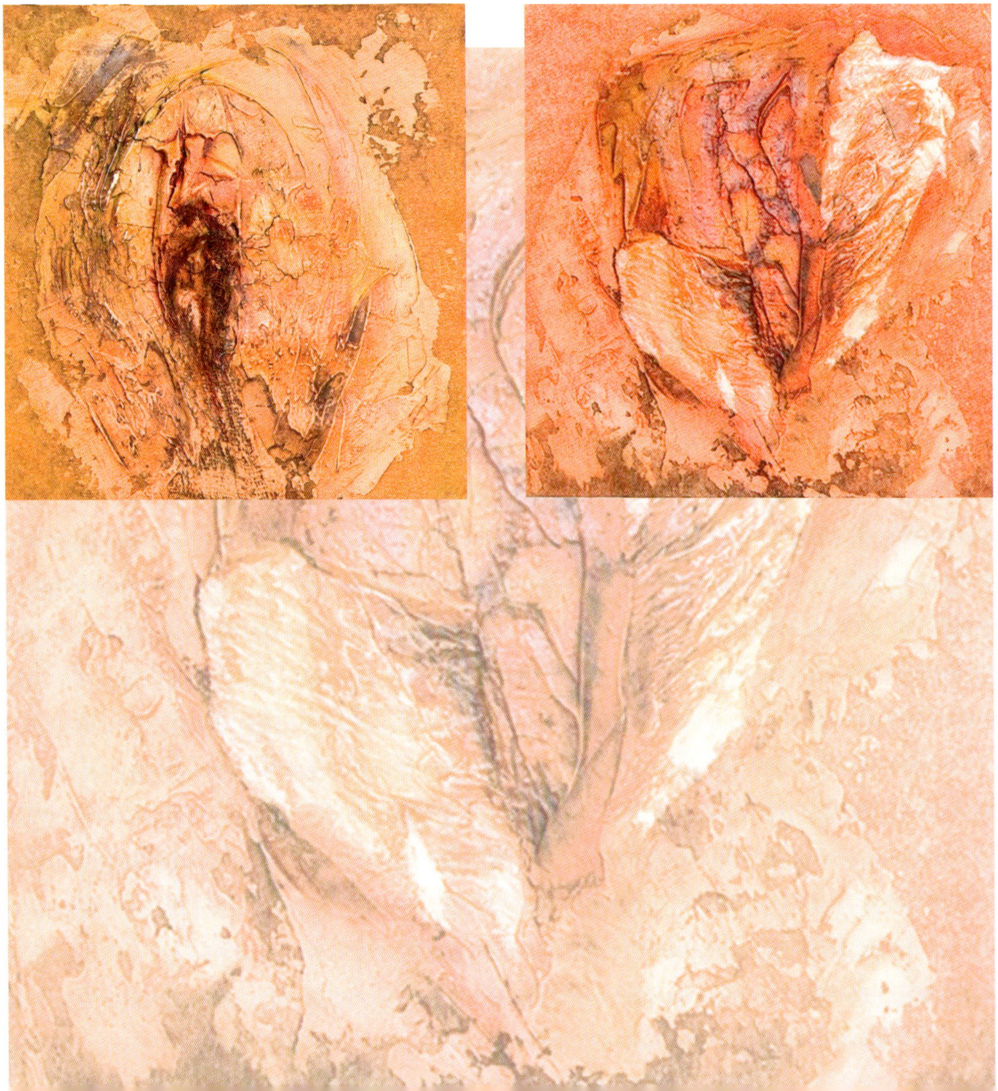

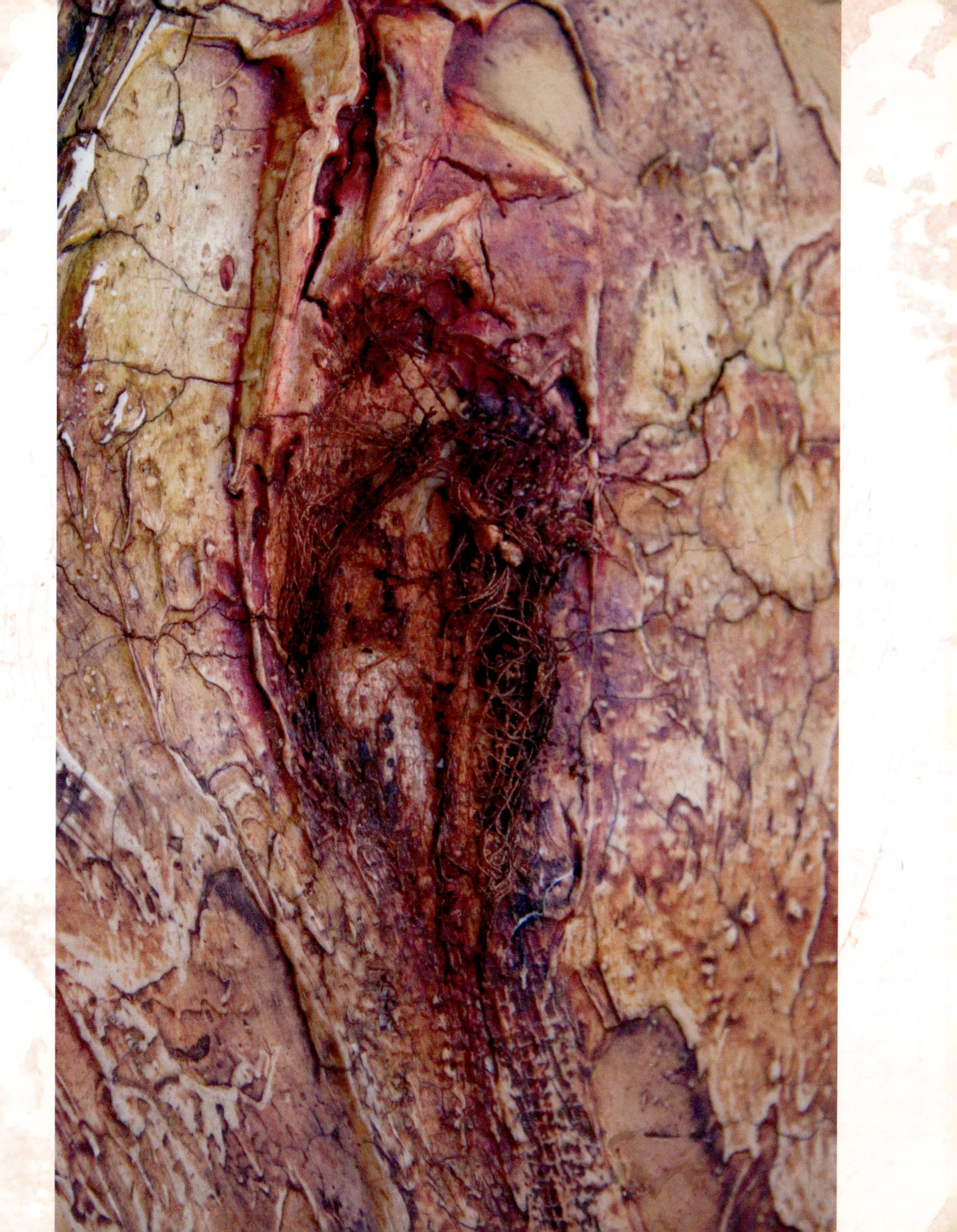

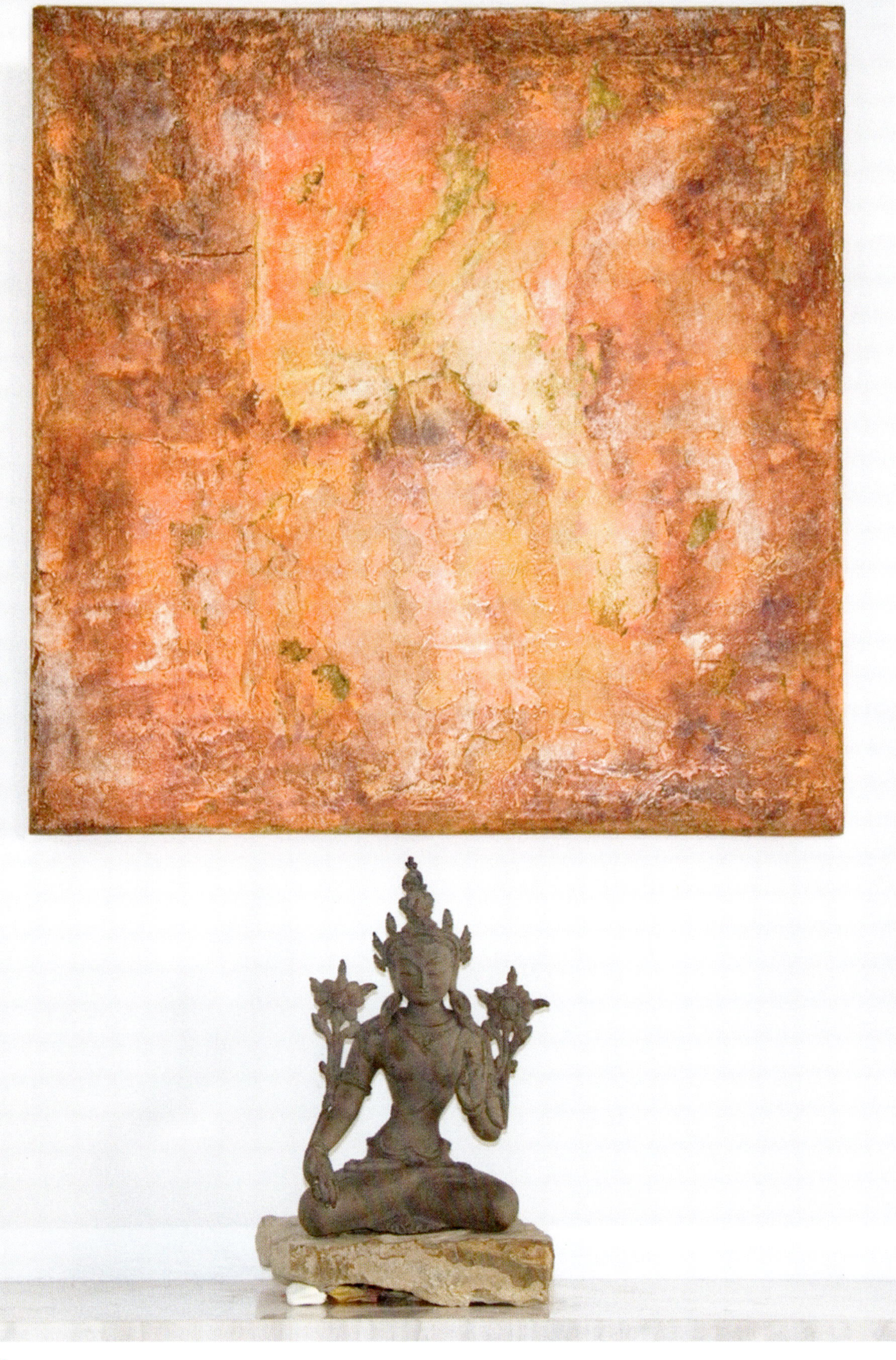

Sumpfkalk-Spachtelmasse auf Hartfaserplatte

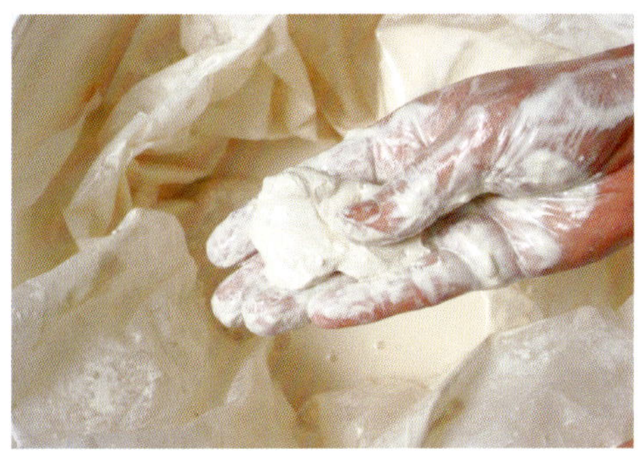

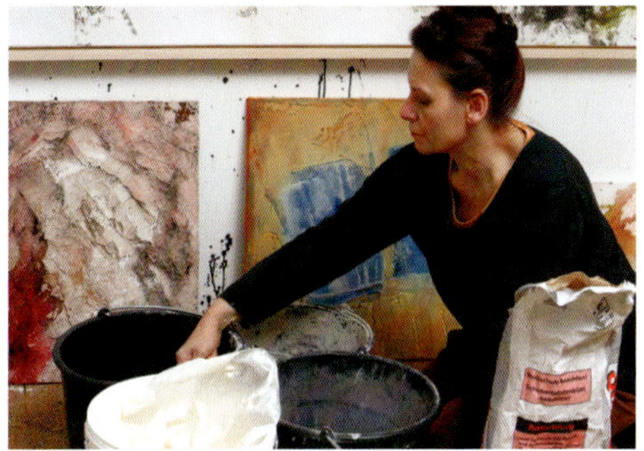

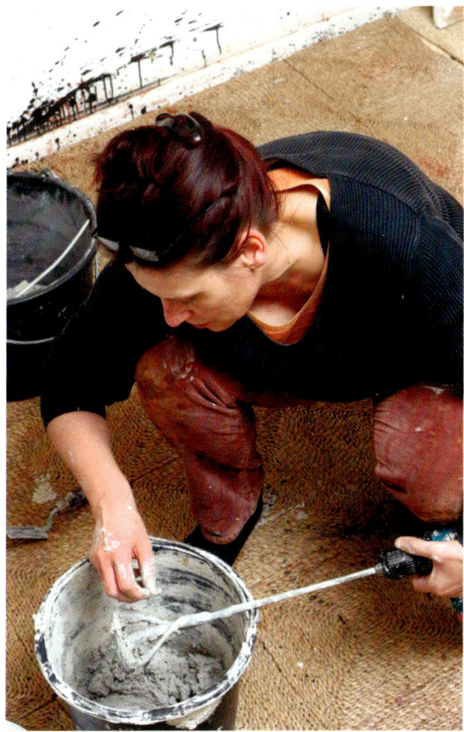

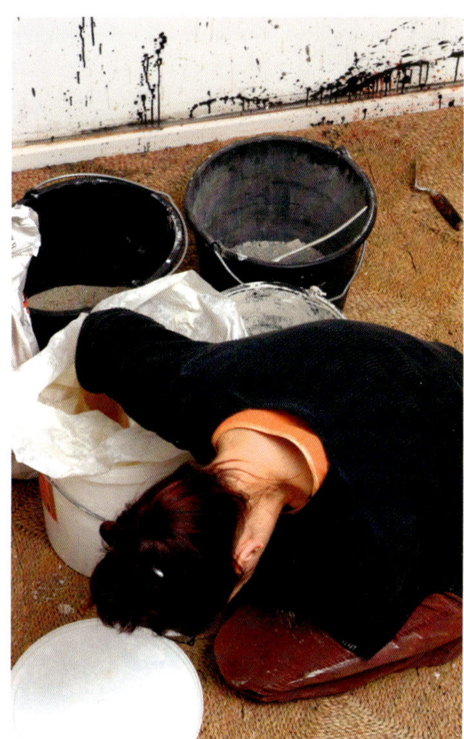

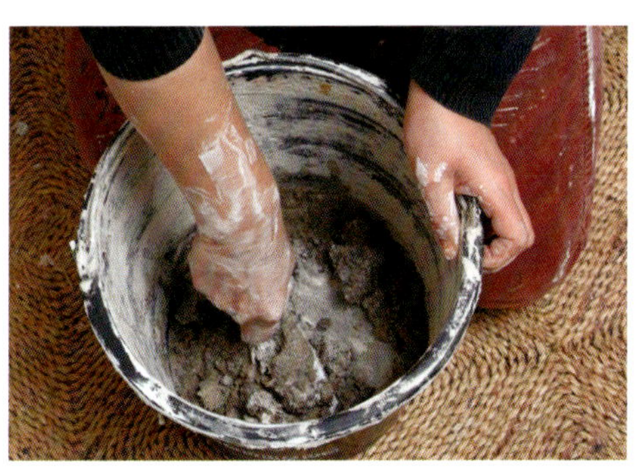

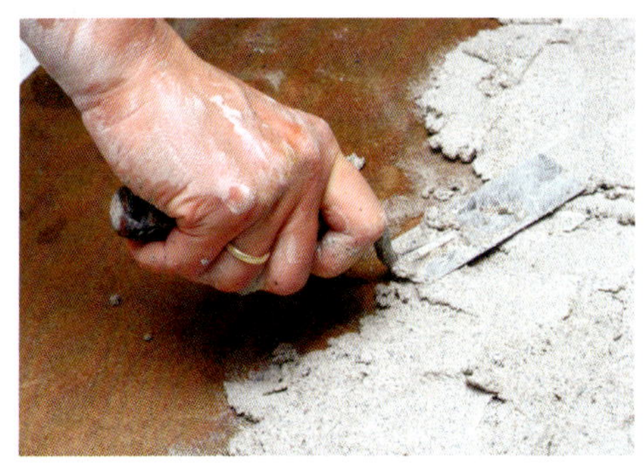

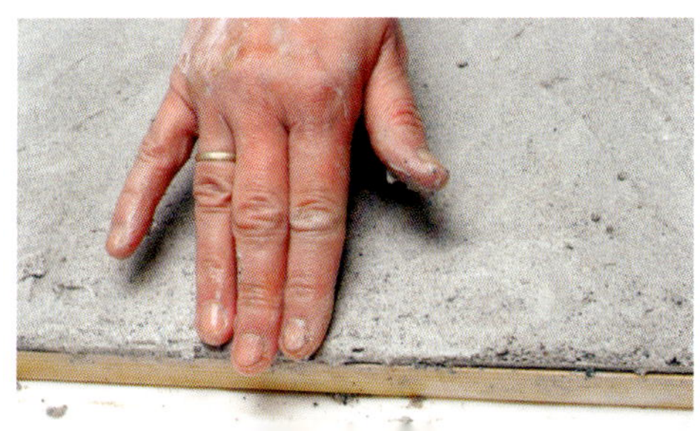

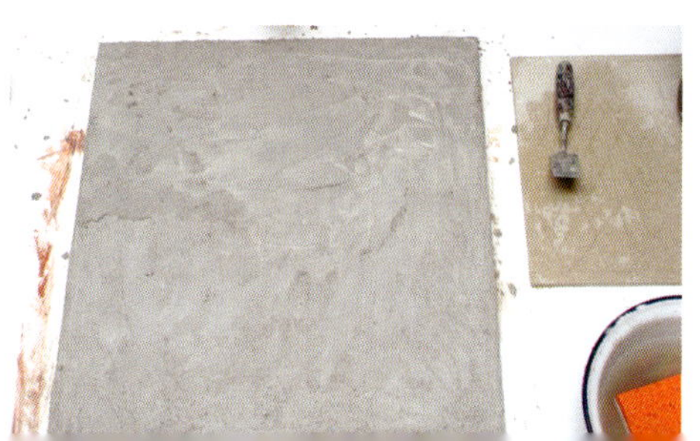

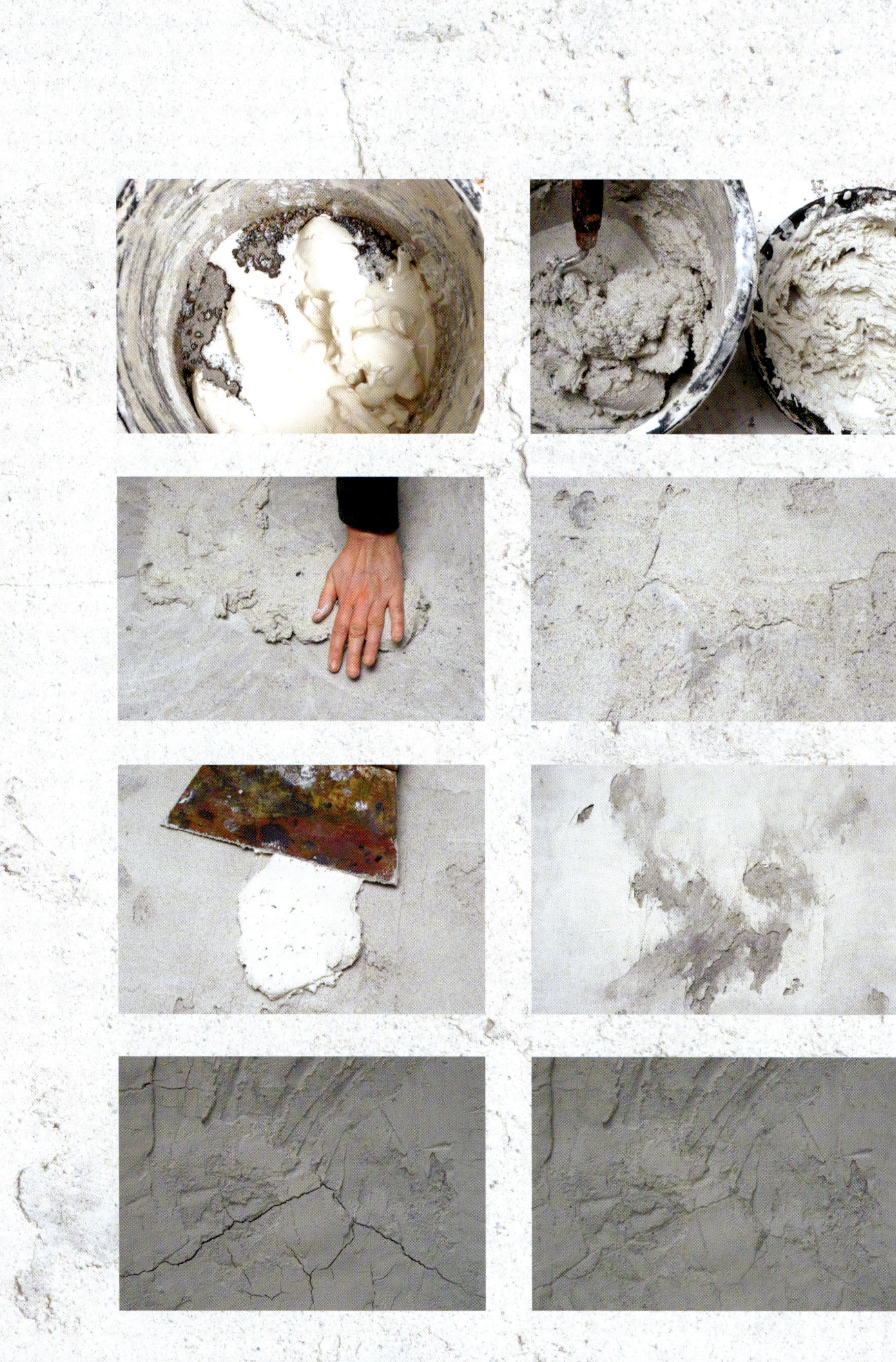

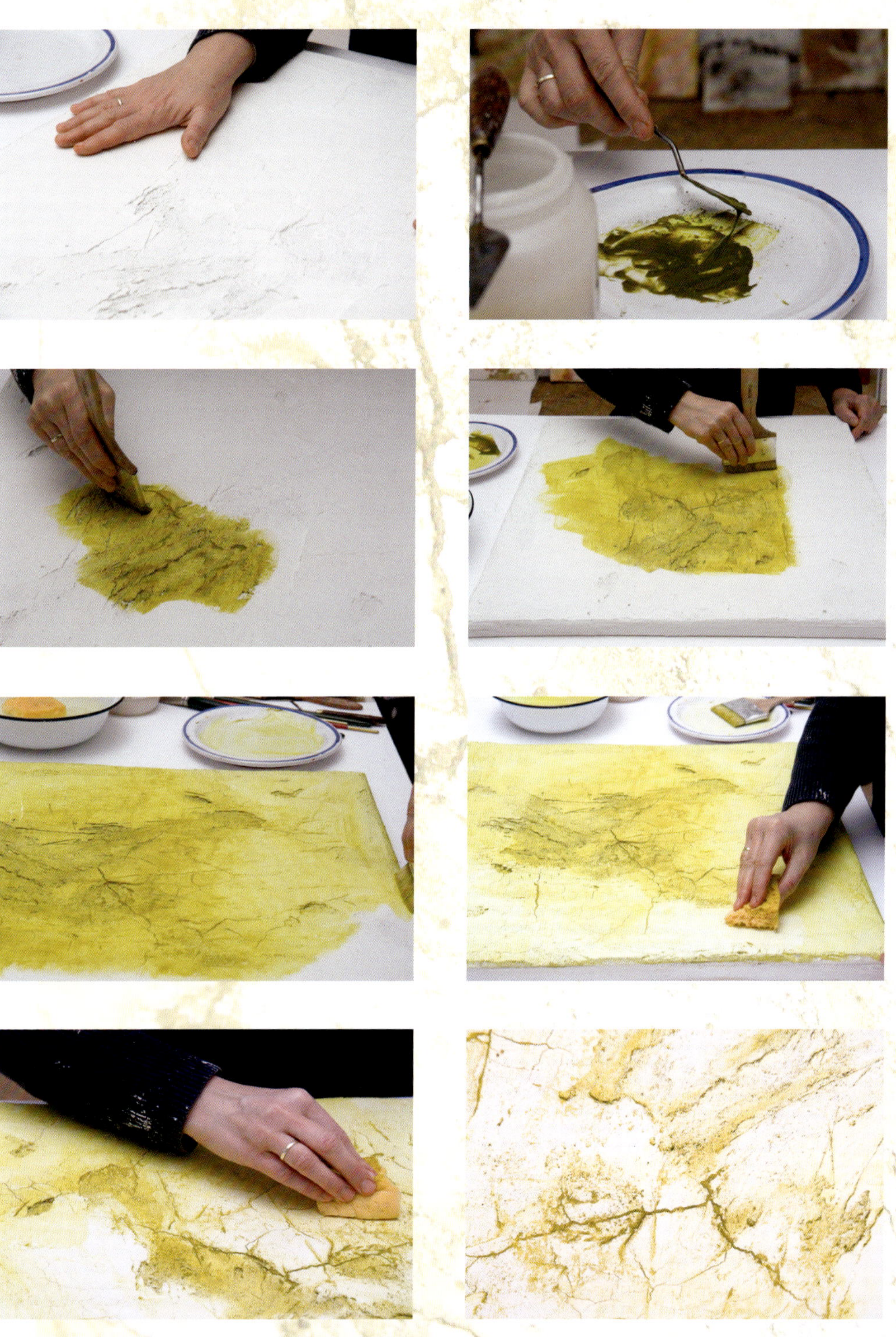

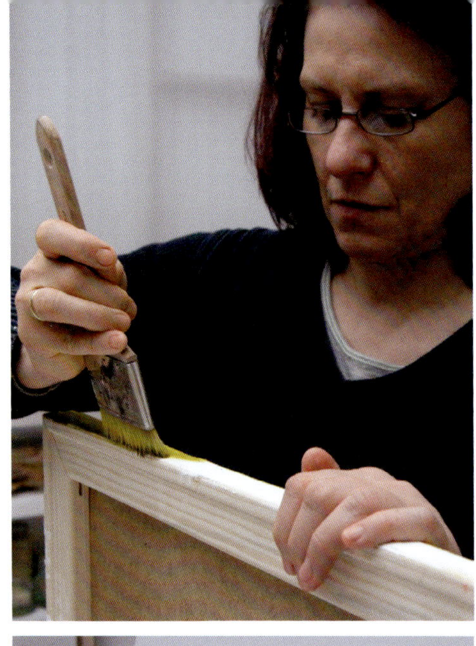

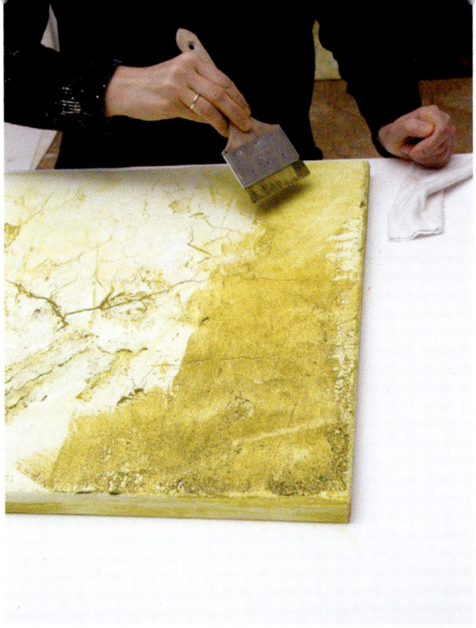

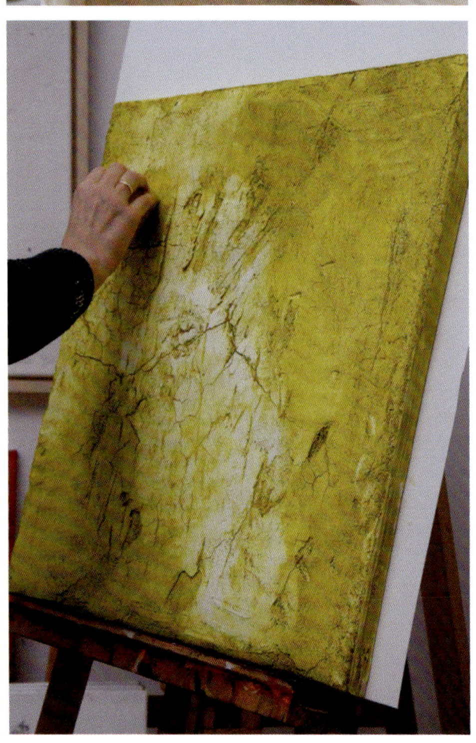

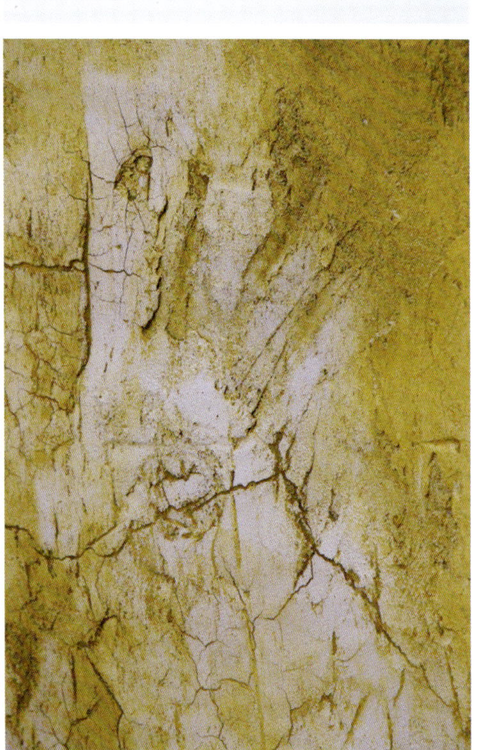

Dünn aufgestrichener Fresko-Sumpfkalk springt und splittert, zerfetzt den bisherigen Farbauftrag… eine neue Basis für Weiteres…

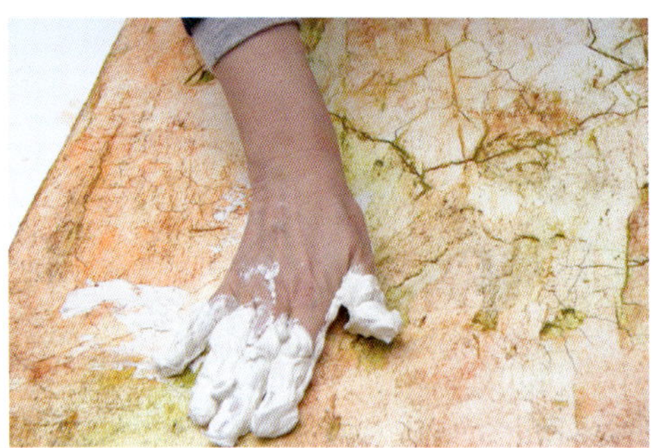

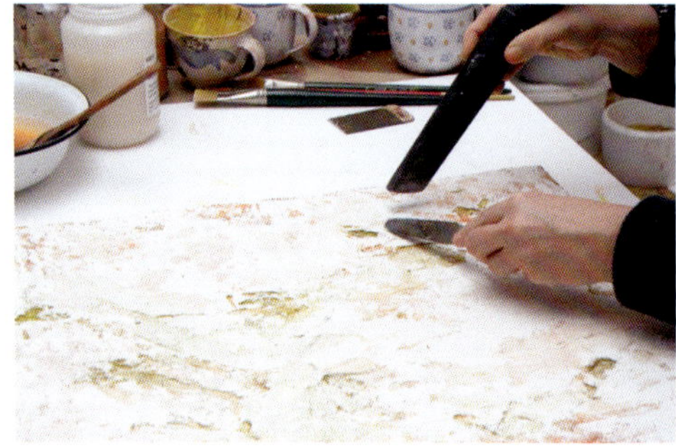

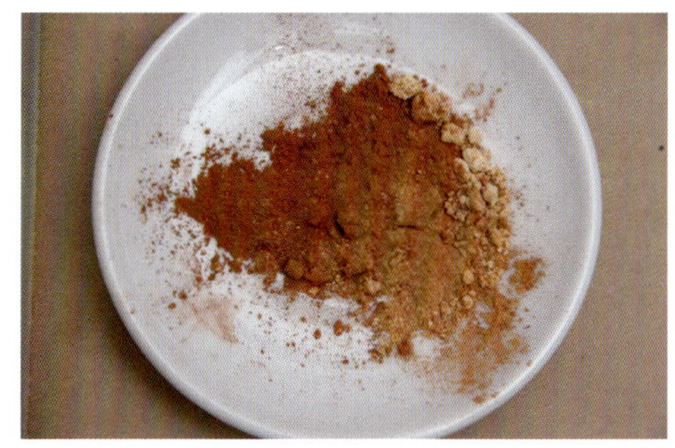

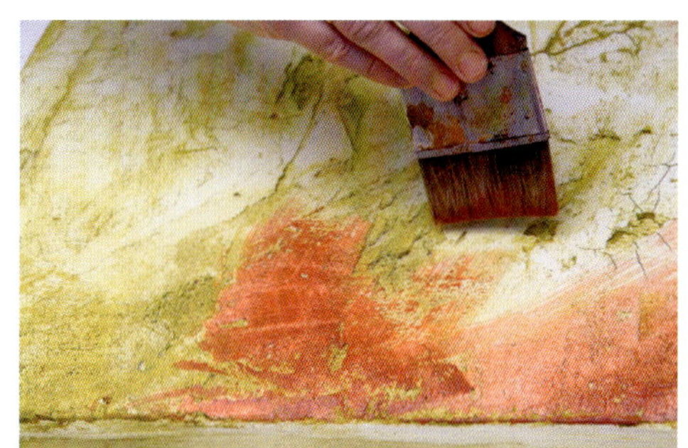

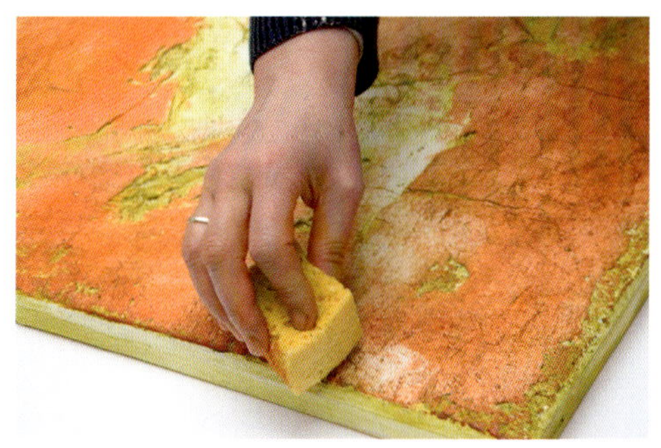

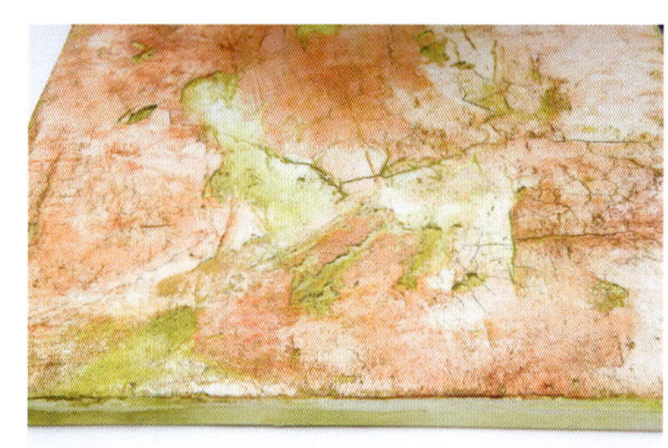

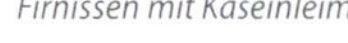

Firnissen mit Kaseinleim

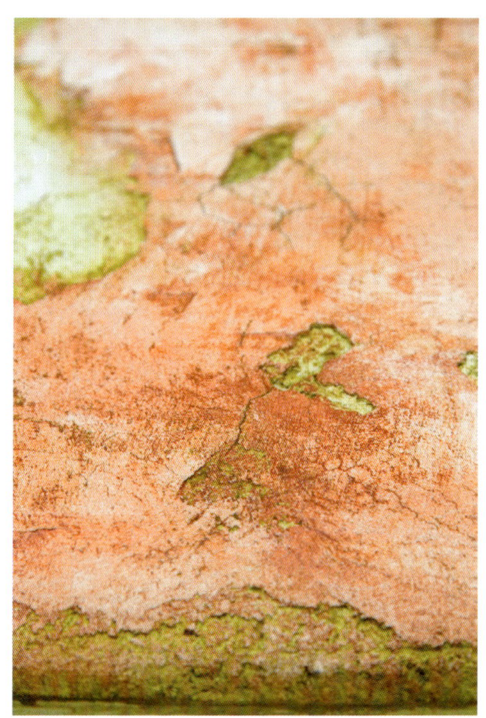

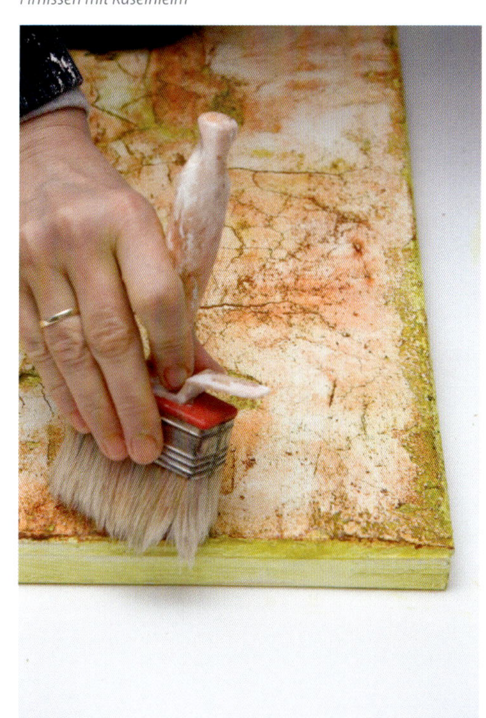

o.T., 2007, 60 x 60 cm Marmormehl-Spachtelmasse, Mohnöl, Pigmente auf Leinwand

Pigmentieren in die feuchte Masse

Marmormehl-Spachtelmasse mit eingeblasenen Pigmenten auf Leinwand

Die Spachtelmasse muss nicht zuerst trocknen, bevor sie zur weiteren Bearbeitung zur Verfügung steht. Bereits in die feuchte Masse können Pigmente eingelegt oder eingepustet bzw. Farben partiell eingezogen werden. Der Experimentierfreudige kann auch einen Schuss Öl in die feuchte Fläche einarbeiten und kreiert damit eine durchaus interessante Rissbildung, die durch die erhöhte Oberflächenspannung nach dem Trocknen entsteht. Der noch offene Pigmentüberschuss wird nach dem Trocknen der Spachtelmasse mit Bindern eingearbeitet.

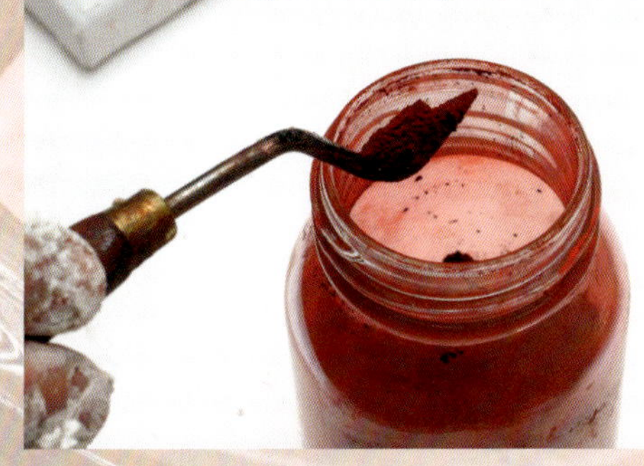

Wirkung der Fläche nach dem Einpusten der Pigmente...

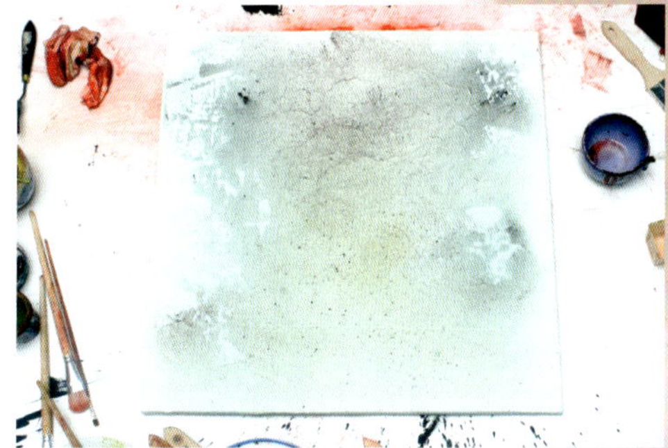

Wirken lassen - schauen, was kommt...

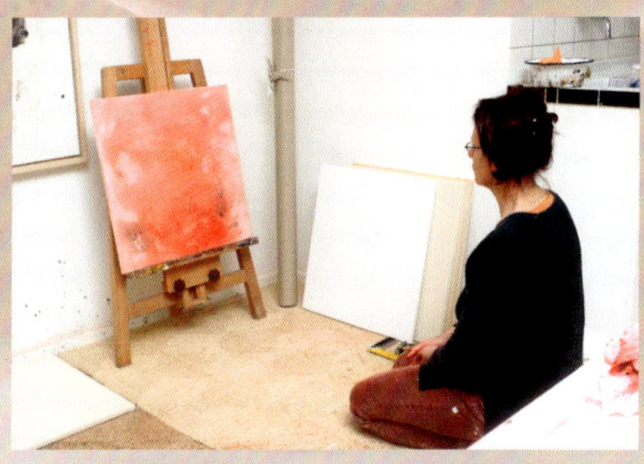

Mit den einzustäubenden Pigmenten ganz nah ans Bild...

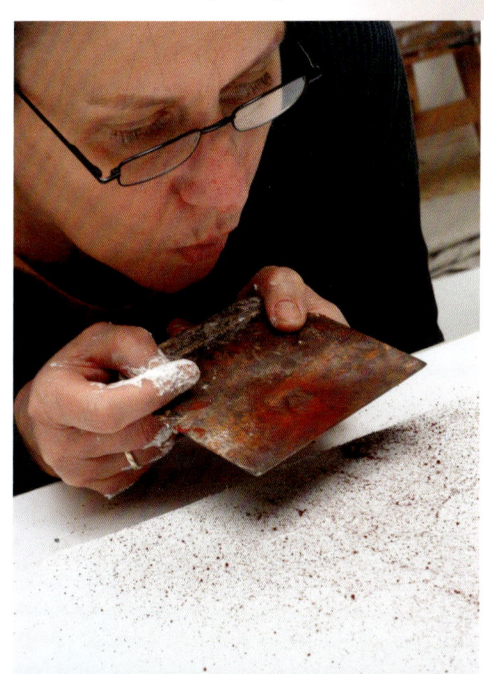

Farbe wird sichtbar durch Einarbeiten des Pigmentüberschusses

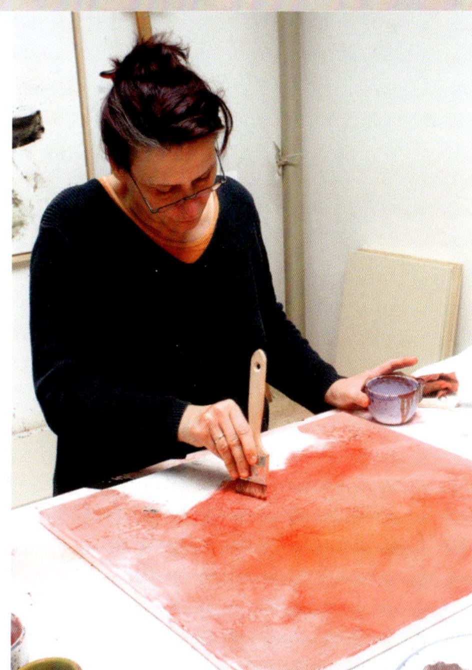

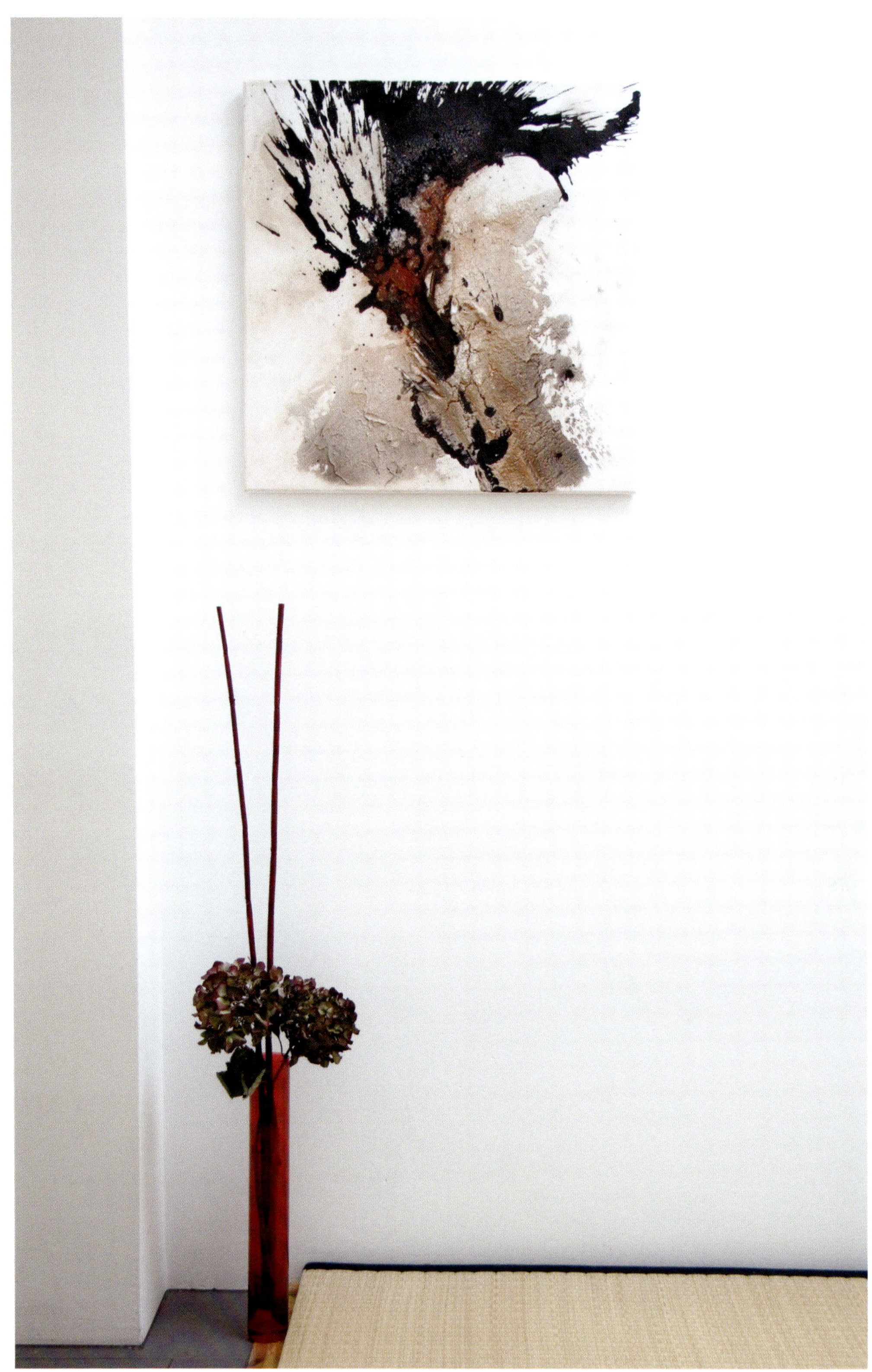

o.T., 2007, 60 x 60 cm Marmormehl-Spachtelmasse, Öle, Tusche, Pigmente auf Leinwand

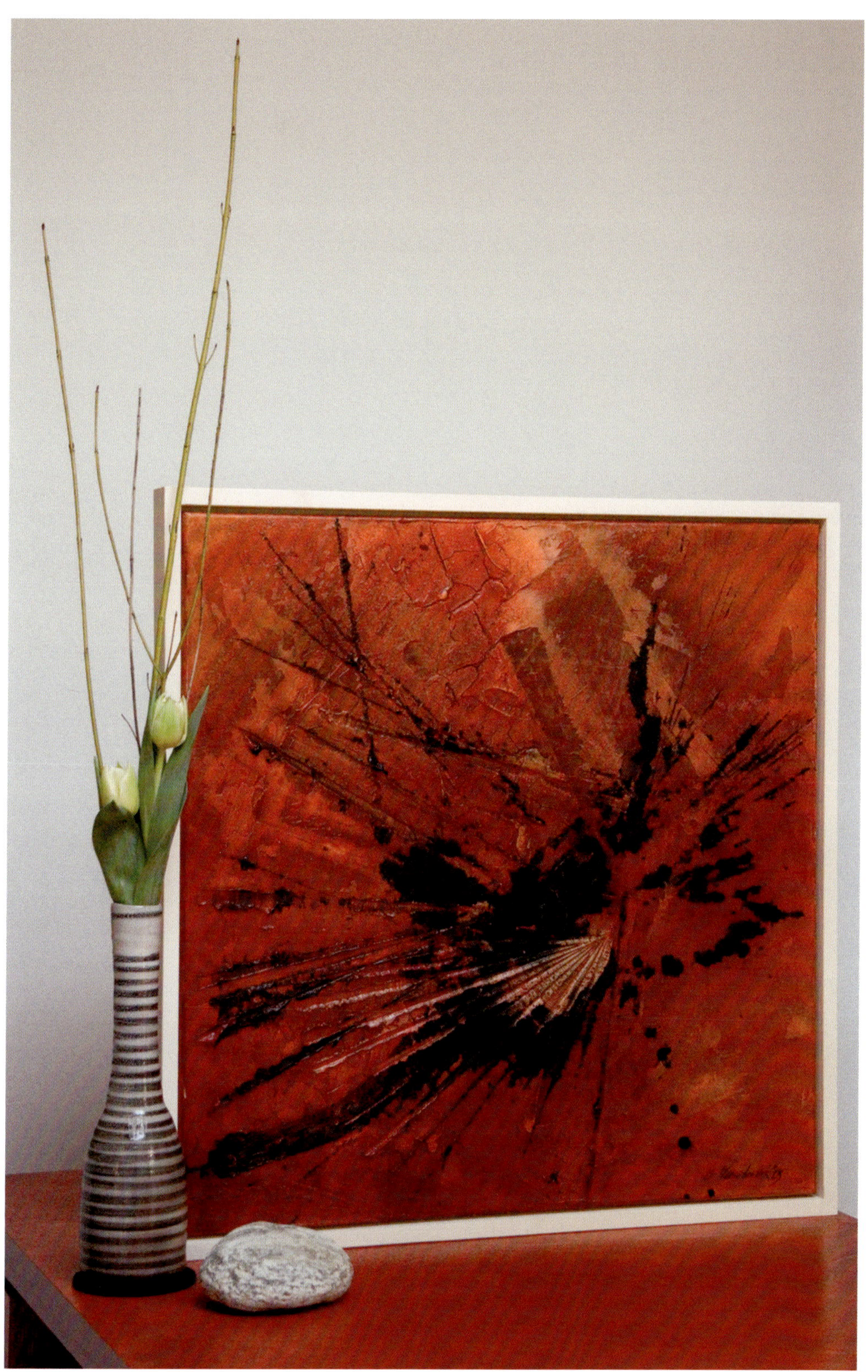

„Purpur, Scharlach und Rubin", 2005, 60 x 60 cm, Marmormehl-Spachtelmasse, Mohnöl, Tusche, Pigmente auf Leinwand

Marmormehl-Spachtelmasse mit eingearbeitetem Öl, Tusche und Pigmenten auf Leinwand

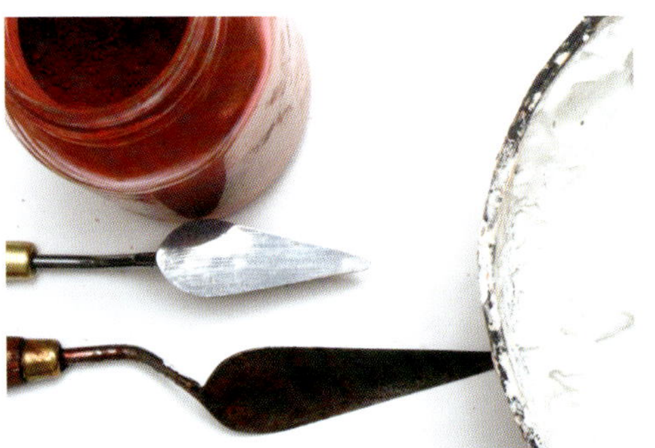

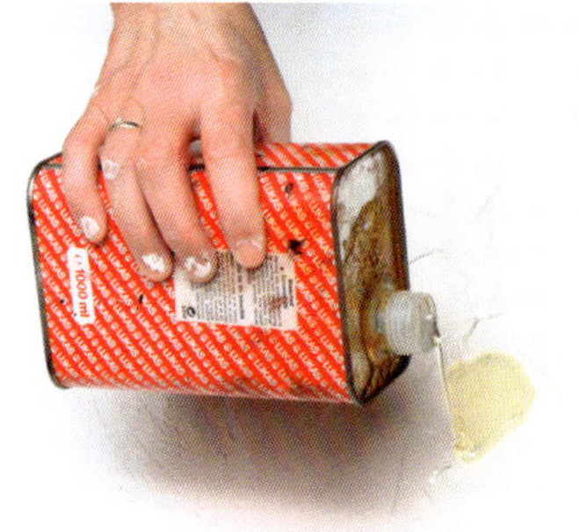

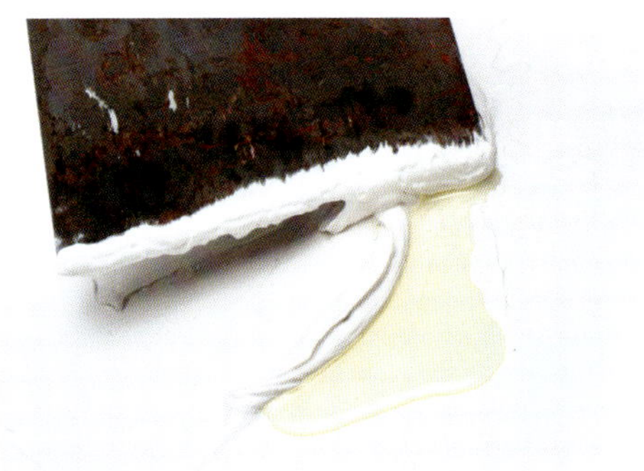

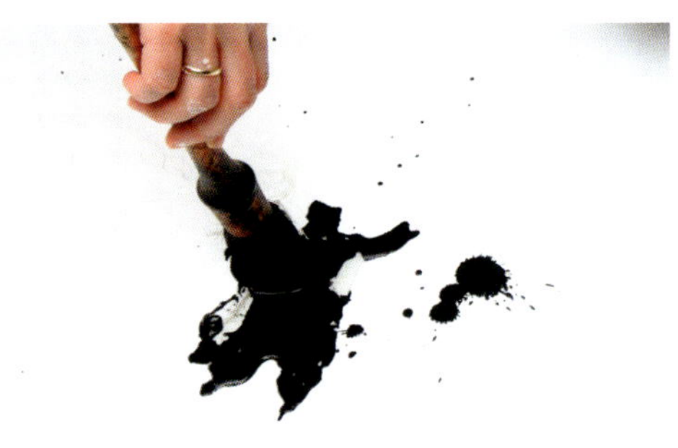

Fettes Öl in die feuchte Masse einziehen, einen Rest stehen lassen...

Mit dem Pinselstrich im fetten Öl angesetzt...

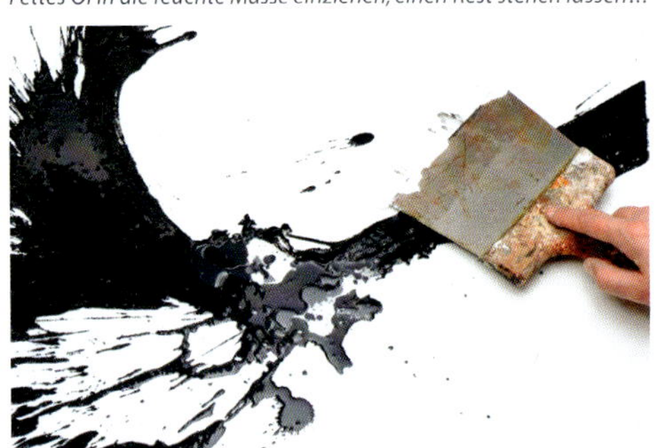

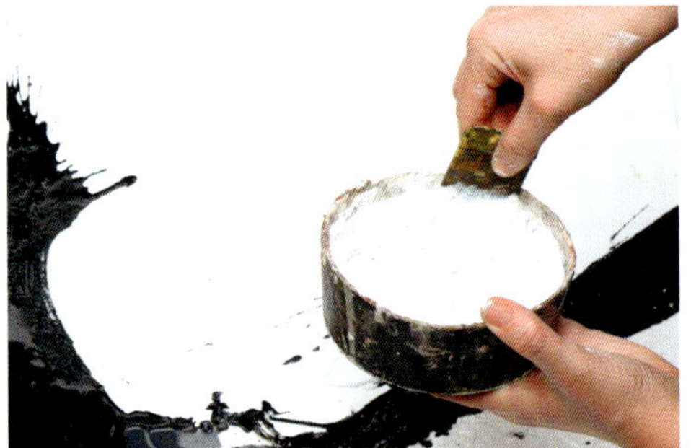

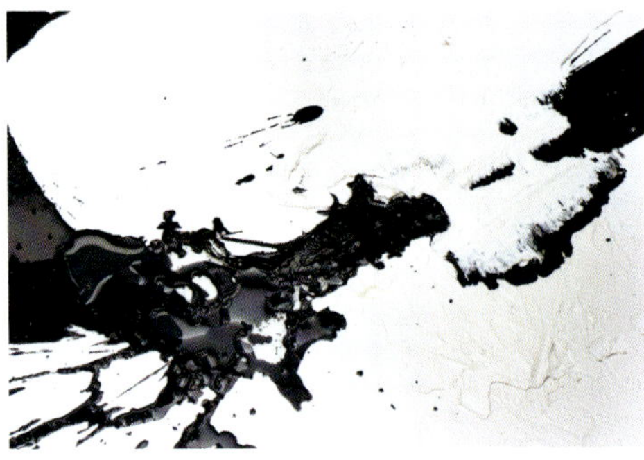

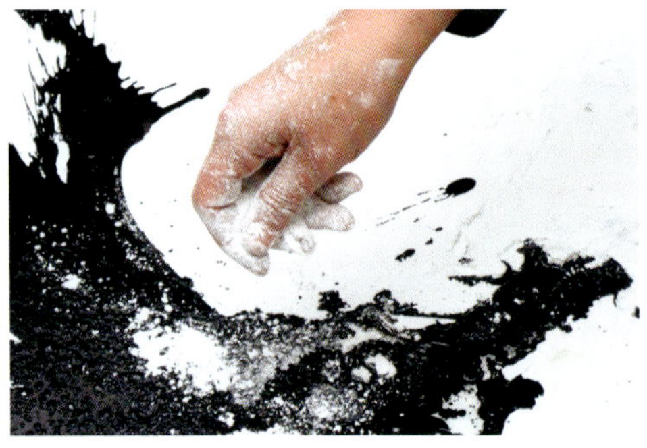

Spachtelmasse über das Öl und die nasse Tusche gehoben...

Marmormehlpulver in die nasse Tusche, in das Öl und in die nasse Masse gestreut...

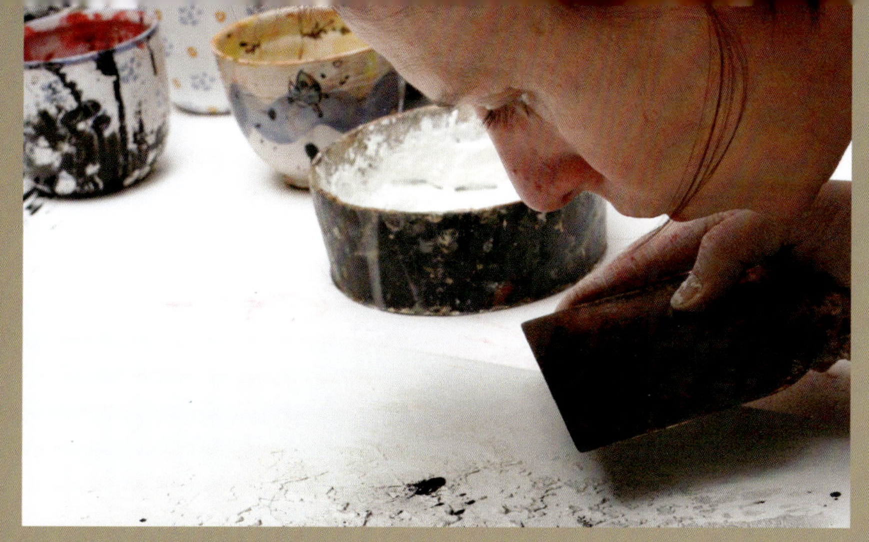

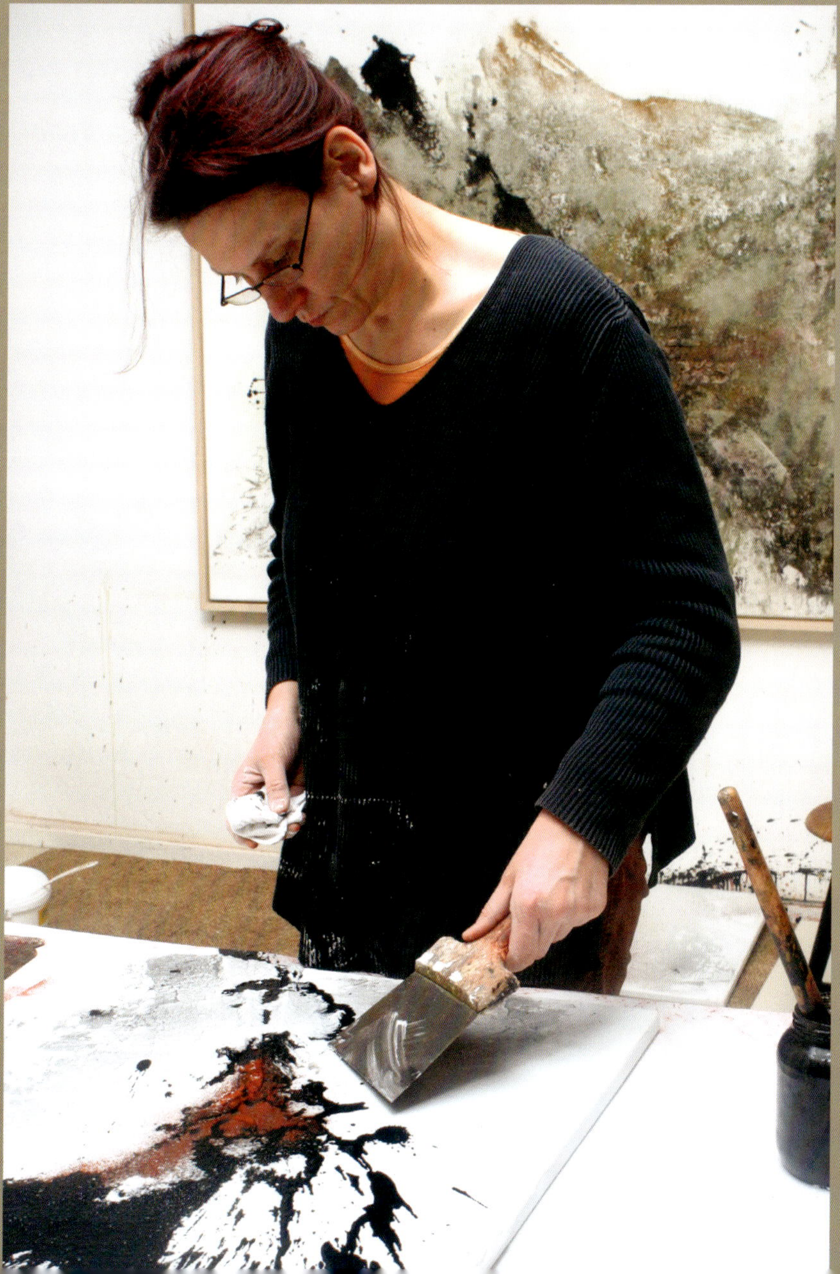

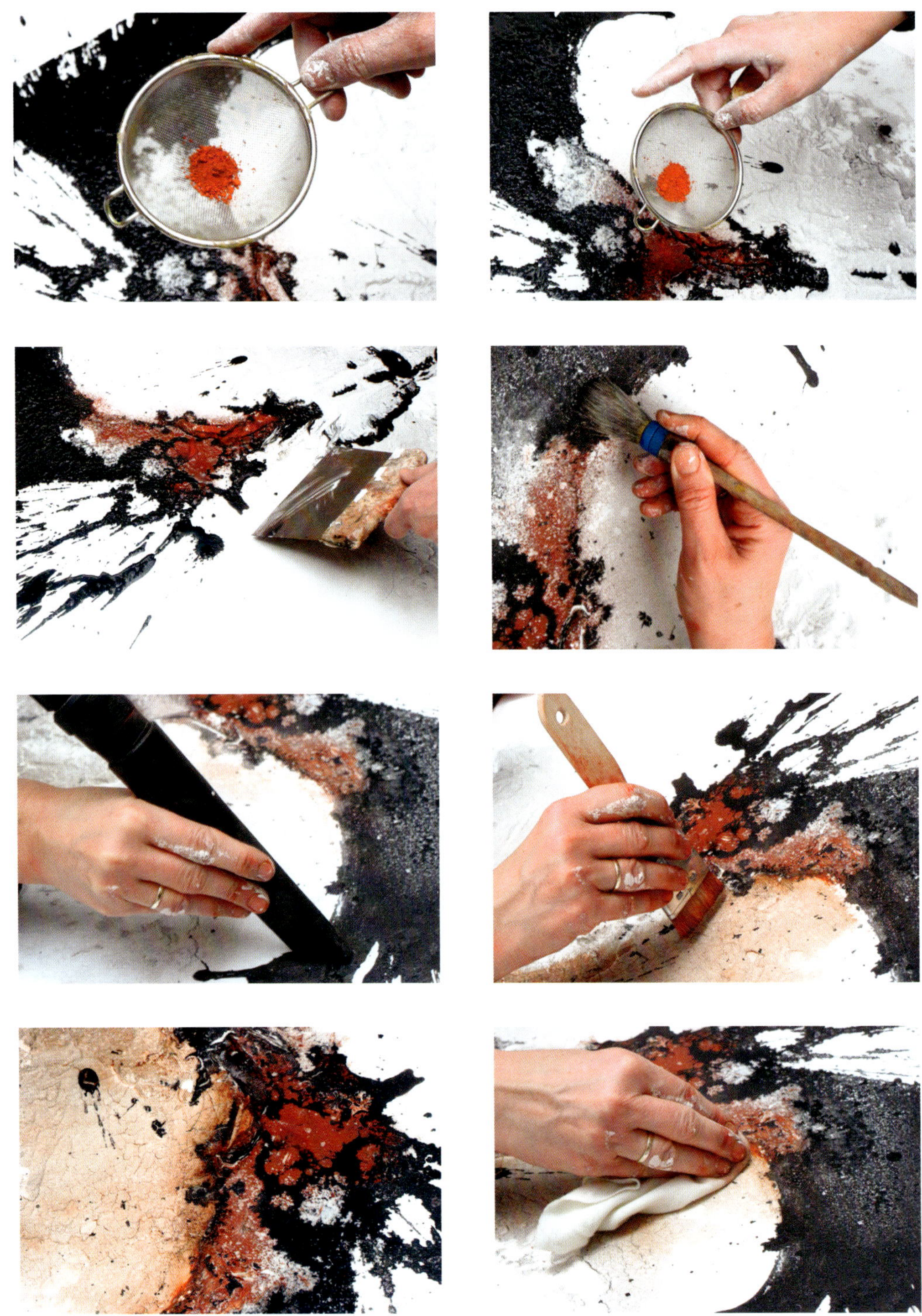

Nach dem Trocknen: Überschüsse an offenem Marmormehlpulver und Öl abnehmen

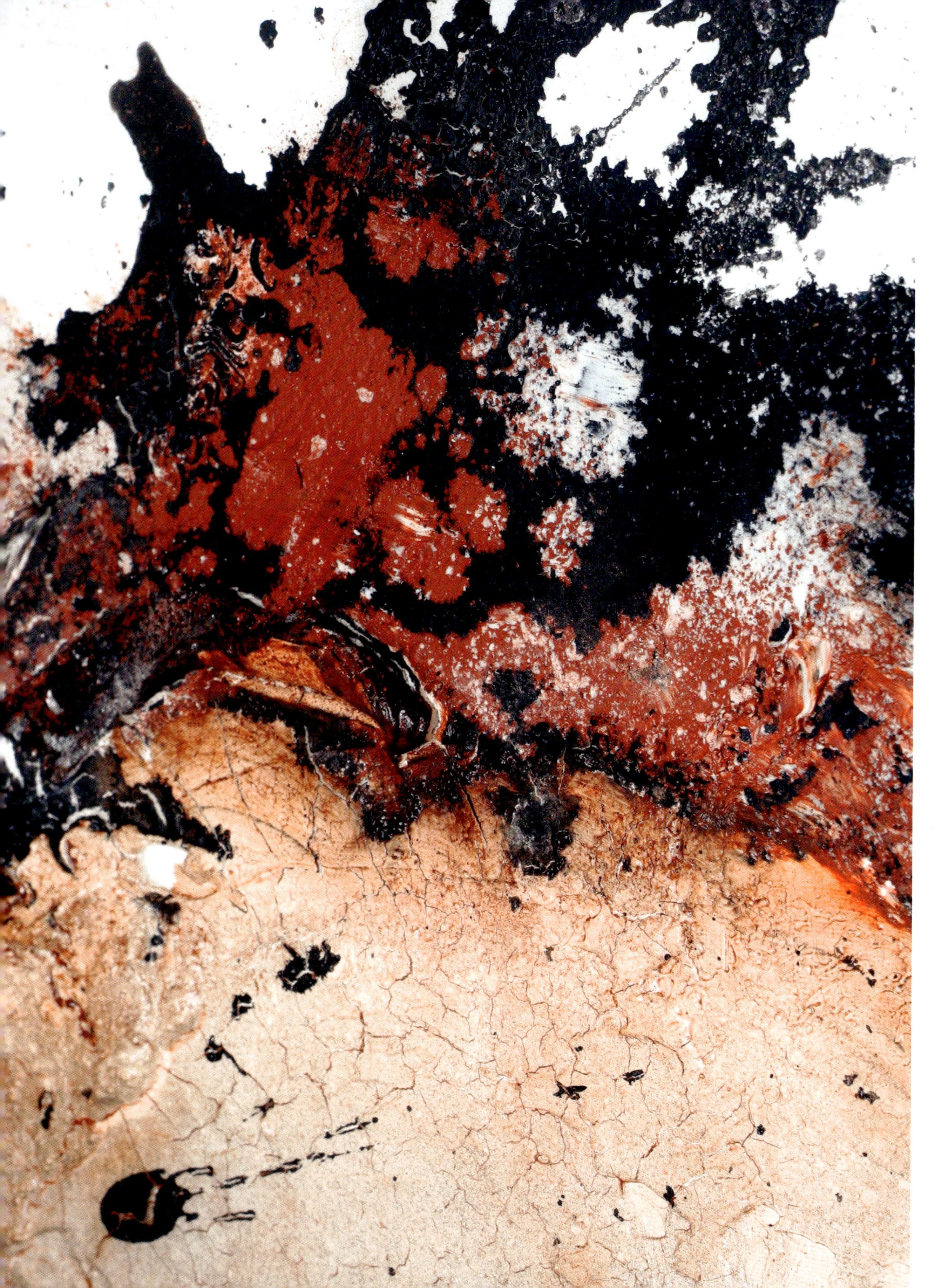

Marmormehl-Spachtelmasse mit eingeblasenen Sanden und Pigmenten auf Aquarellpapier

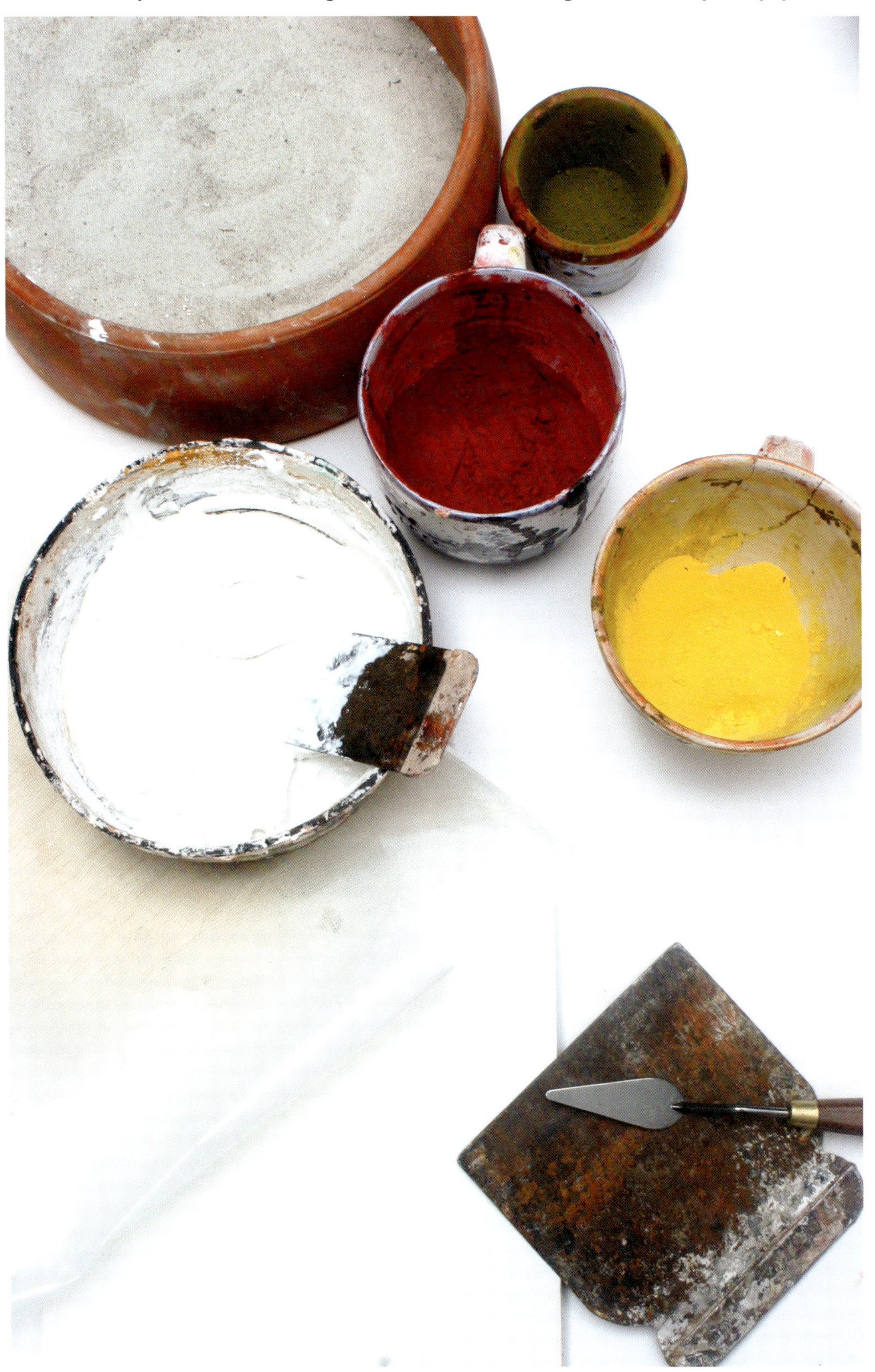

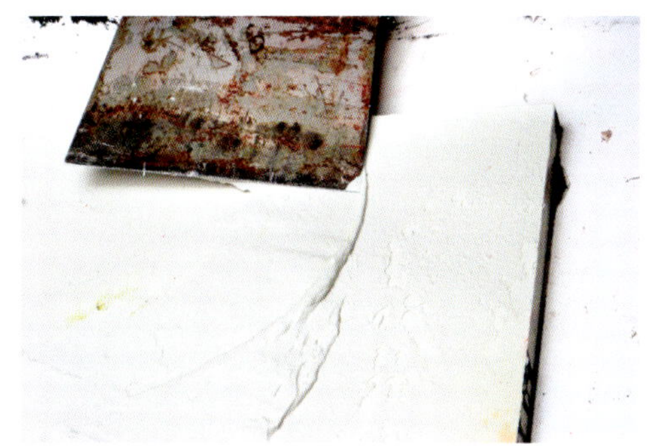
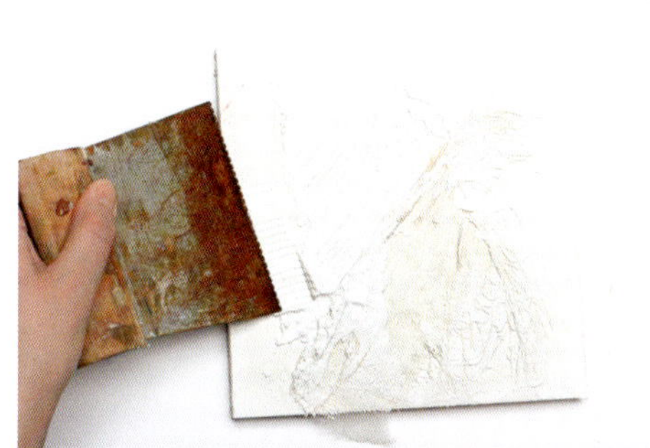
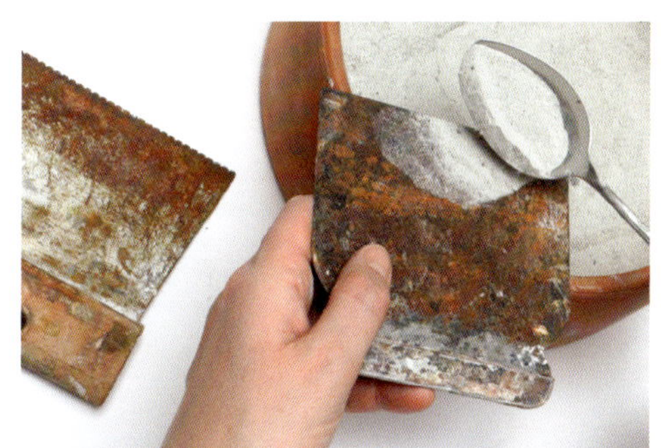
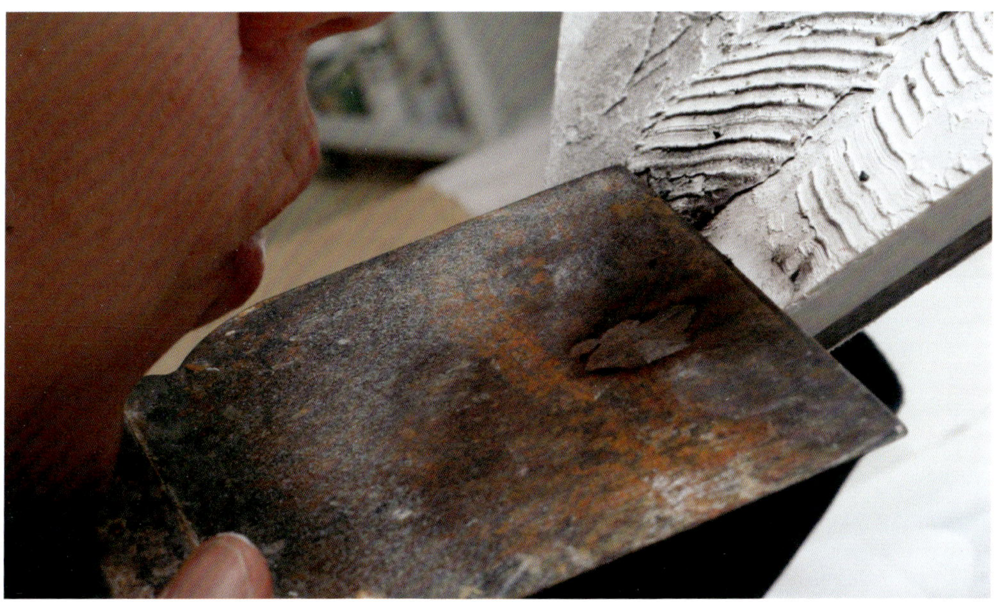

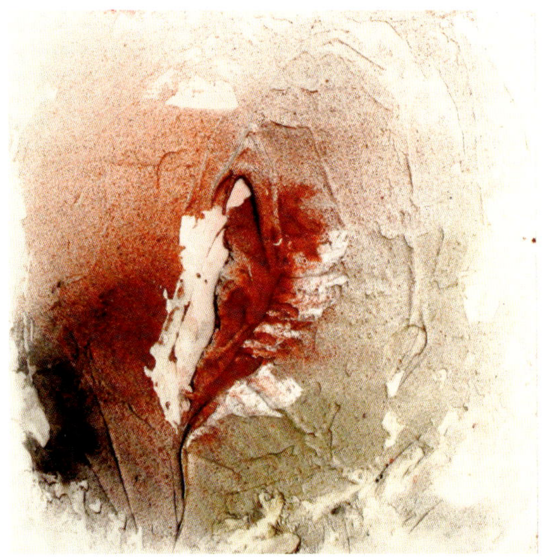

Struktur mit eingeblasenen farbigen Sanden

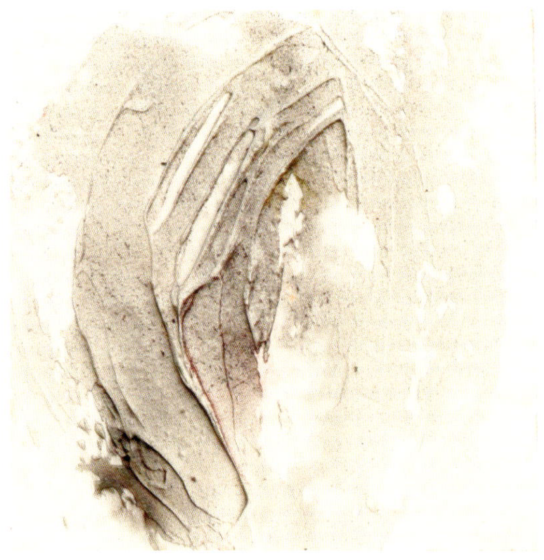

Struktur mit eingeblasenem hellen Sand und Pigment

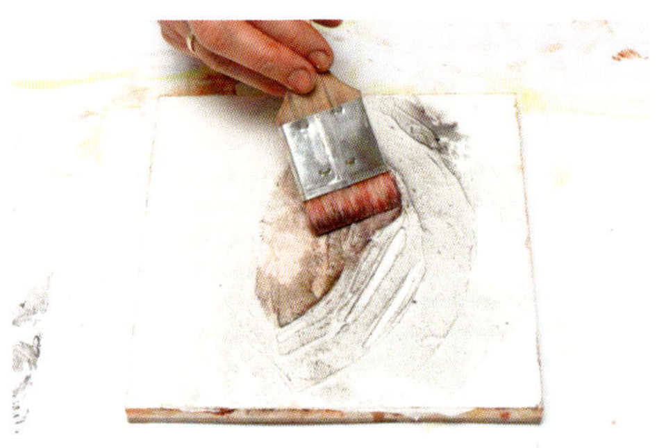

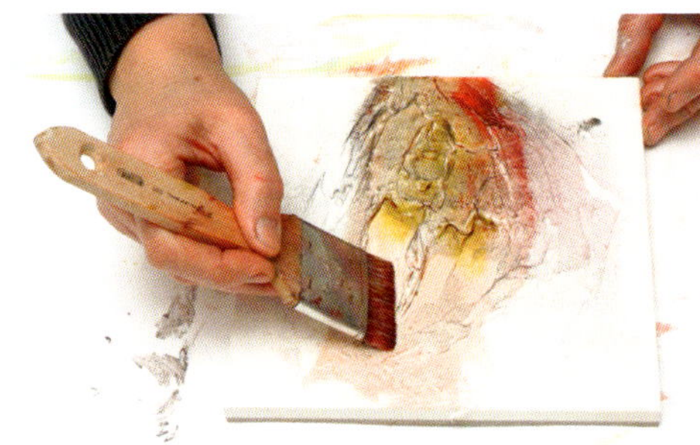

Einarbeiten des Pigmentüberschusses mit einem Binder…

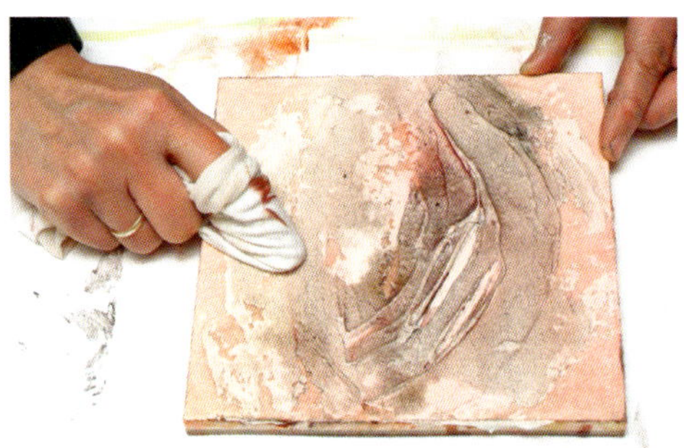

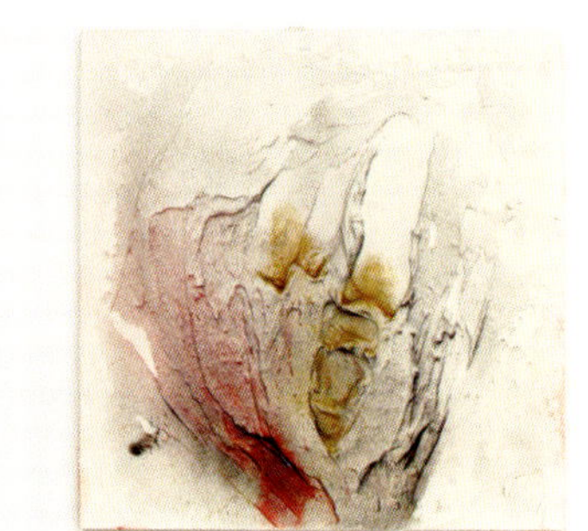

Farbverteilung und Lichter herauswischen mit Tüchern und Pinsel

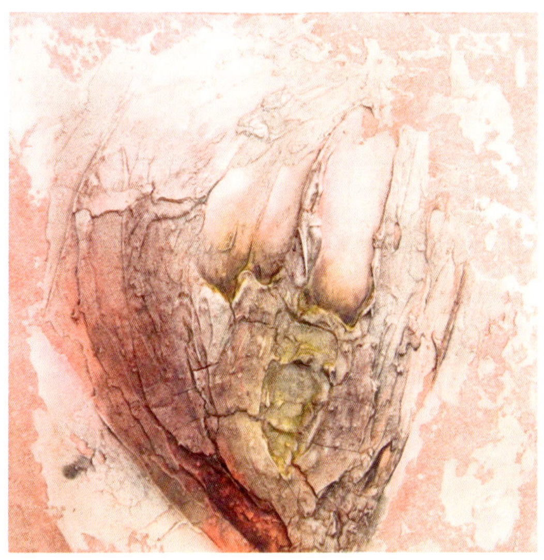

Papierarbeit mit Marmormehl-Spachtelmasse und eingeblasenen Pigmenten

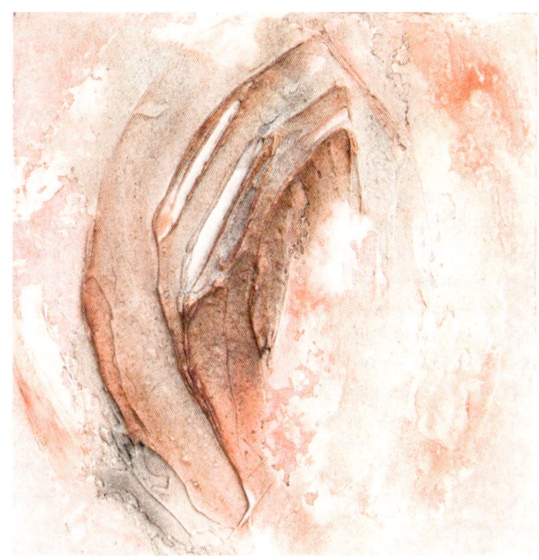

Papierarbeit mit Marmormehl-Spachtelmasse und eingeblasenem Pigment wie hellem Sand

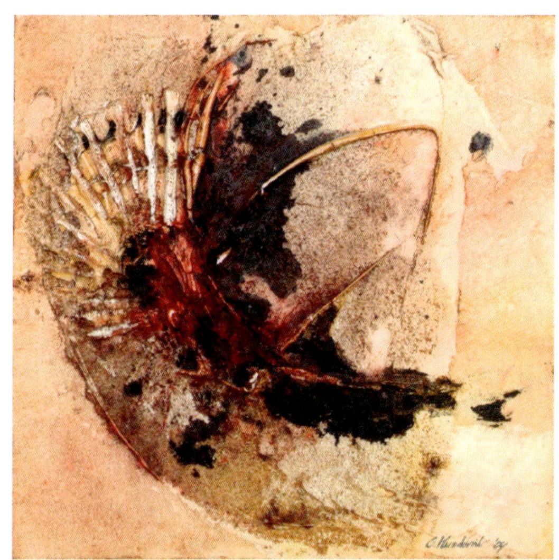

Papierarbeit mit Marmormehl-Spachtelmasse, eingeblasenen Pigmenten wie dunklem Sand und Tusche in Ölspur

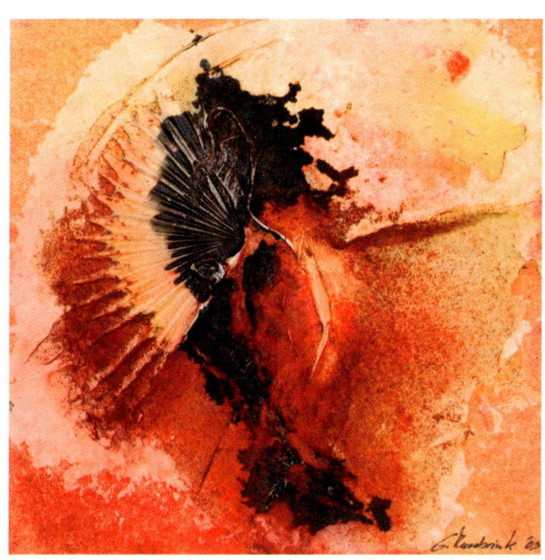

Papierarbeit mit Marmormehl-Spachtelmasse, eingeblasenen Pigmenten wie rotem Sand und Tusche in Ölspur

Das „falsche" Verhältnis auf Papier

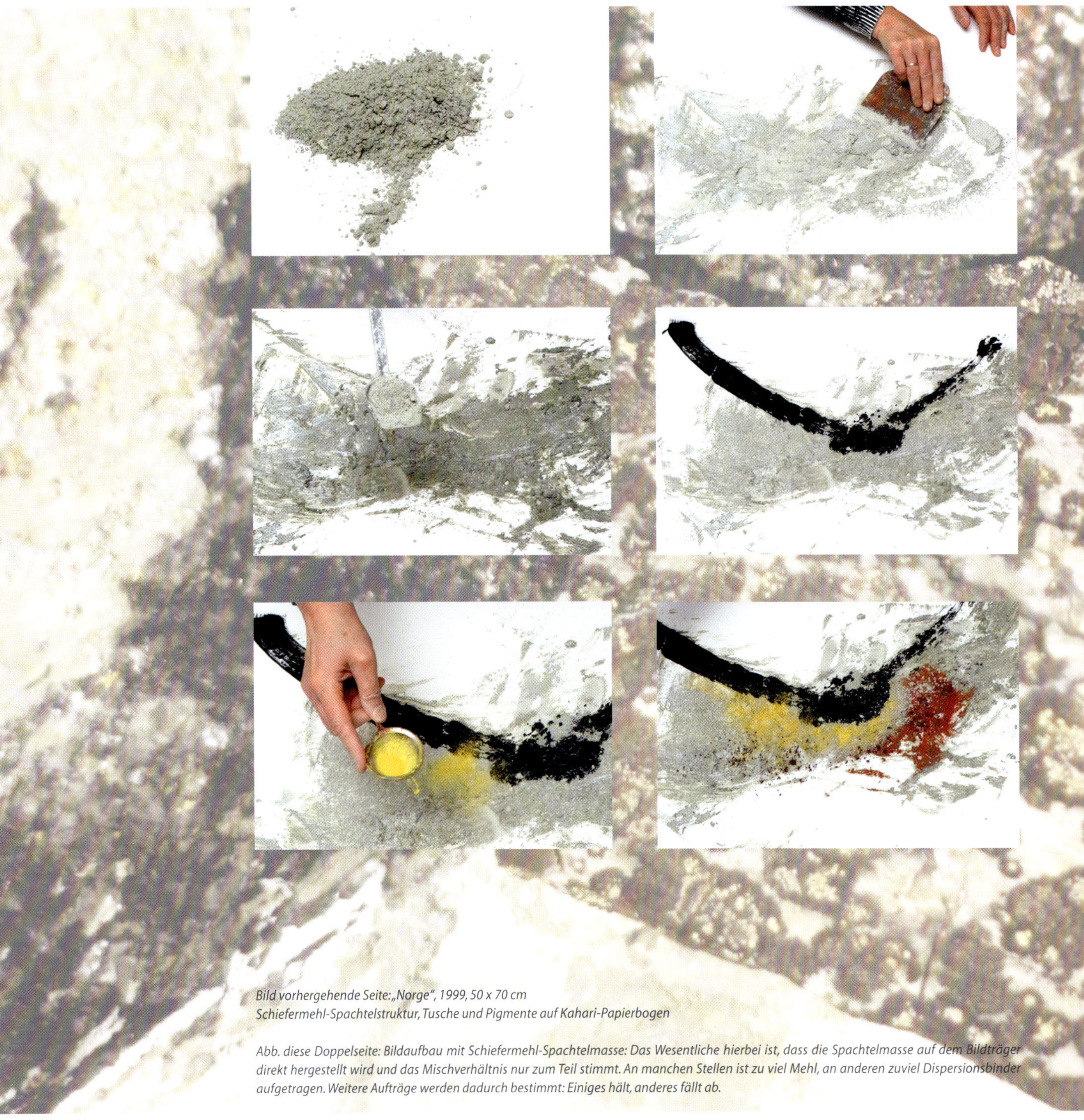

Bild vorhergehende Seite: „Norge", 1999, 50 x 70 cm
Schiefermehl-Spachtelstruktur, Tusche und Pigmente auf Kahari-Papierbogen

Abb. diese Doppelseite: Bildaufbau mit Schiefermehl-Spachtelmasse: Das Wesentliche hierbei ist, dass die Spachtelmasse auf dem Bildträger direkt hergestellt wird und das Mischverhältnis nur zum Teil stimmt. An manchen Stellen ist zu viel Mehl, an anderen zuviel Dispersionsbinder aufgetragen. Weitere Aufträge werden dadurch bestimmt: Einiges hält, anderes fällt ab.

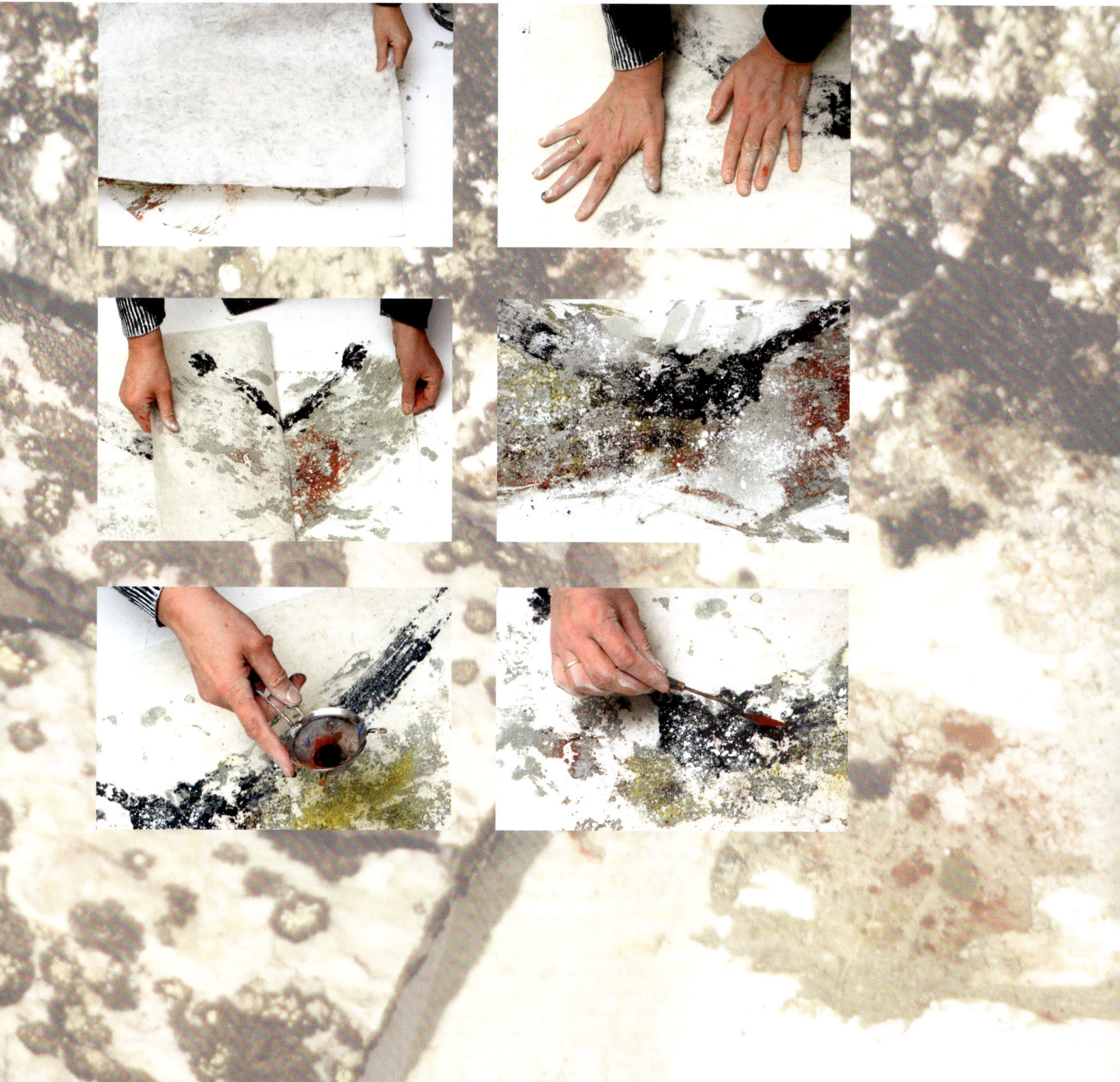

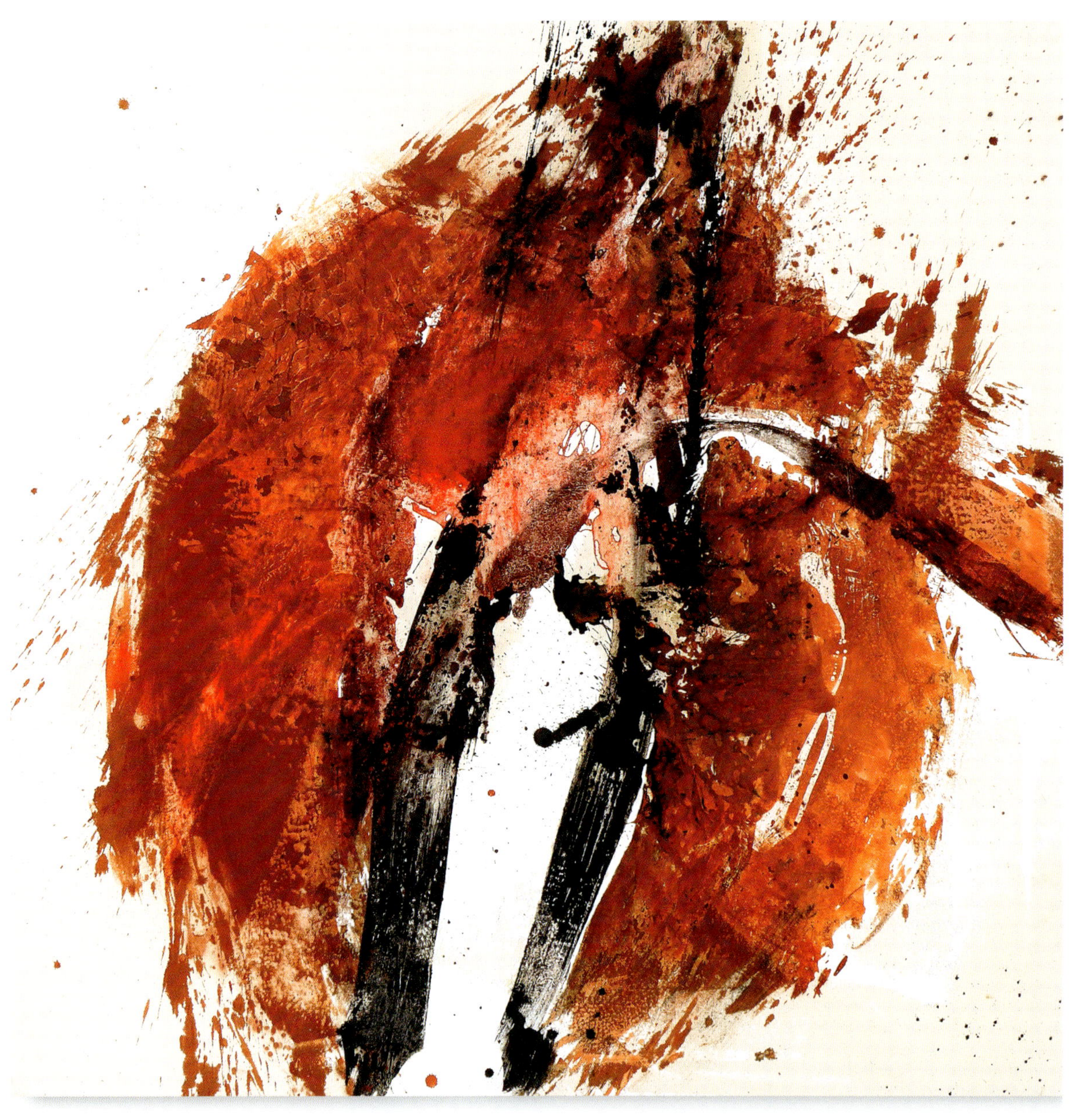

„Spur", 2007, 150 x 150 cm
Marmormehl-Spachtelstruktur, Holzleim, Öle, Tusche, Holzbeize, Pigmente auf ungrundiertem Gewebe

Marmormehl-Spachtelmasse mit Holzbeize, Tusche, Pigmenten und Öl auf ungrundiertem Tuch

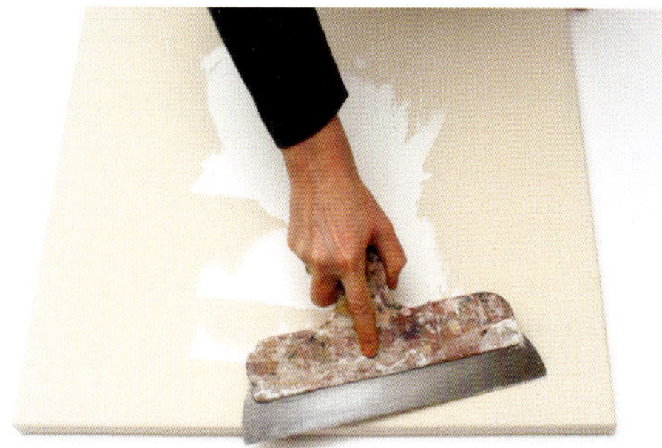

Marmormehl-Spachtelstruktur…

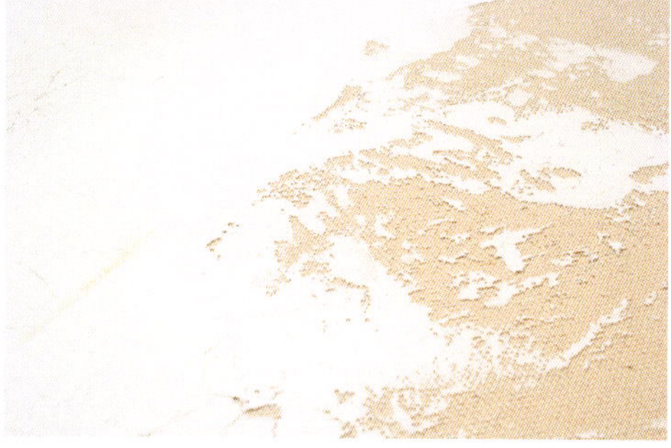

Ungrundiertes Gewebe bleibt zum Teil frei…

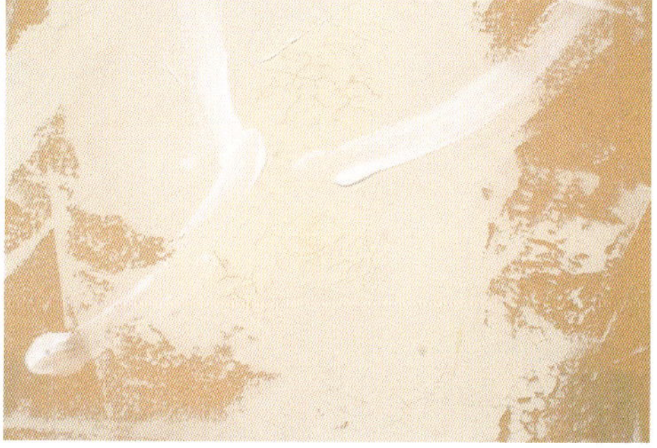

Holzleimspuren… alles trocknet…

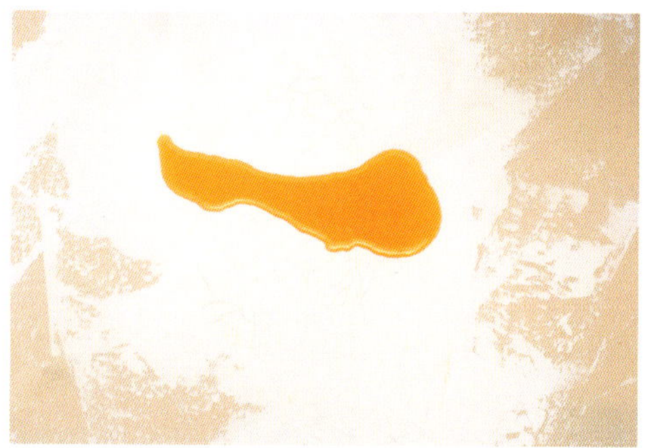

Leinölfirnis und weitere Öle…

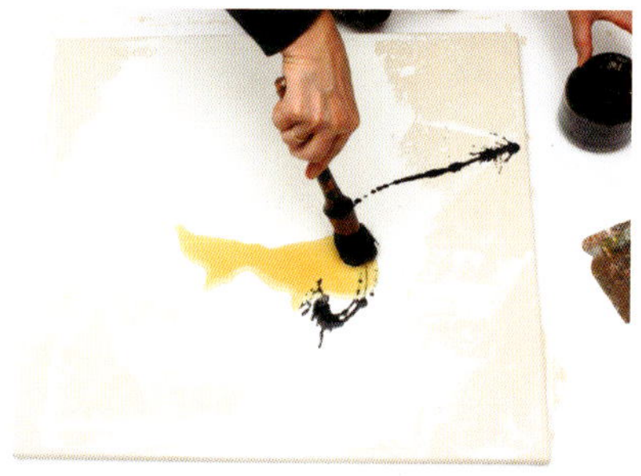

Mit dem Tuschepinsel in dem Öl ansetzen…

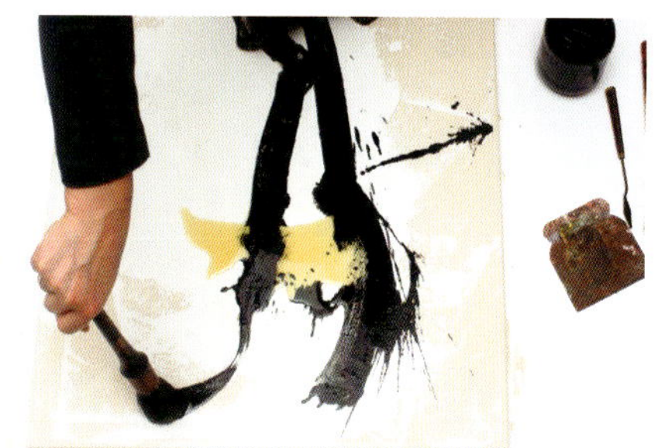

Klare Tuschespuren…

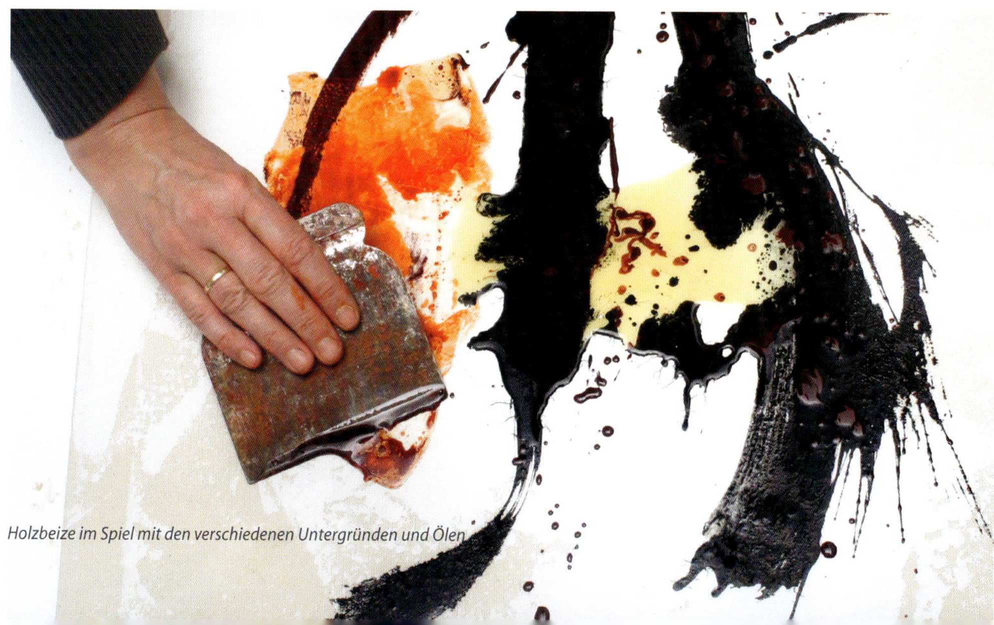

Holzbeize im Spiel mit den verschiedenen Untergründen und Ölen

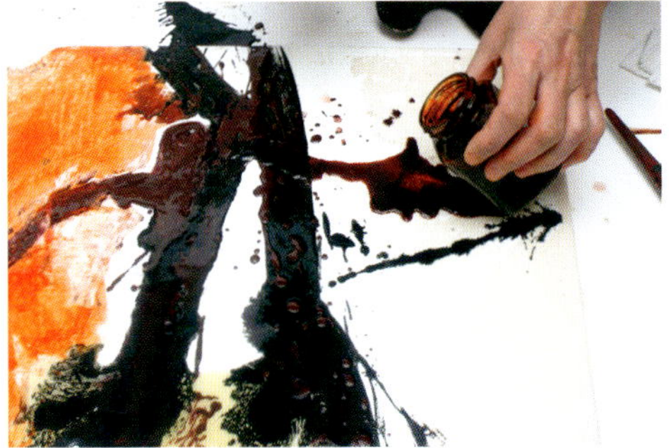

Wiederholtes Einkippen der Holzbeize…

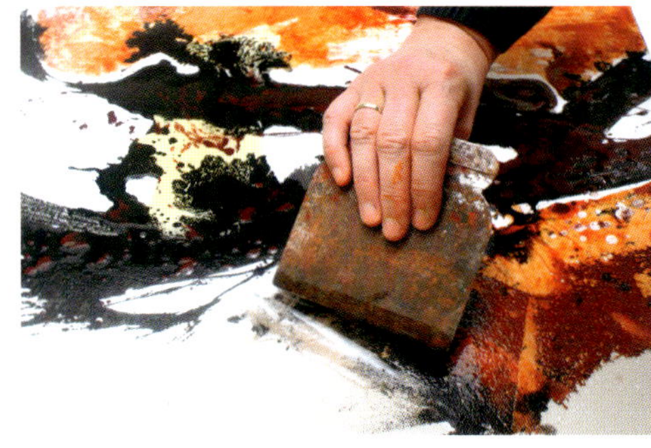

Langsam sein, wirken lassen…

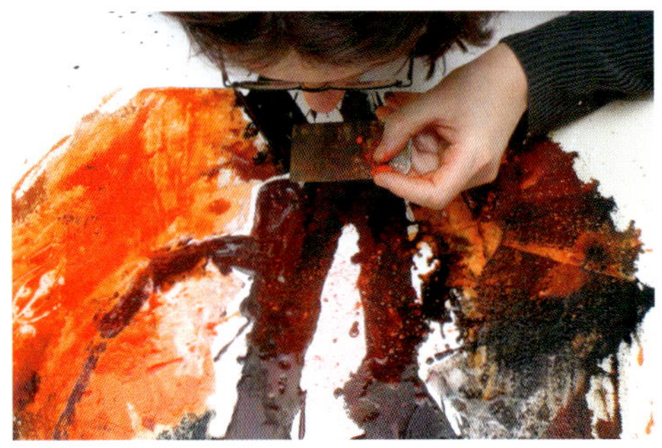

Einpusten…

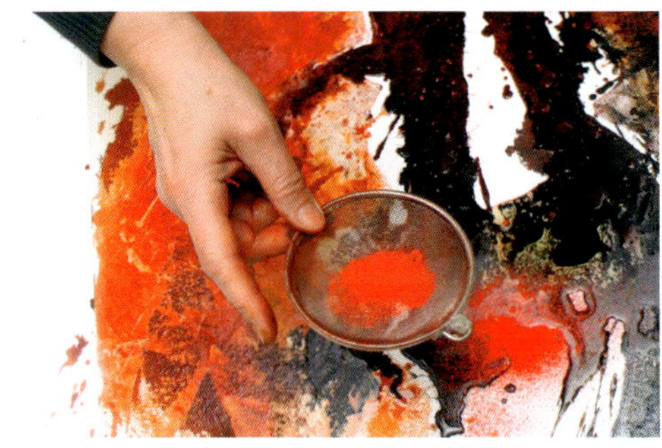

Einsieben…

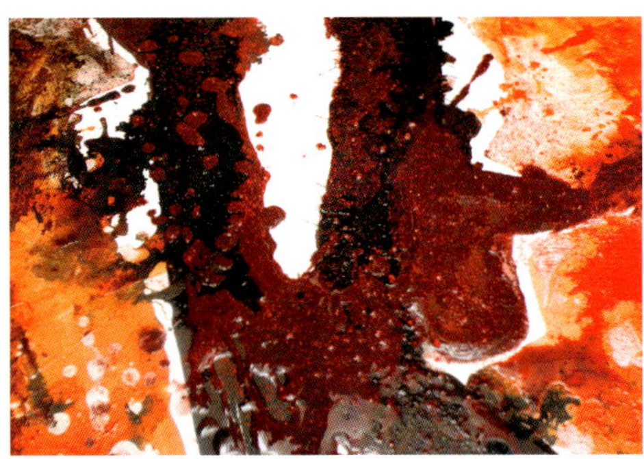

Pigmente in dem Öl- und Tuscheteppich...

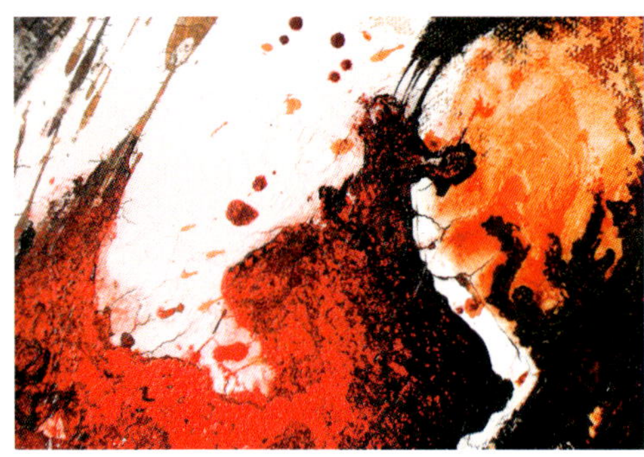

Getrocknete Pigmente in dem Öl- und Tuscheteppich...

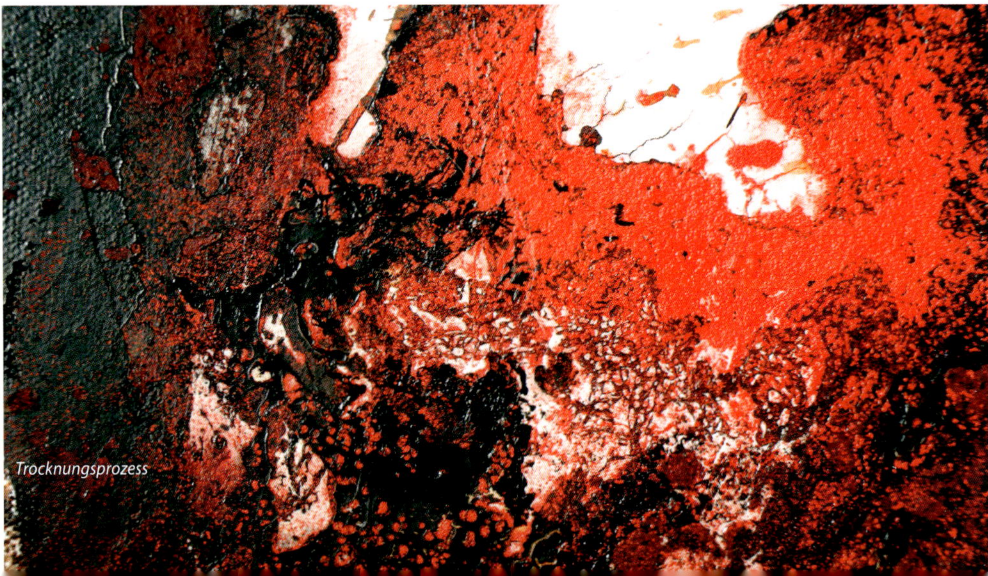

Trocknungsprozess

Bilder aus der Reihe „Spur", 2007

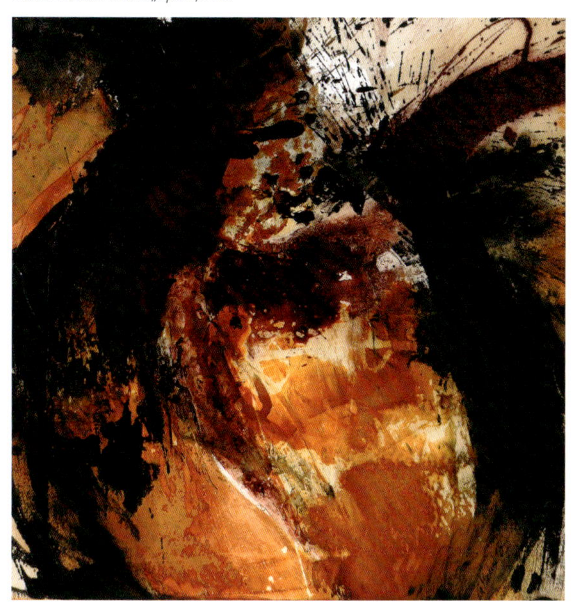

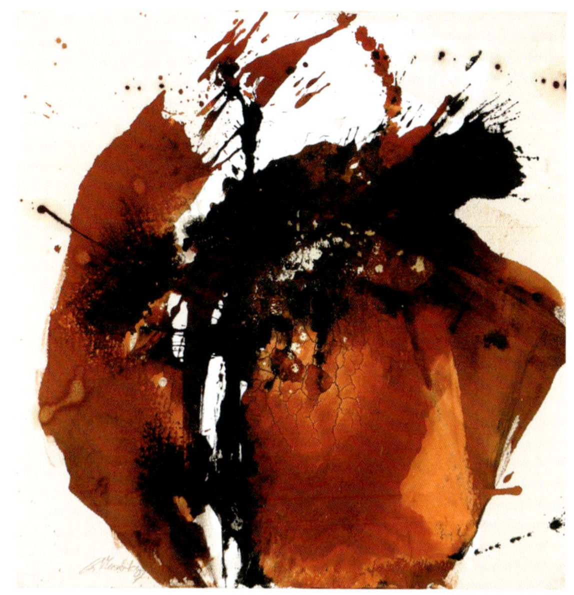

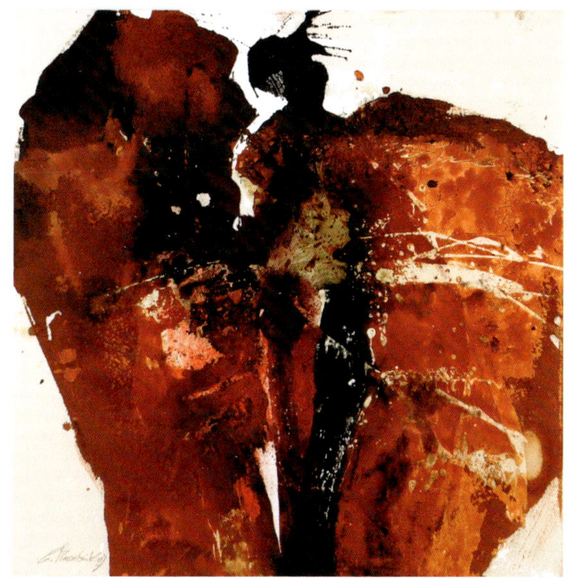

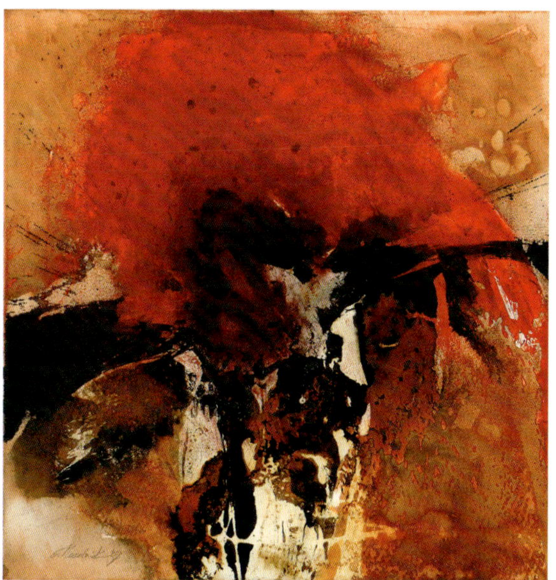

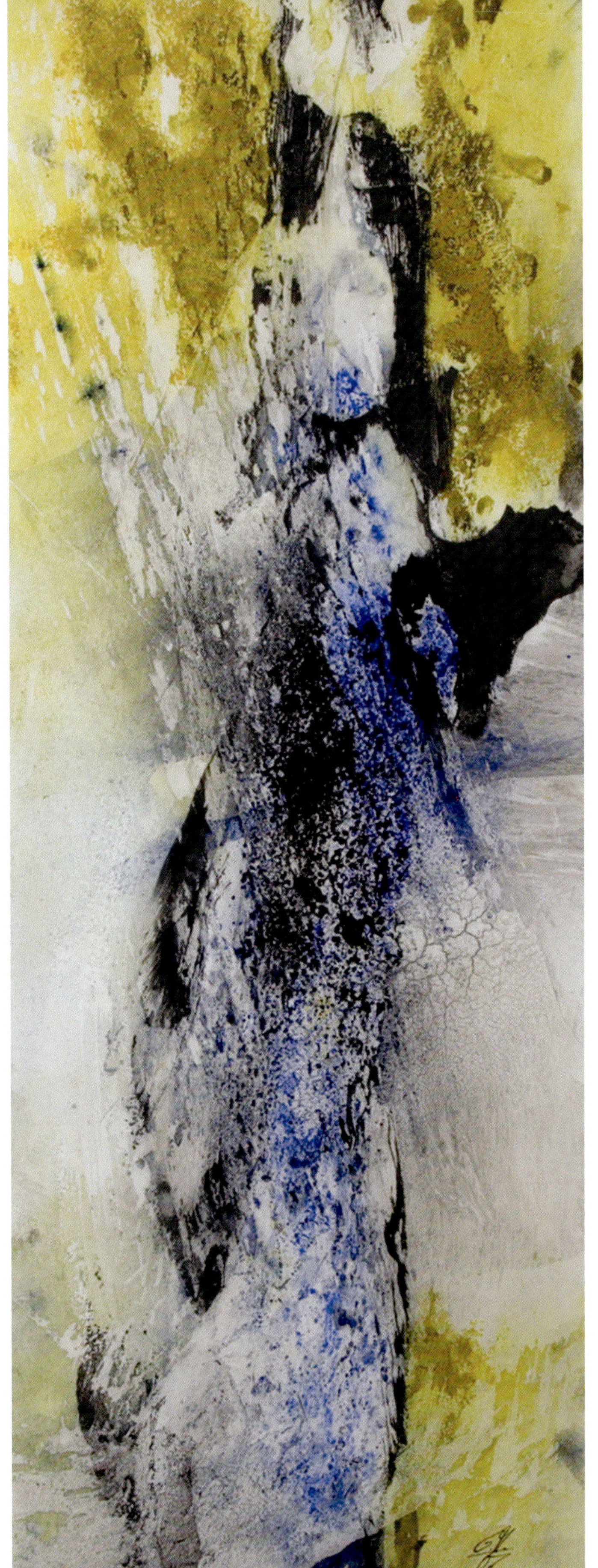

Papierprägung, Struktur mit Marmormehl-Spachtelmasse und Druck auf Kupferdruckpapier

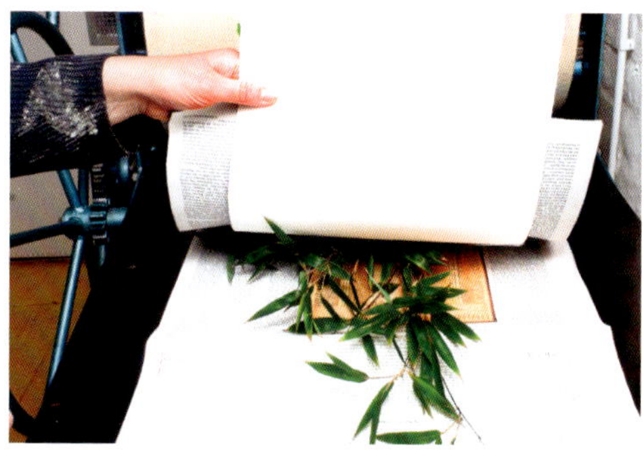

Spuren setzen...

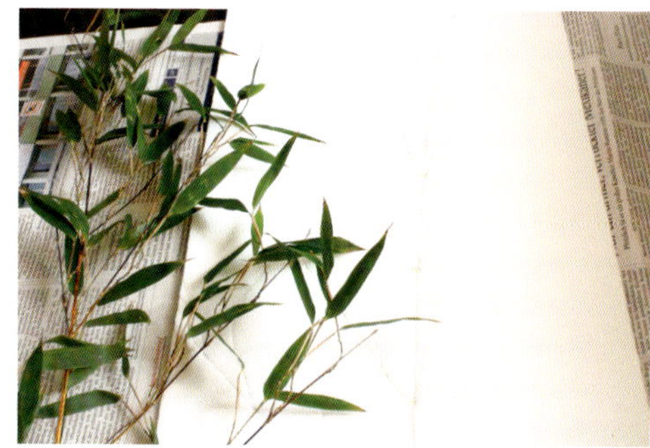

Prägespur...

Marmormehl- Spachtelspur...

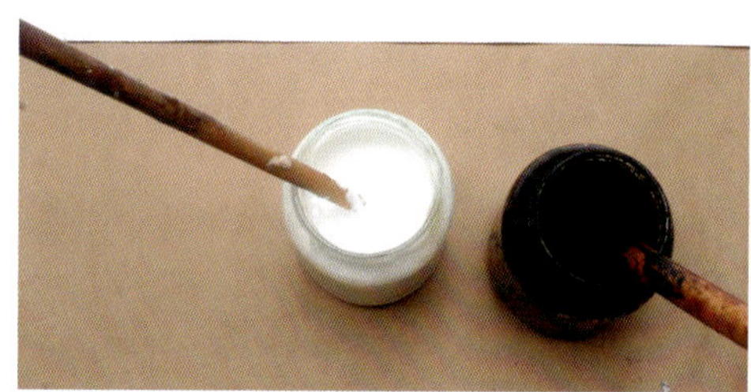

Holzleim und Tusche...

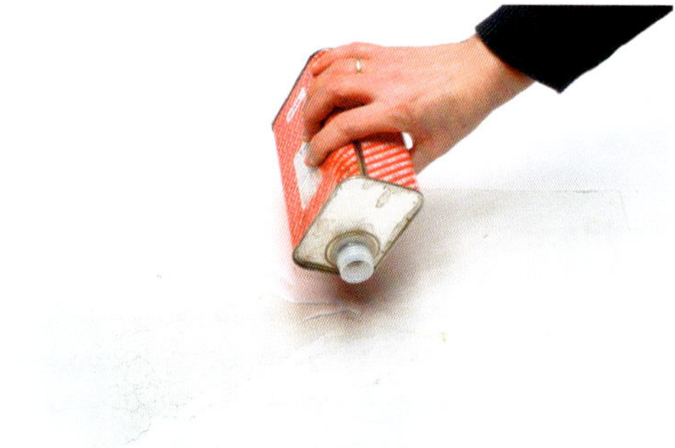

Ölspur...

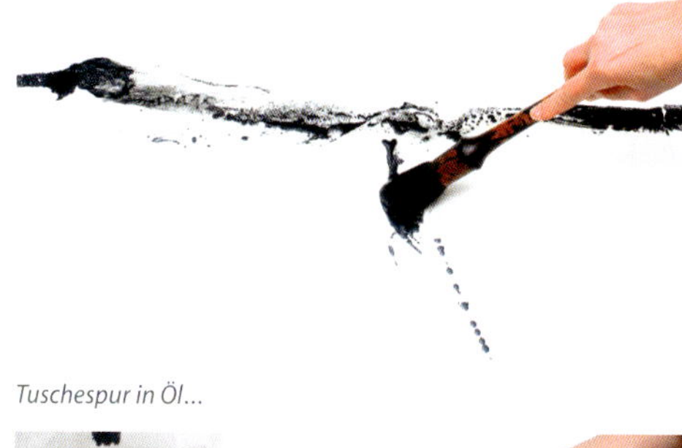

Tuschespur in Öl...

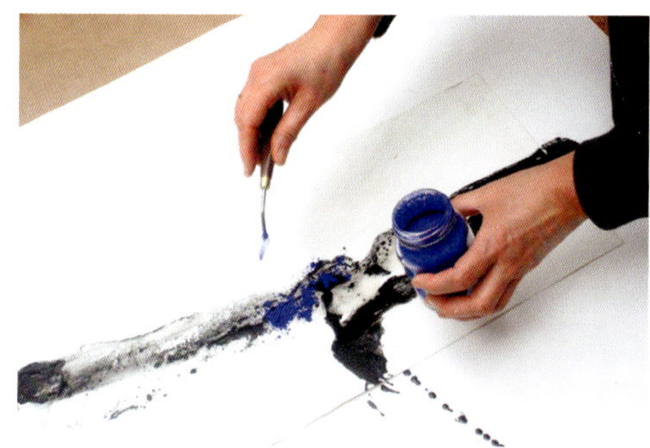

Pigmentspur in Öl und Tusche...

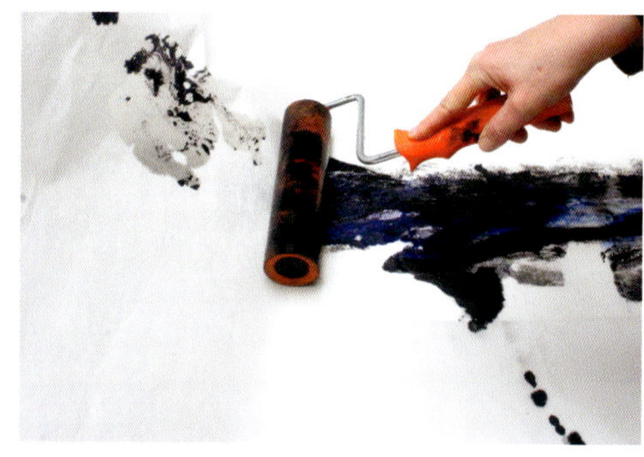

Spuren vertreiben...

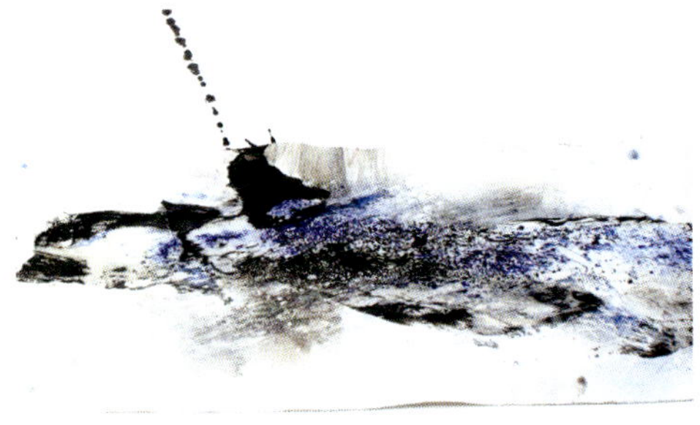

Wirken lassen...

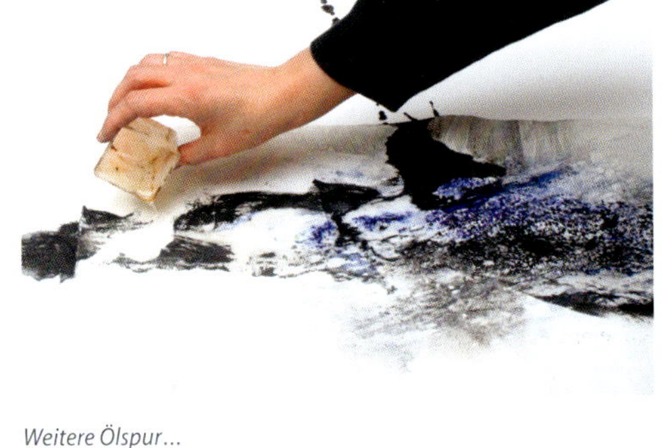

Weitere Ölspur...

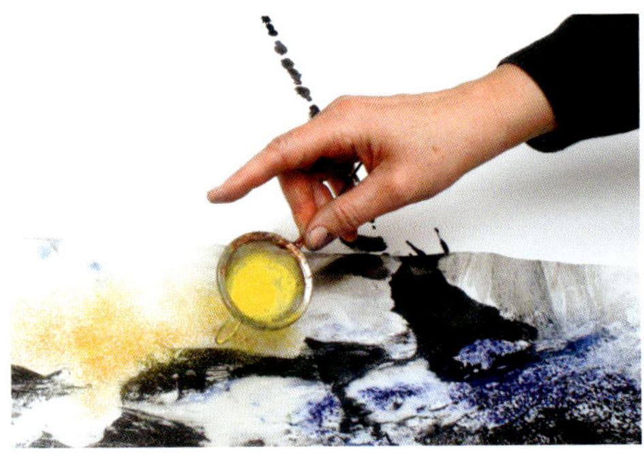

Pigmentespur in Öl...

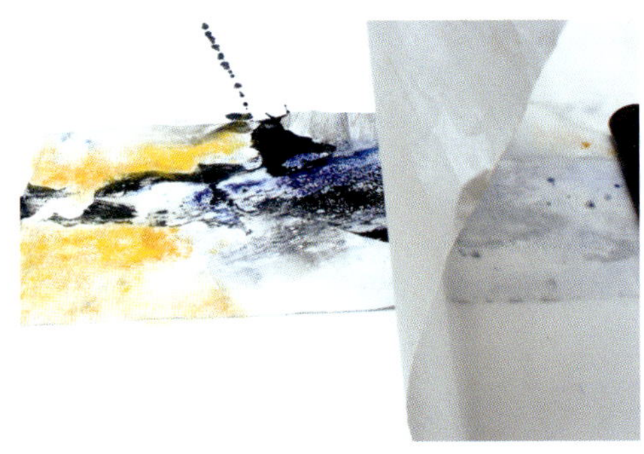

Andrücken durch Japanpapier...

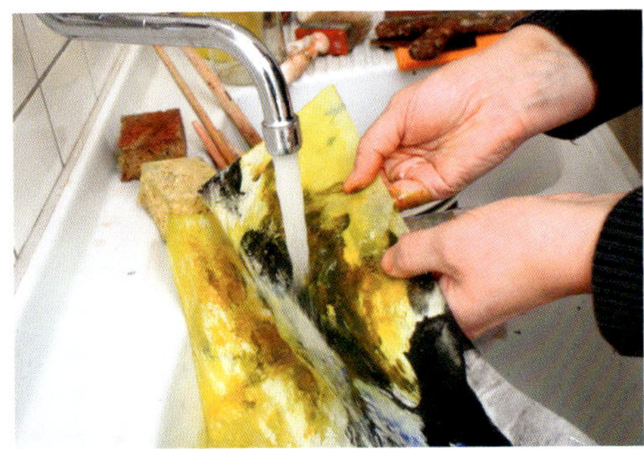

Ölfarbteig mit heißem Wasser vermalt...

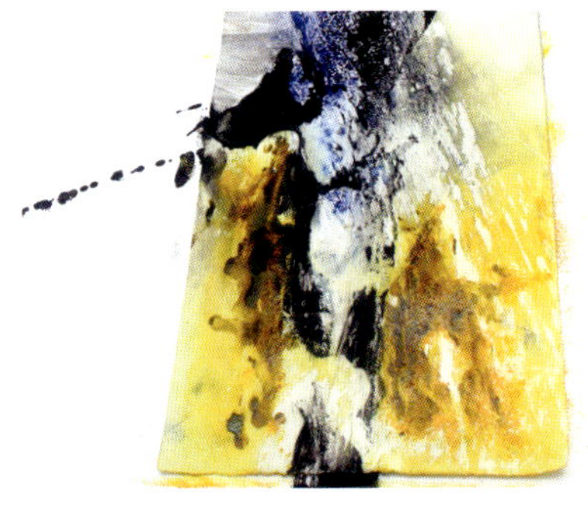

Ölfarbteigspur...

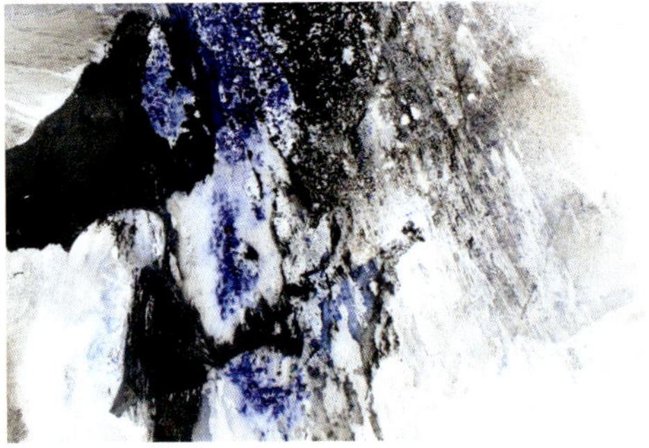

Angelöste Tuschespur...

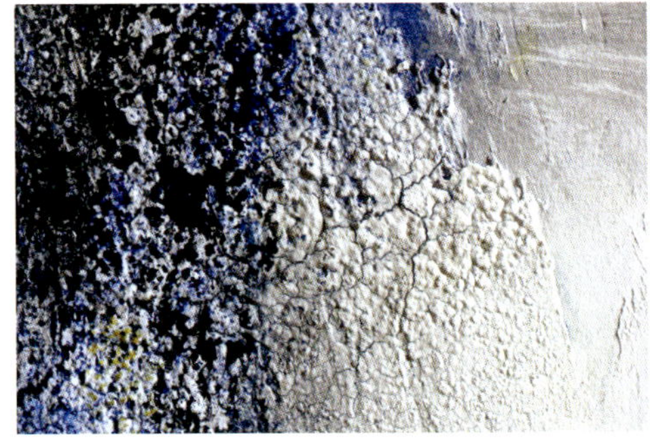

Spachtelstrukturspur

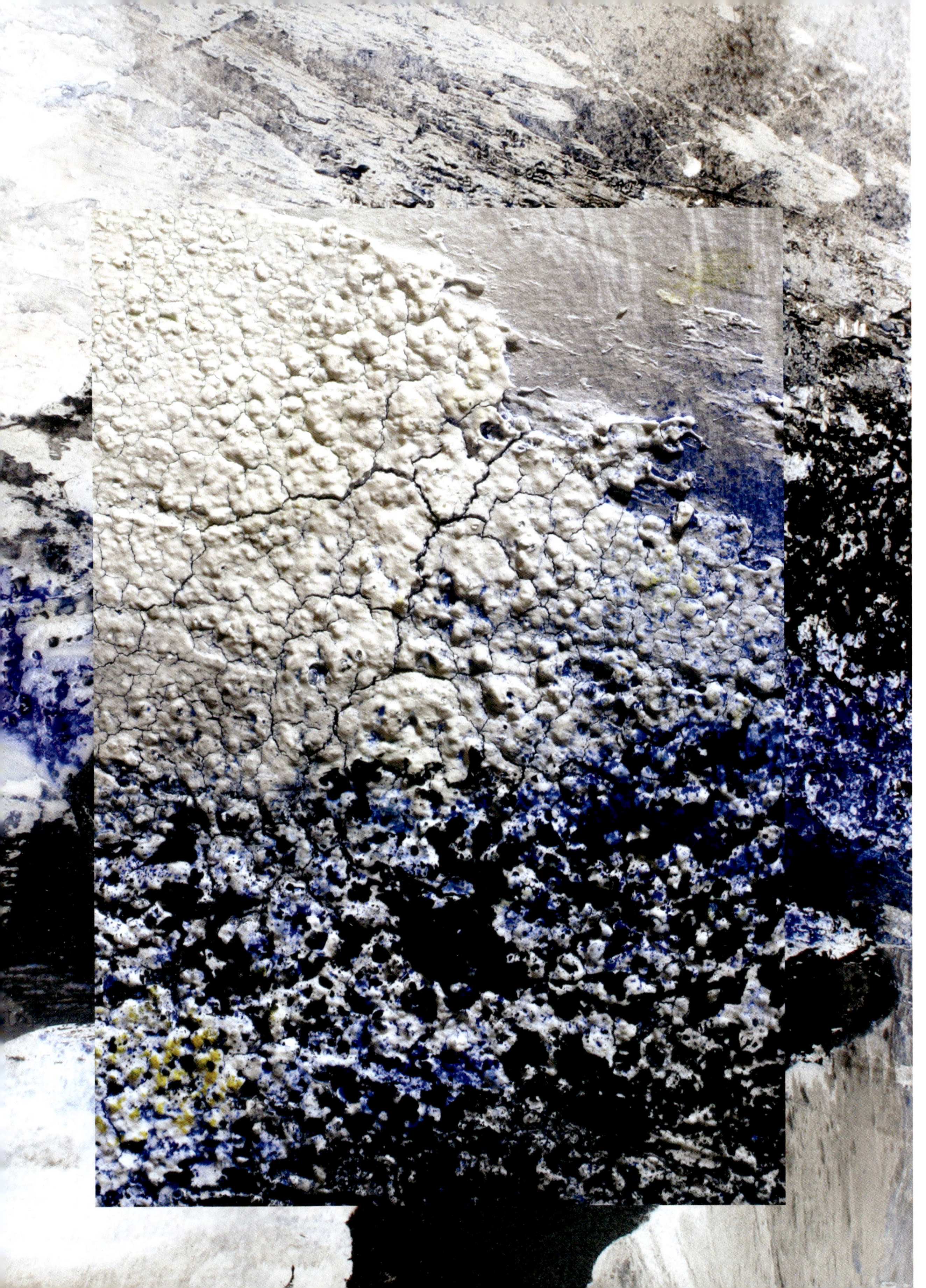

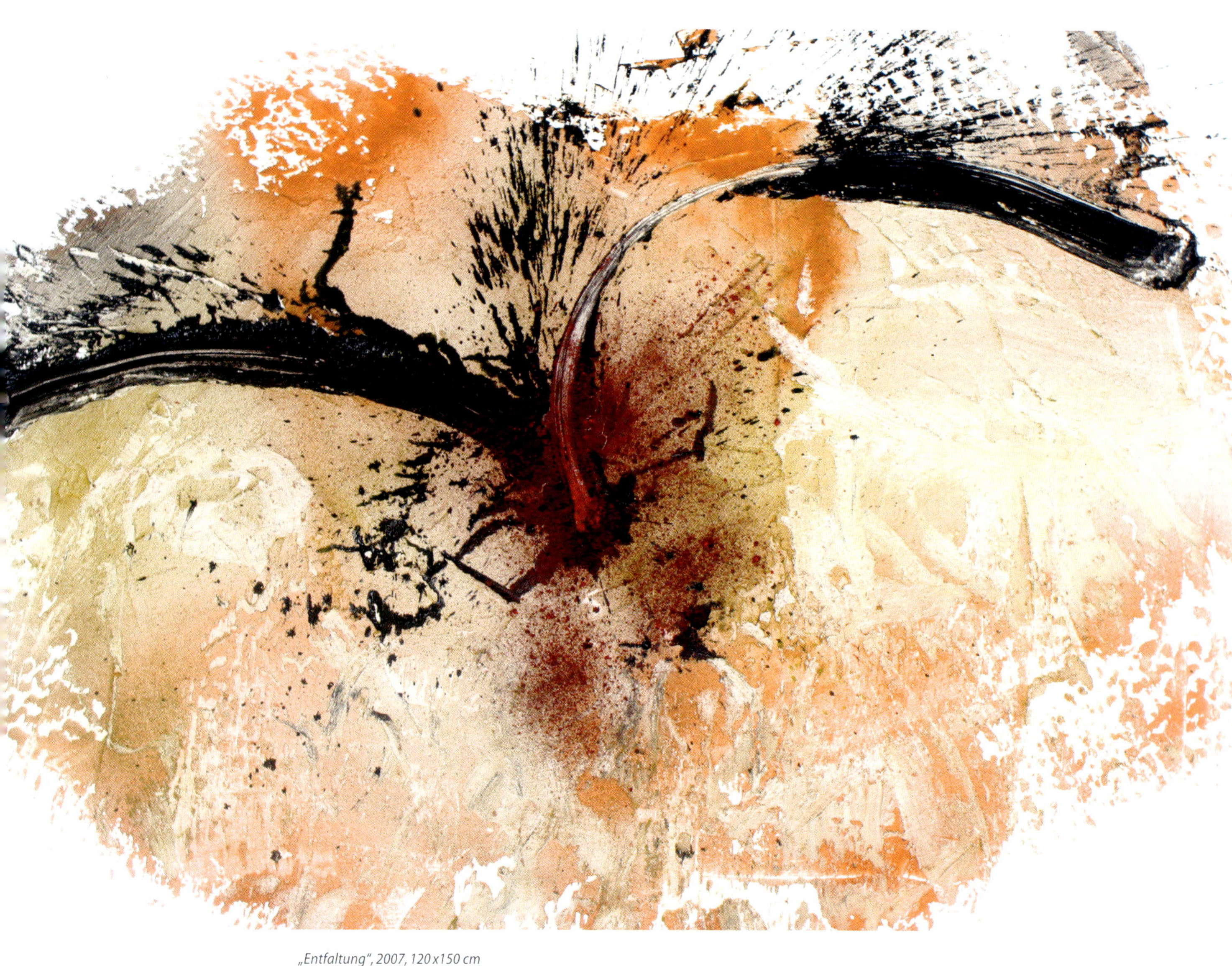

„Entfaltung", 2007, 120 x 150 cm
Gipshaftputzmörtel mit Sanden, Pigmenten, Tusche auf Leinwand

Gipshaftputz-Spachtelmasse mit Sanden und Pigmenten auf Leinwand | Beispiel 1

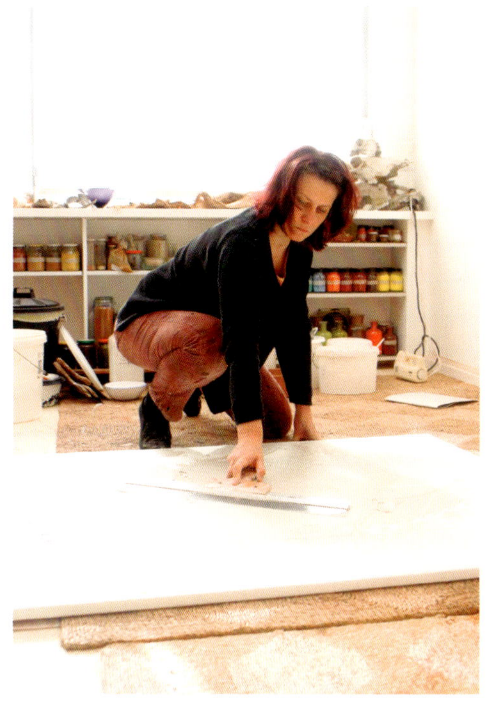

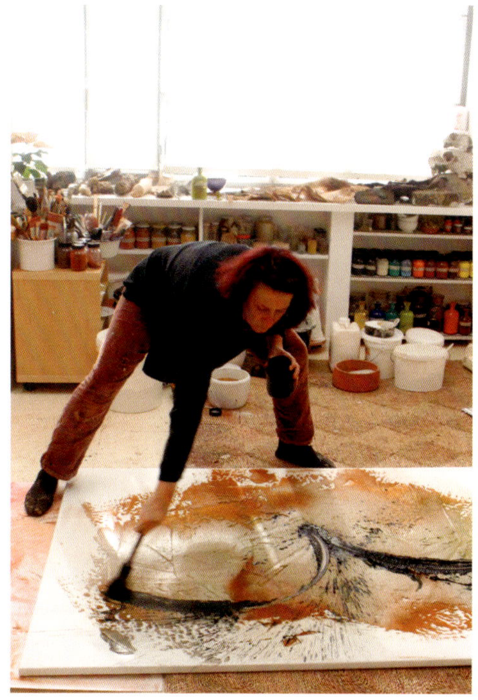

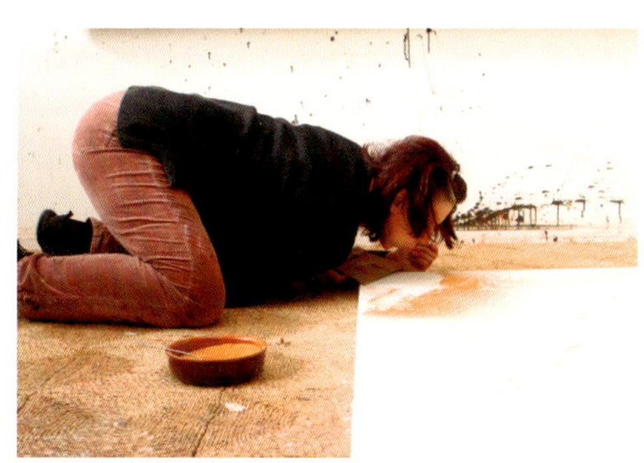

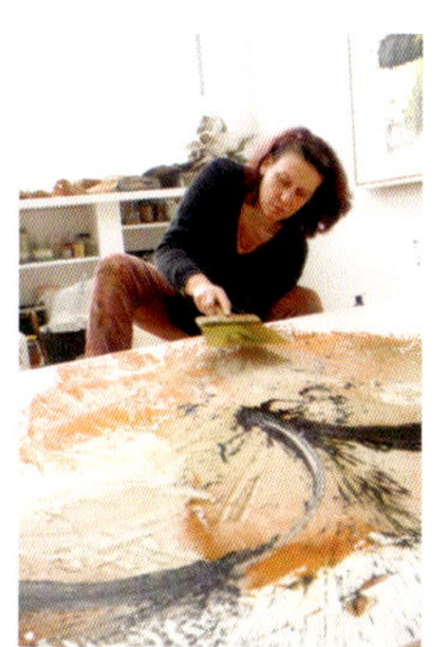

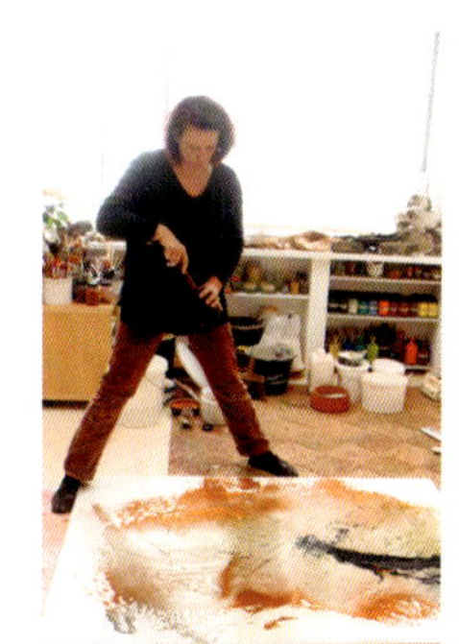

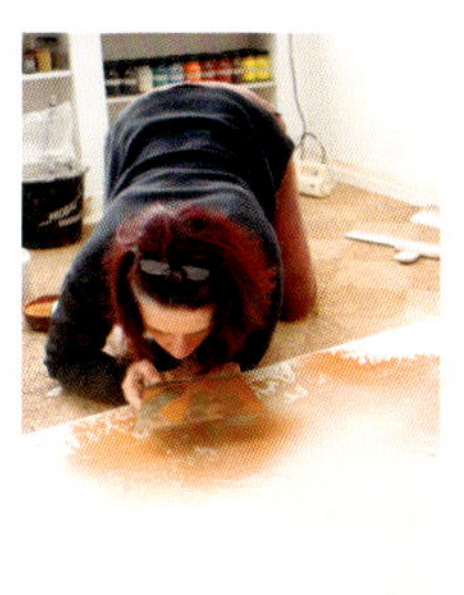

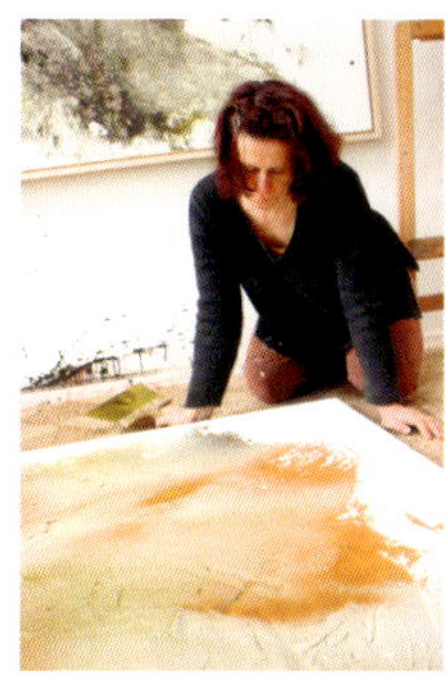

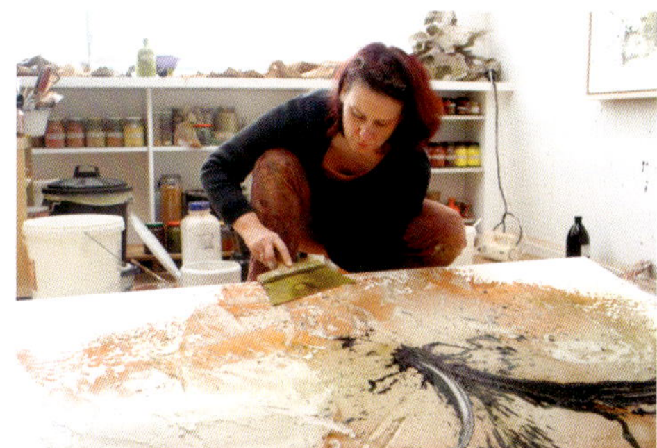

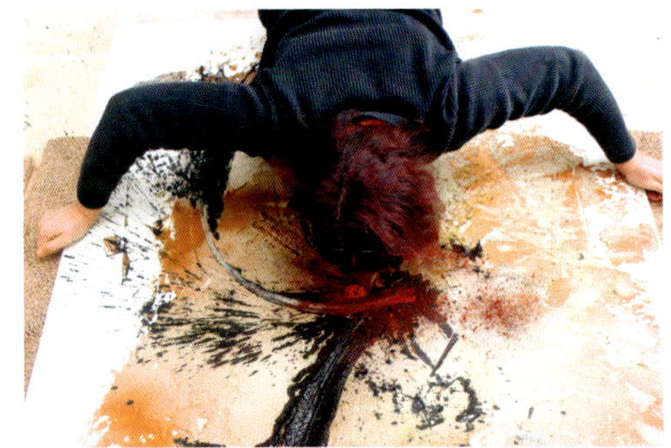

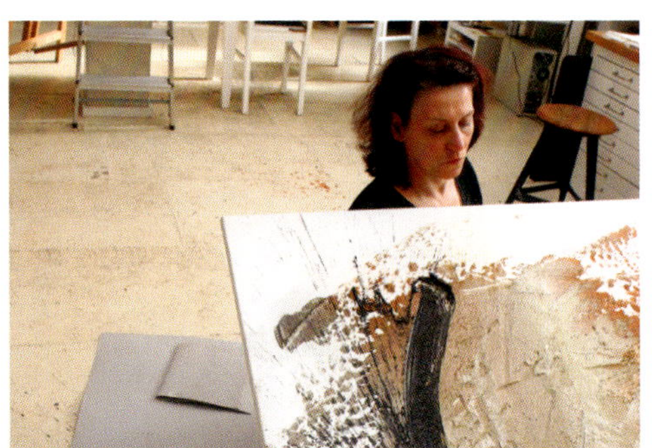

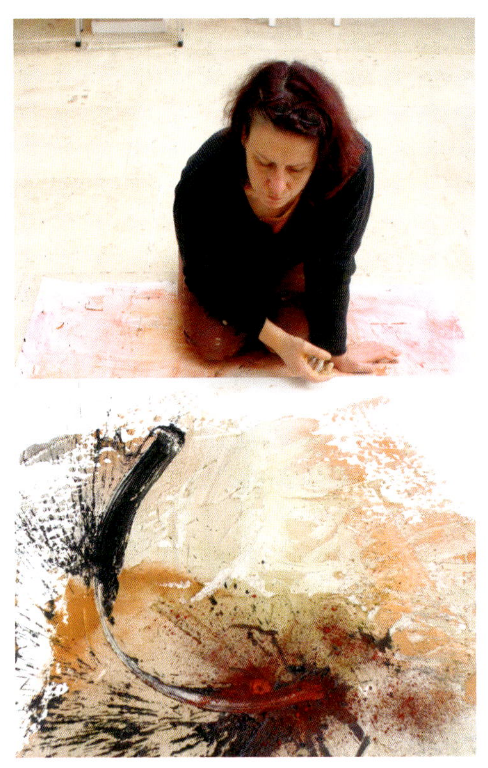

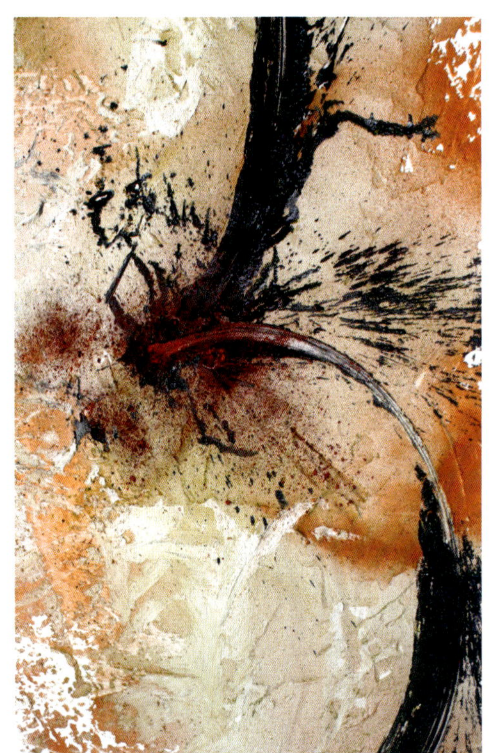

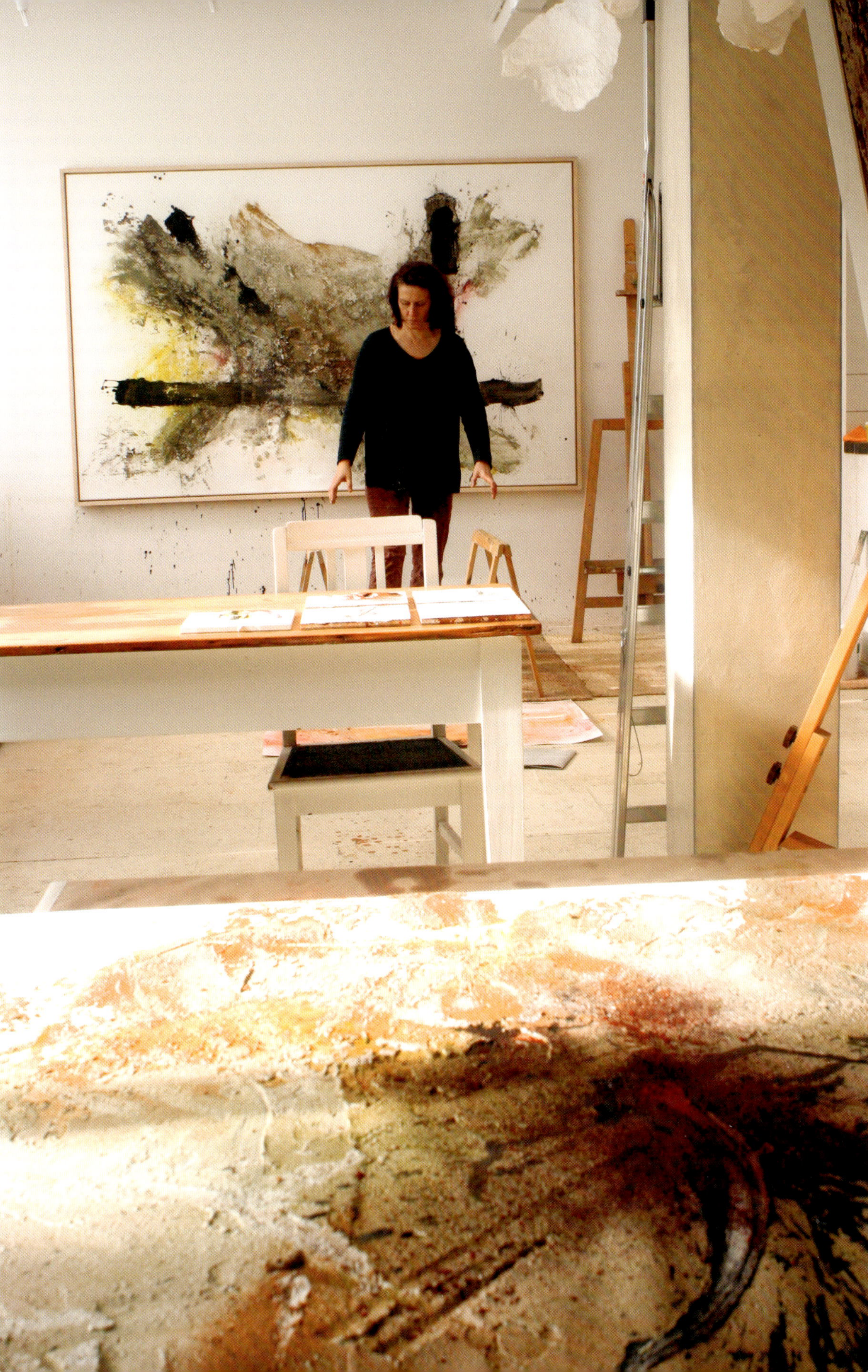

Gipshaftputz-Spachtelmasse mit Sanden und Pigmenten auf Leinwand | Beispiel 2

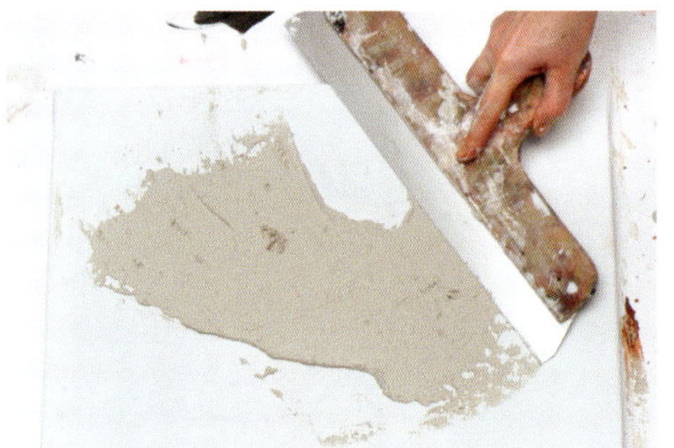

Gipshaftputz-Spachtelmasse verteilen...

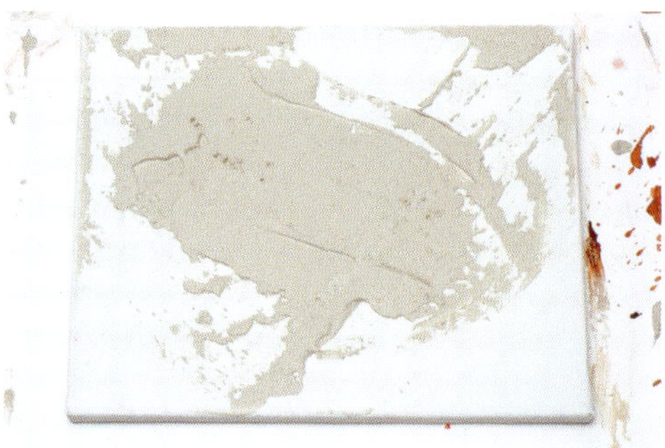

Spur und freie Leinwandflächen...

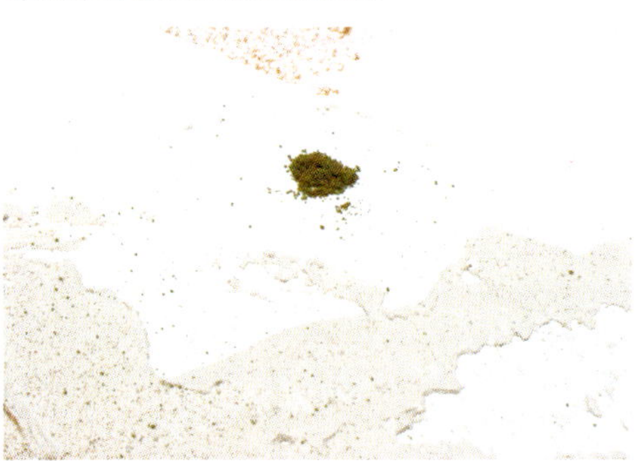

Pigment und feuchte Masse...

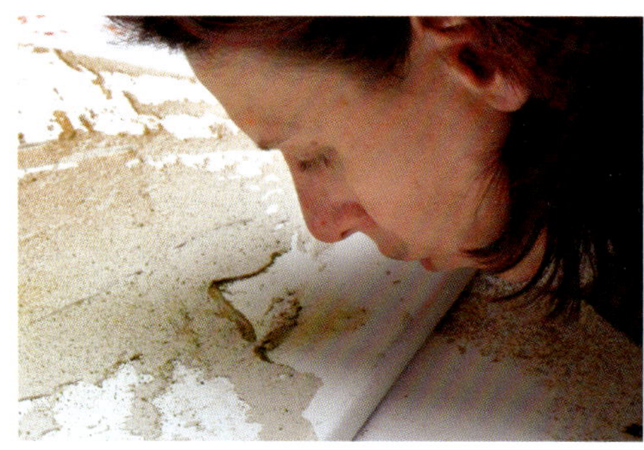

Einpusten der Sande und Pigmente...

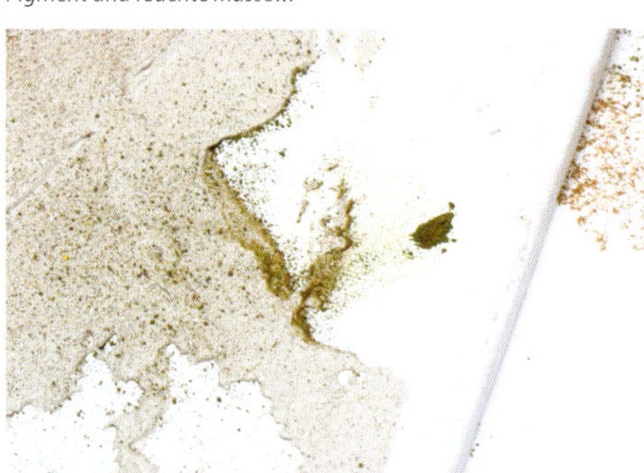

Pigmentspur...

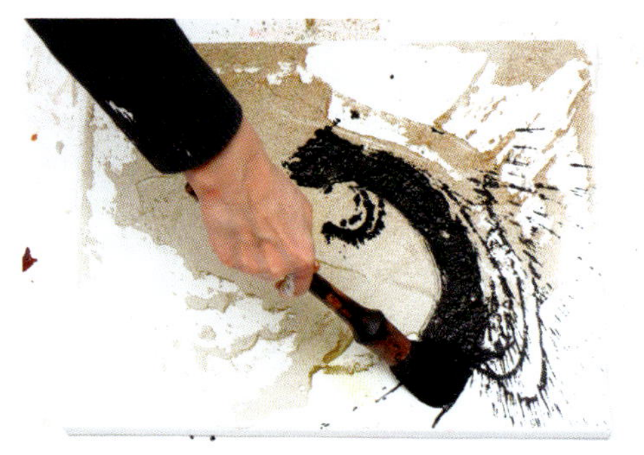

Tuschespur in die feuchte Masse...

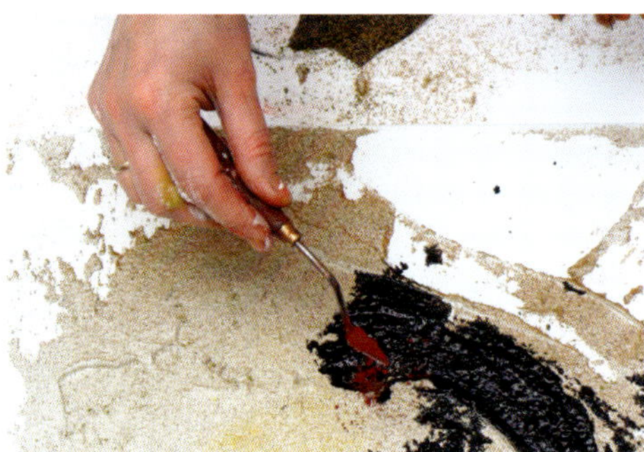

Pigmentspur ins Nasse...

Verziehen...

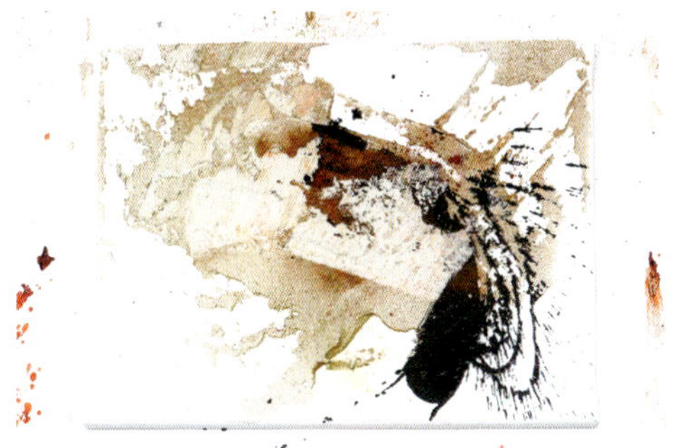

Trocknen…

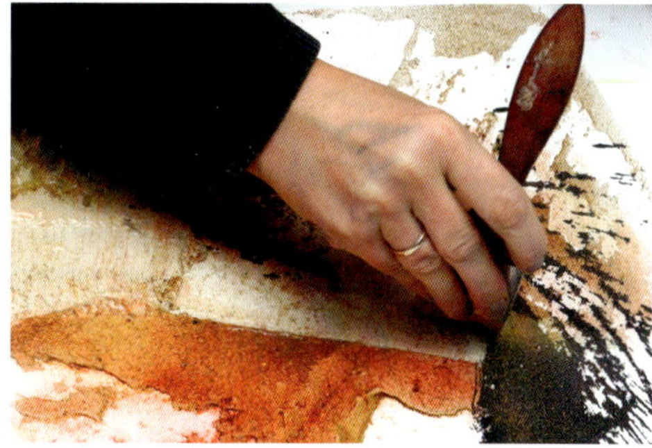

Einarbeiten des Pigmentüberschusses…

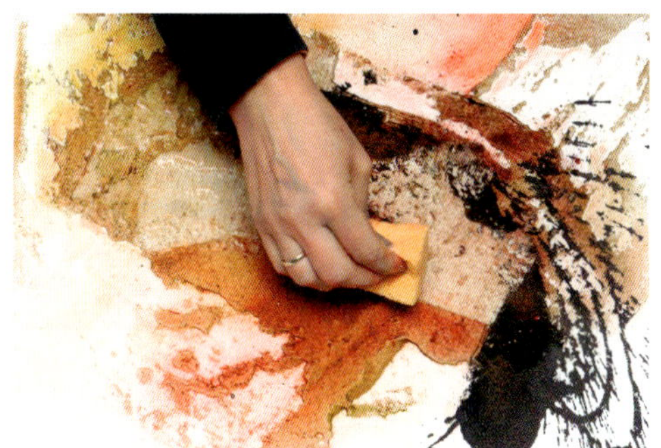

Zelluloseleimüberschuss herauswaschen…

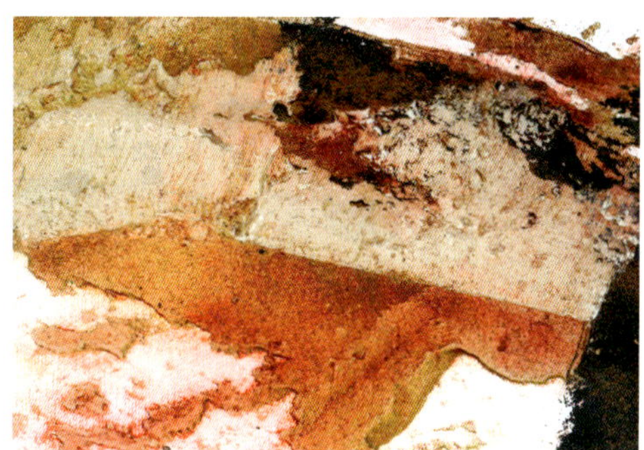

Firnissen mit Kaseinleim

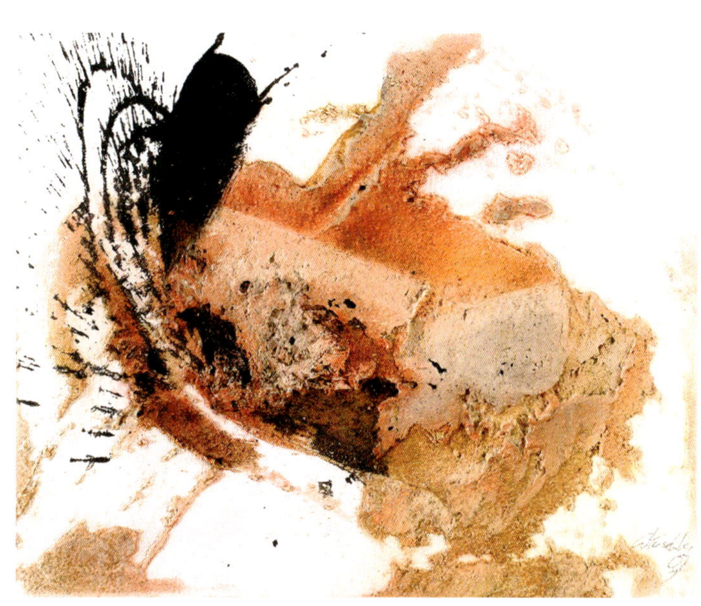

Gipshaftputz- und Marmormehl-Spachtelmasse mit Pigmenten und Sanden auf Hartfaserplatte | Beispiel 1

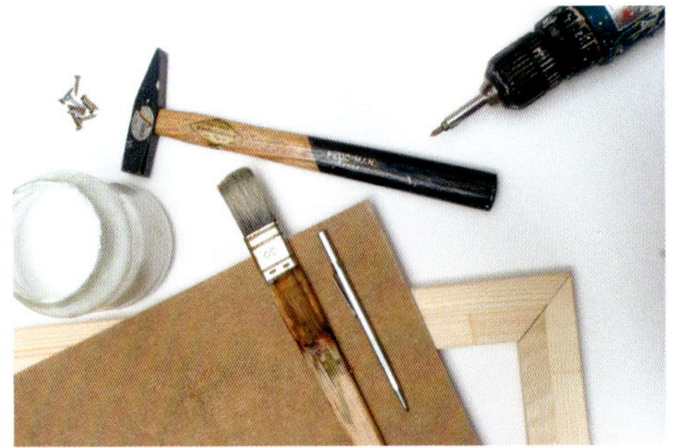

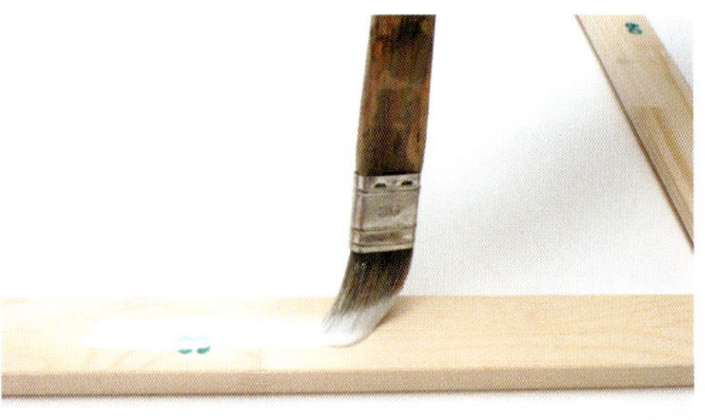

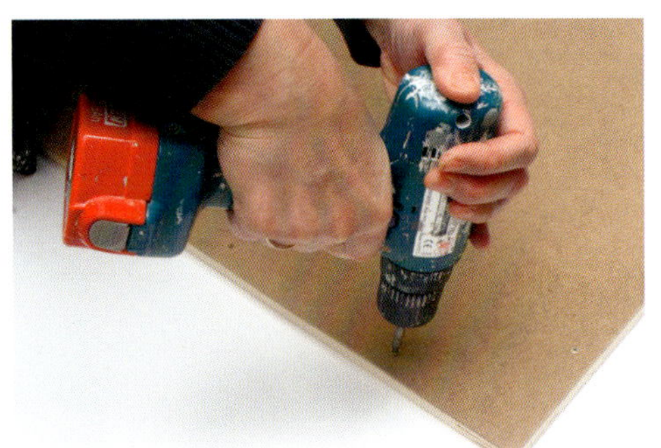

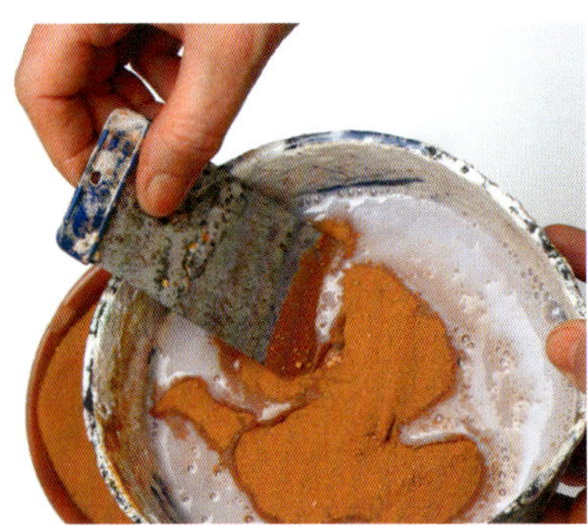

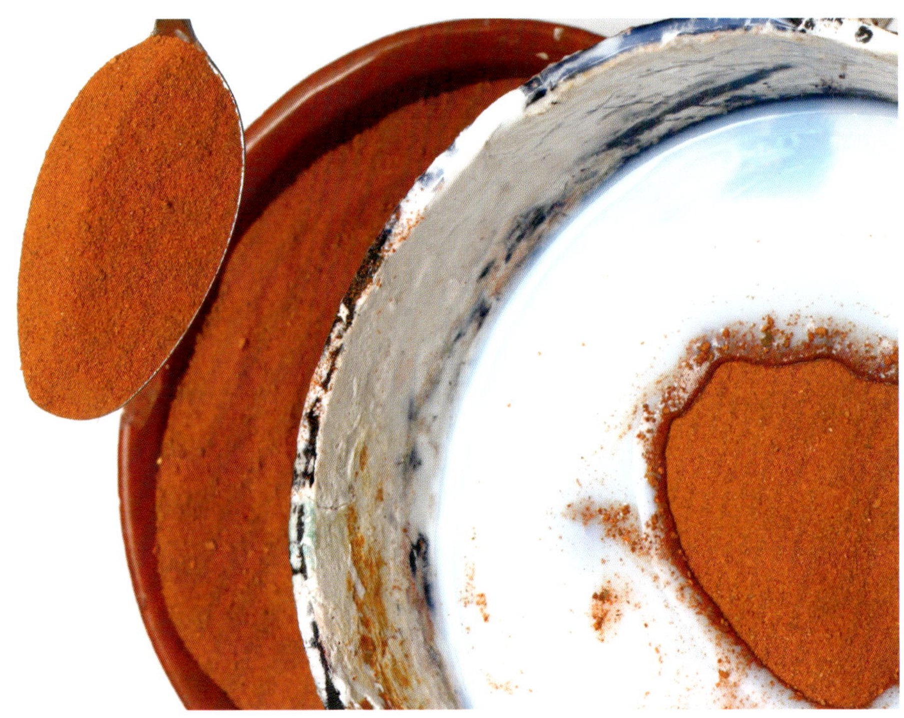

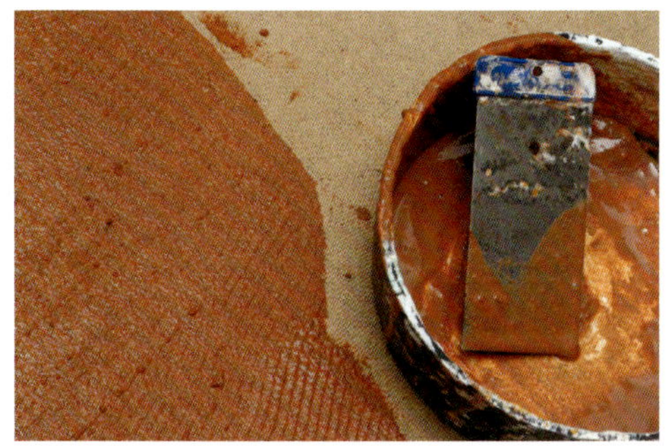

Mit Haftgrund dünn die Platte…

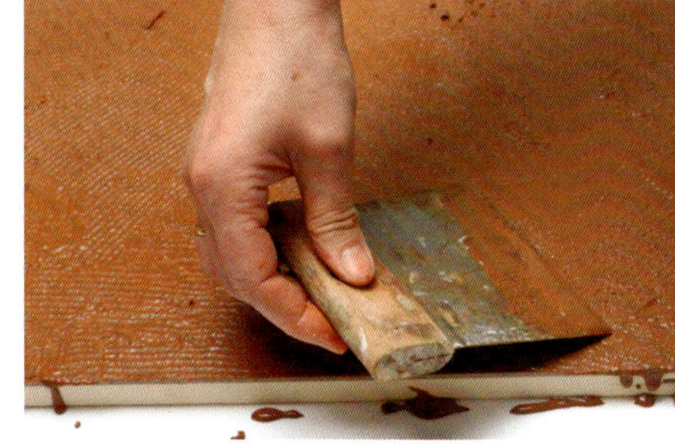

…komplett überziehen

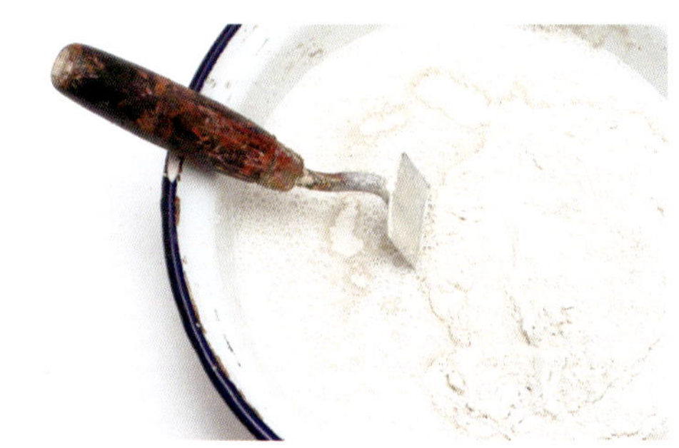

Gipshaftputz-Spachtelmasse…

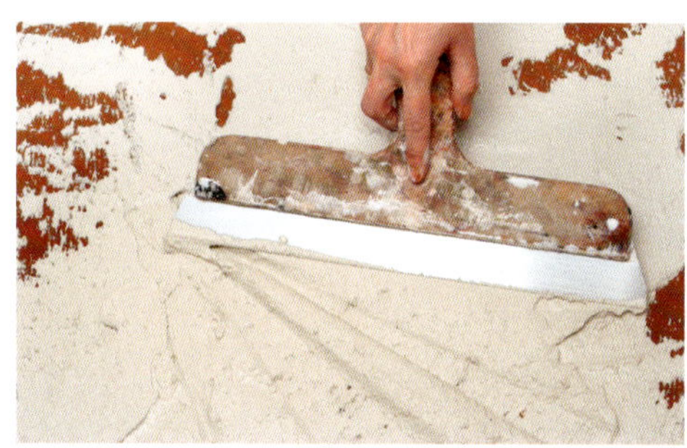

….verteilen

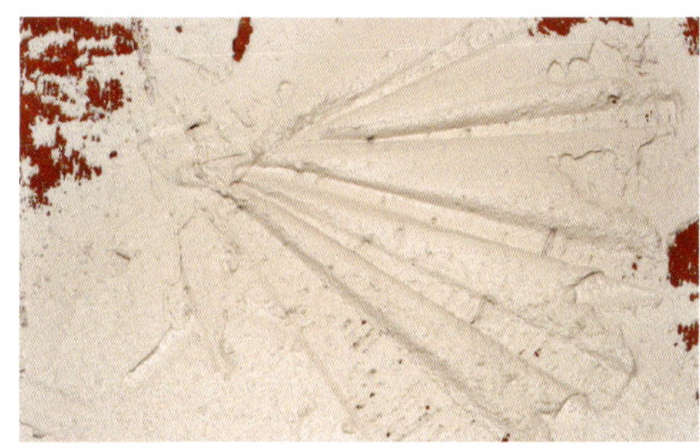

Strukturieren…

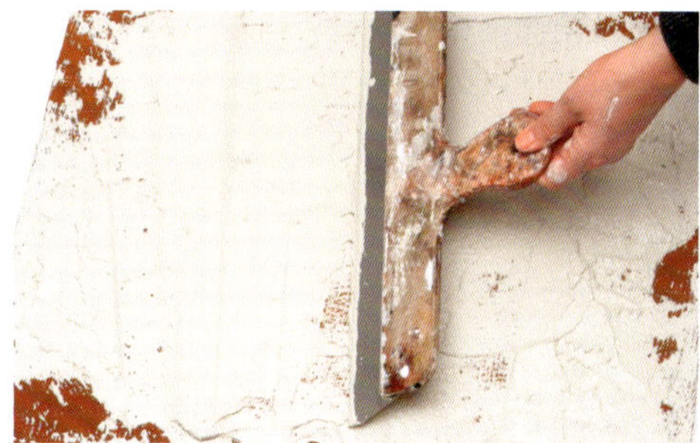

Verziehen, bis das Bauchgefühl „Ja" sagt

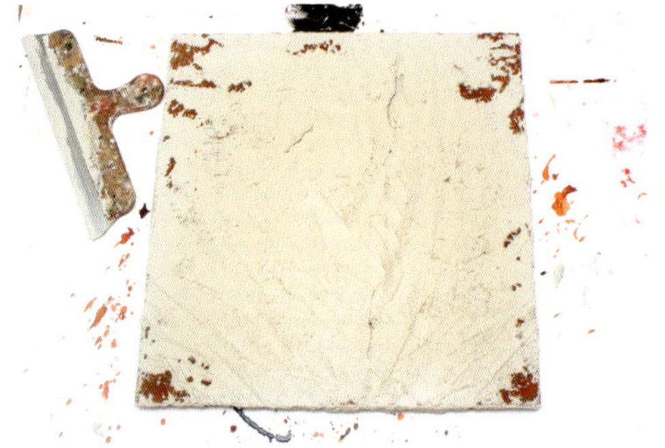

Gipshaftputz-Spachtelmasse ist noch feucht...

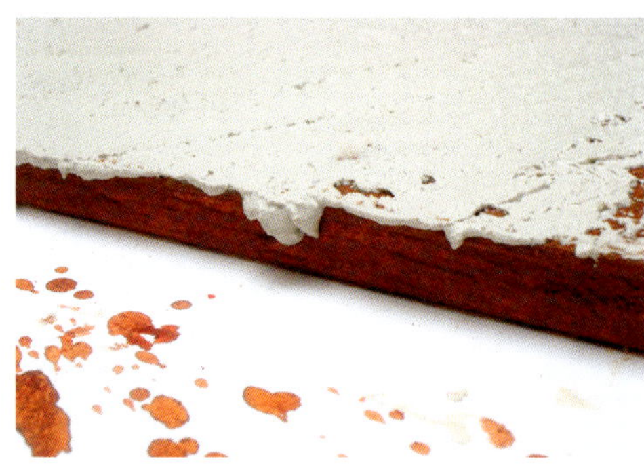

Bewegte Ränder...

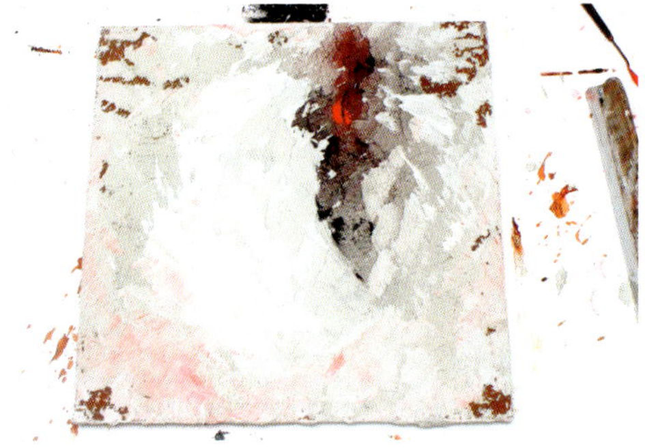

Gipshaftputz- und Marmor-Spachtelmasse gemischt...

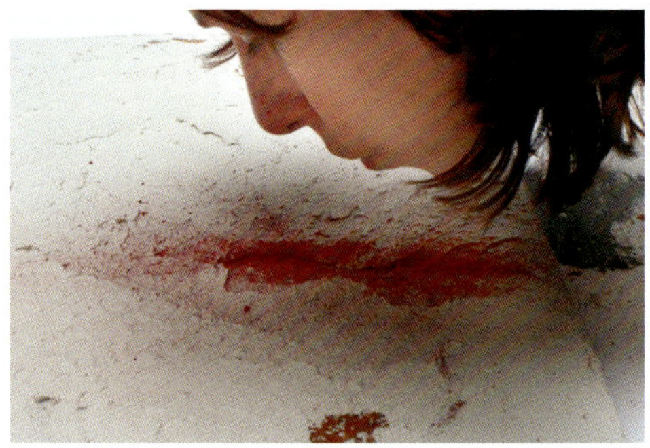

Pigmente und Sand können in die feuchte Masse eingepustet werden...

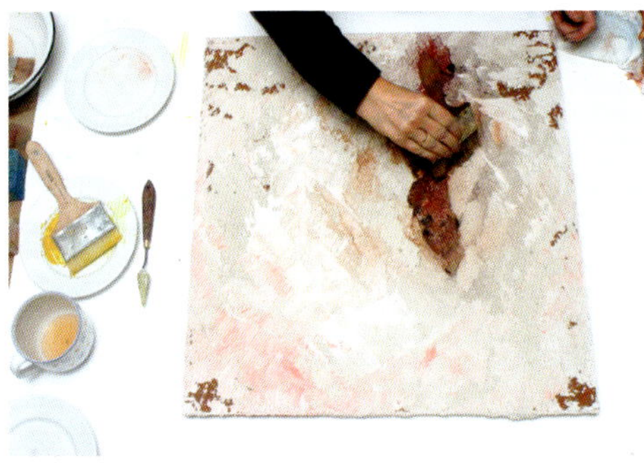

Einarbeiten und auswaschen nach Trocknung...

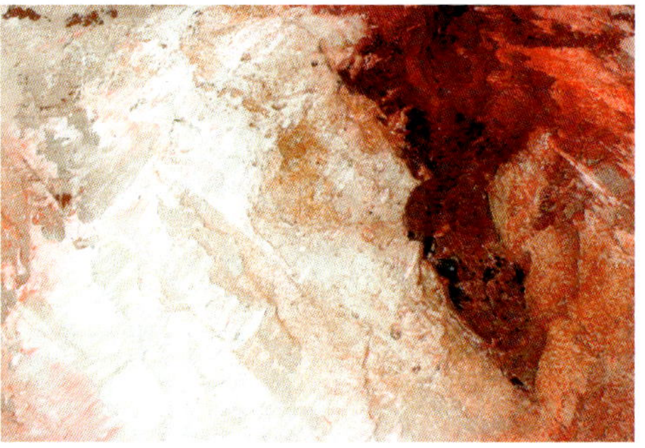

Bereit für weitere Farbaufträge...

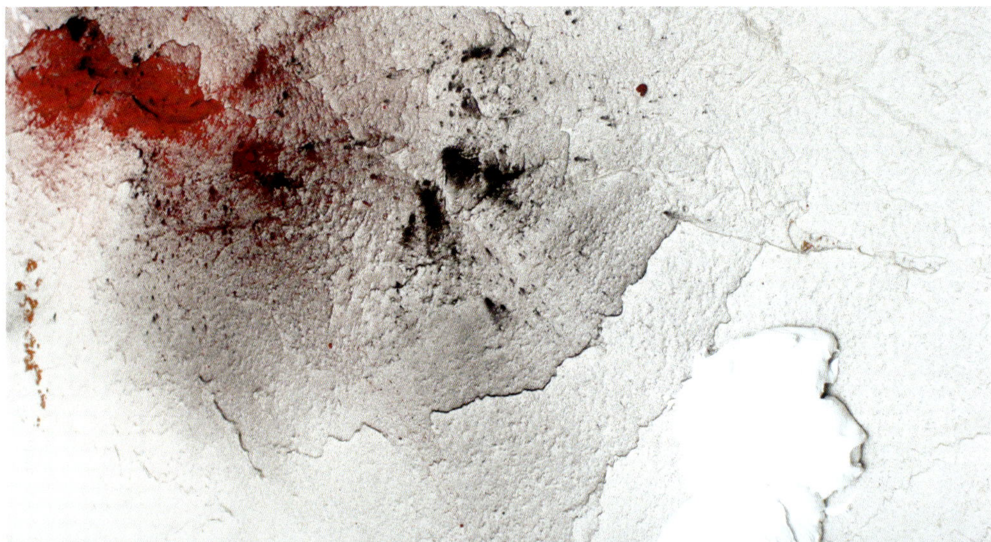

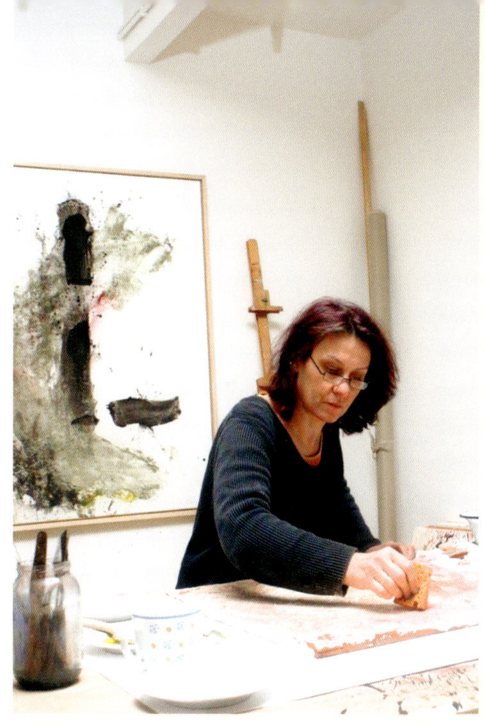

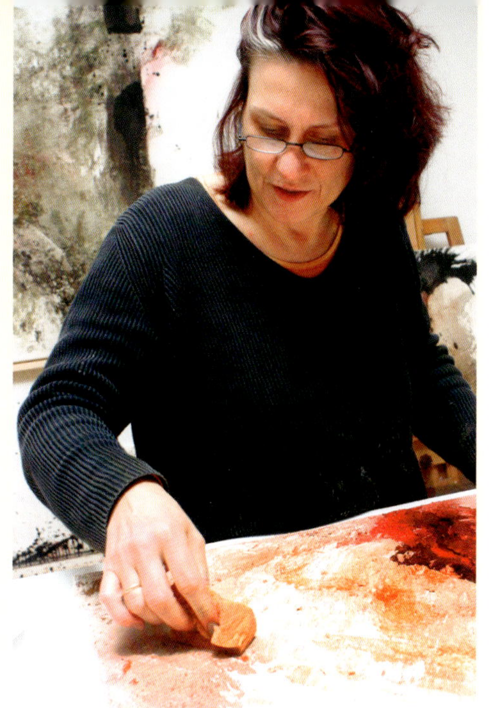

Aufbringen, auswaschen, vertiefen, trocknen lasen, schleifen

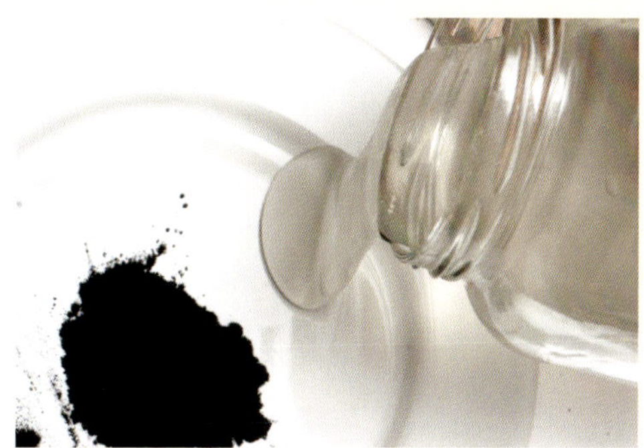

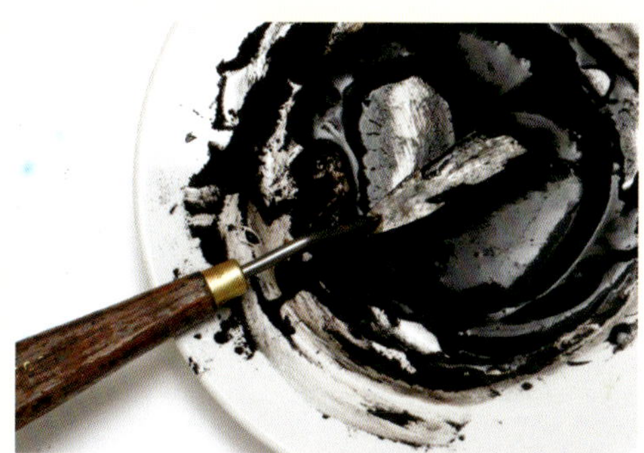

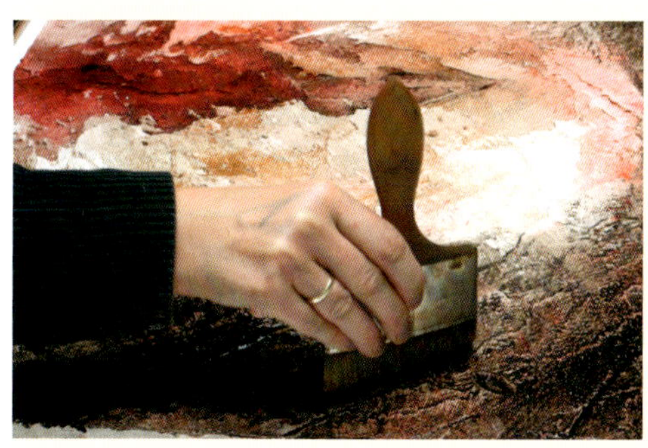

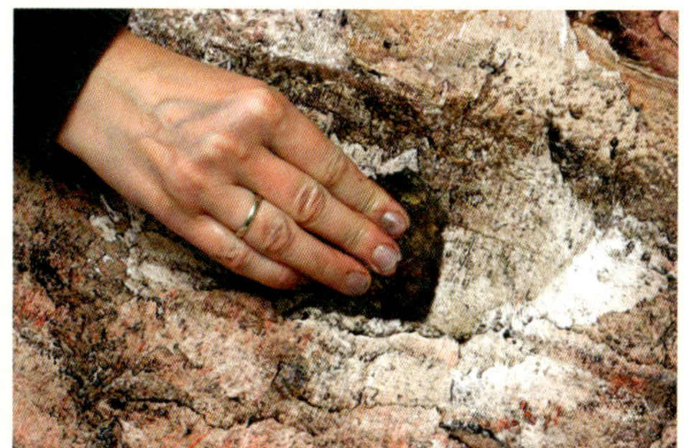

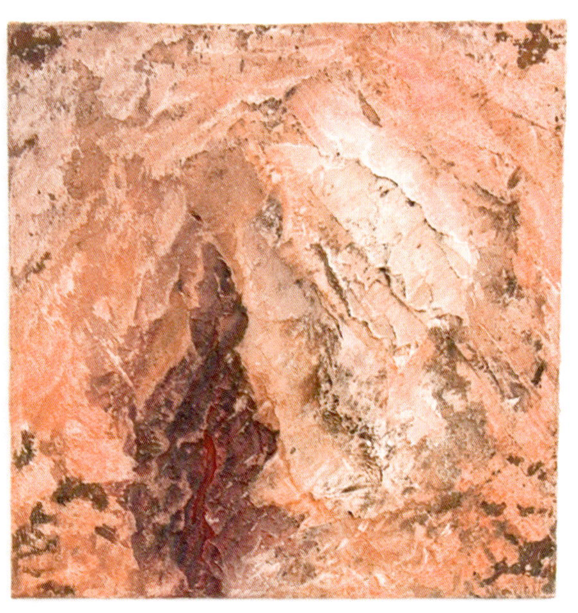

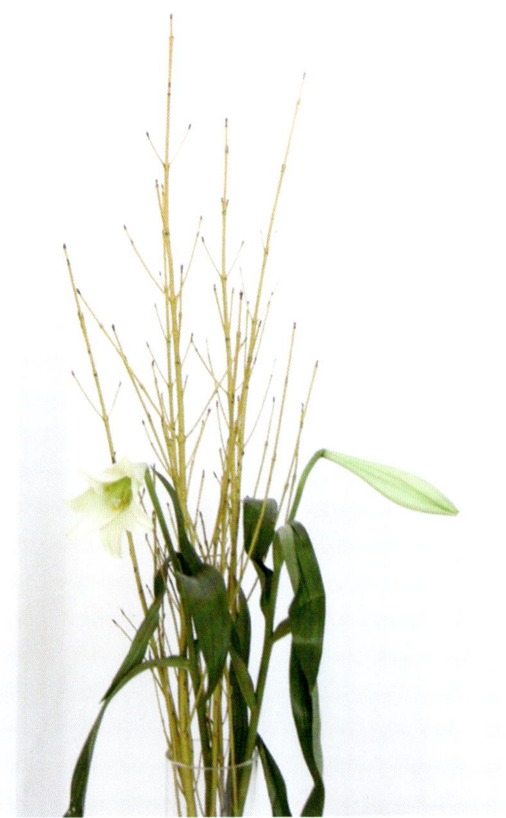

„Einblick", 2007, 60 x 60 cm

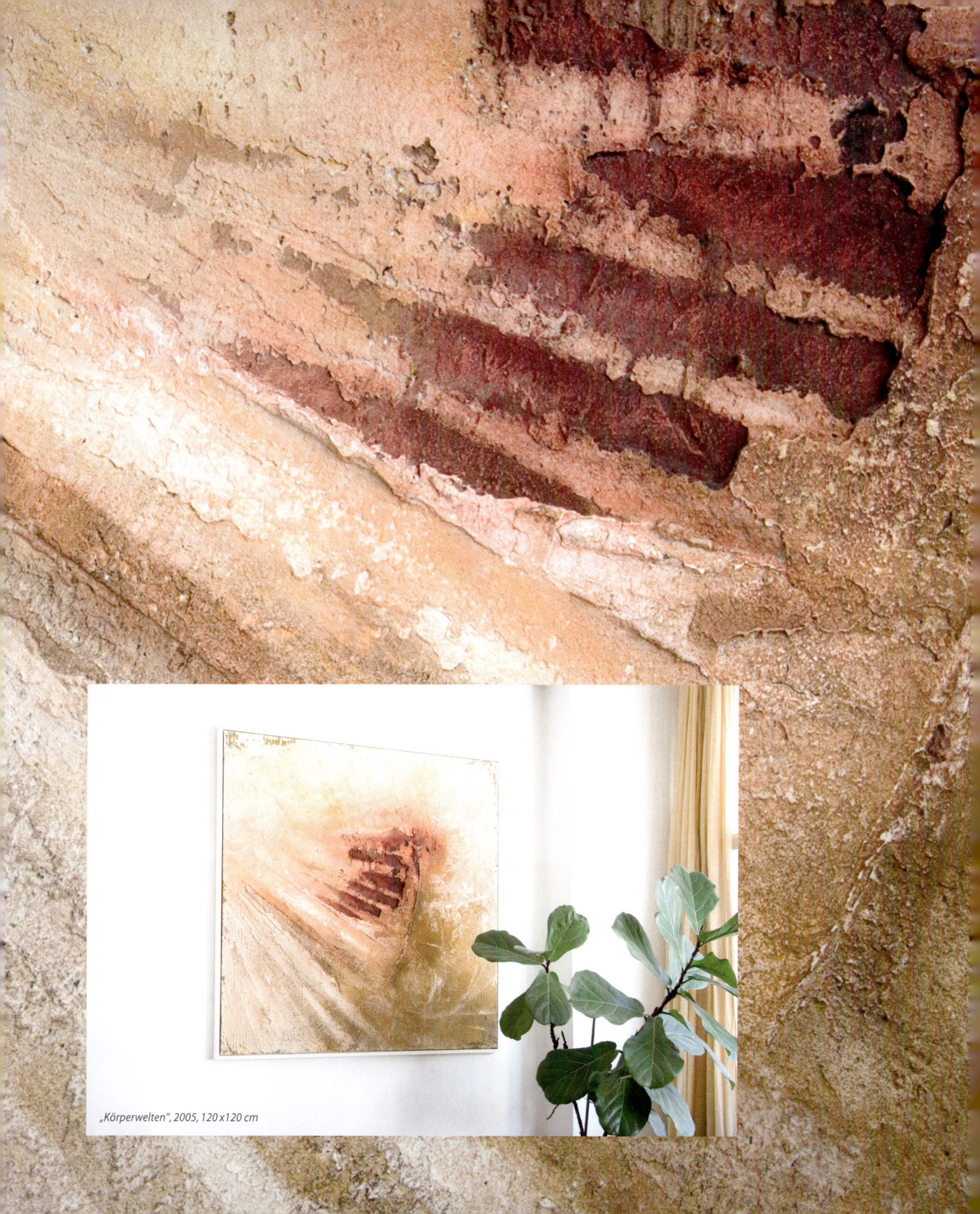

„Körperwelten", 2005, 120 x 120 cm

Gipshaftputz- und Marmormehl-Spachtelmasse mit Pigmenten und Sanden auf Hartfaserplatte | Beispiel 2

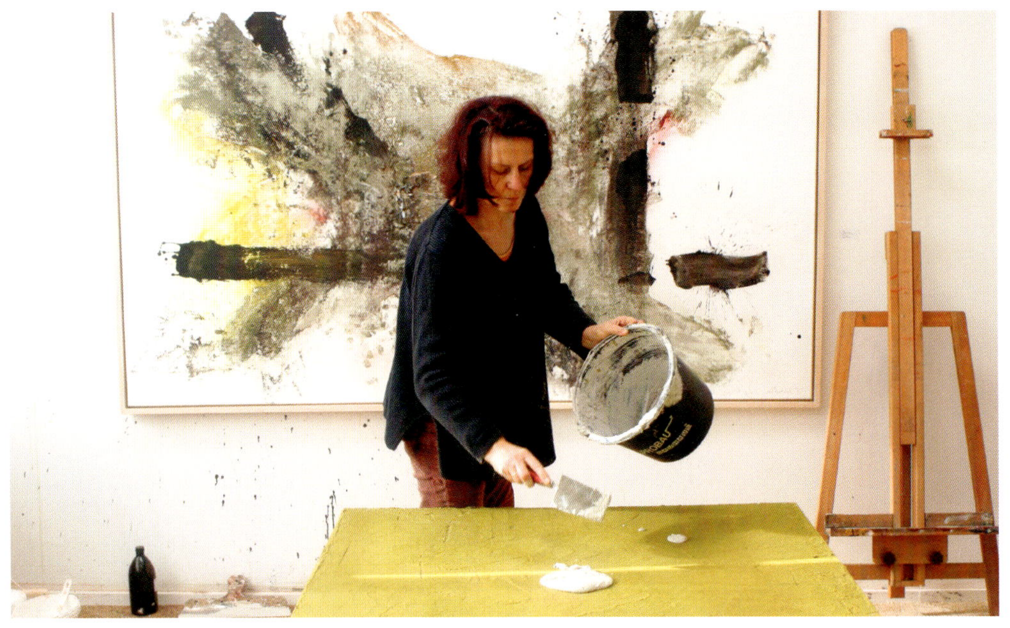

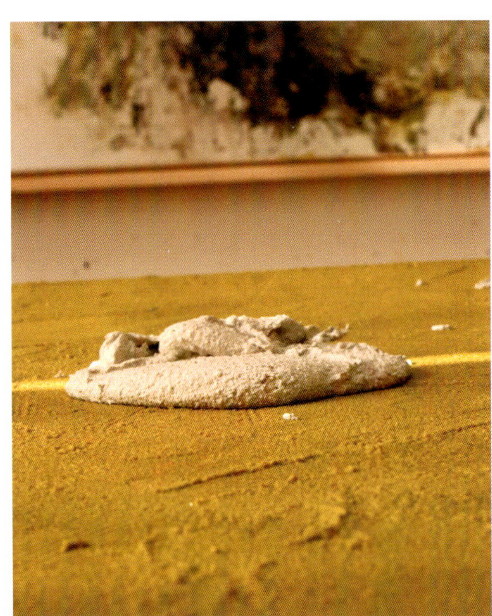

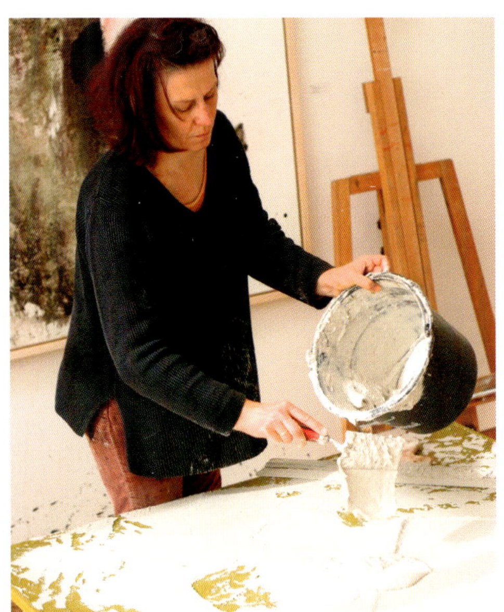

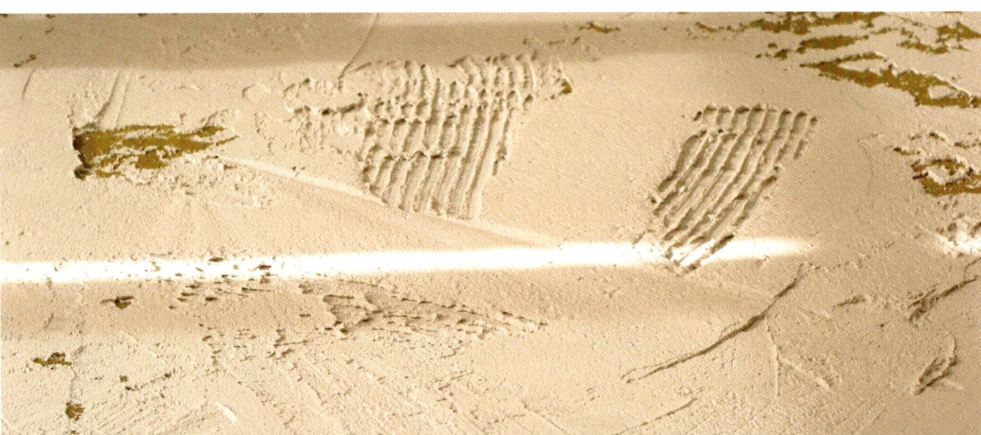

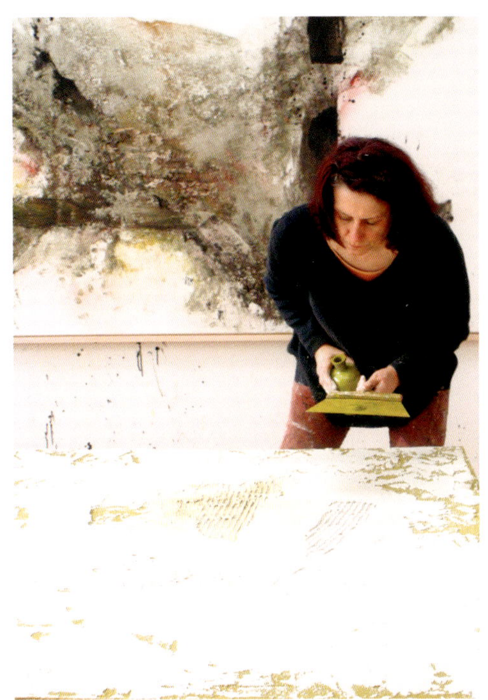

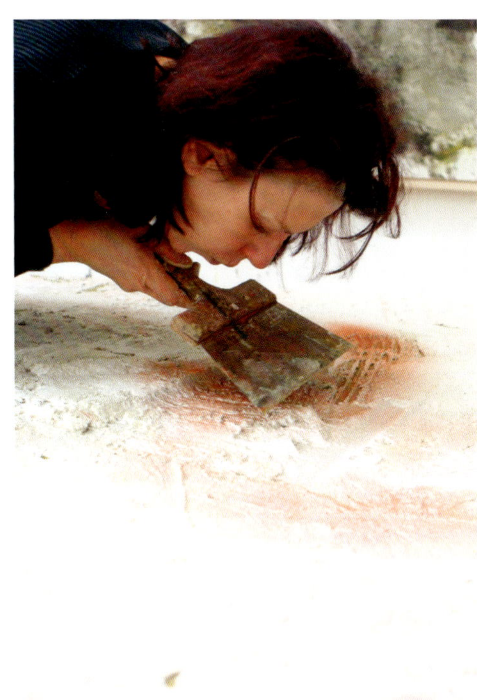

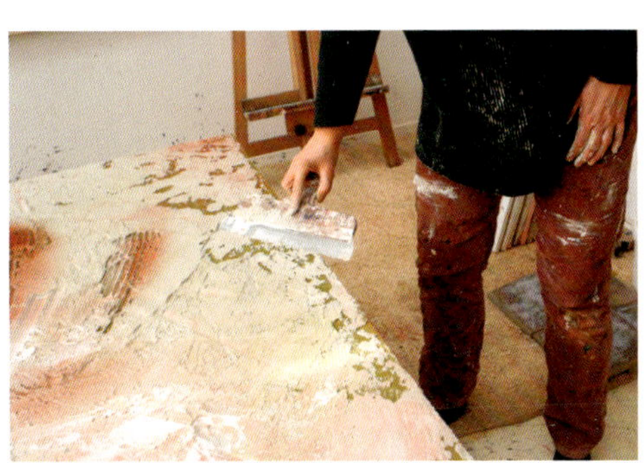

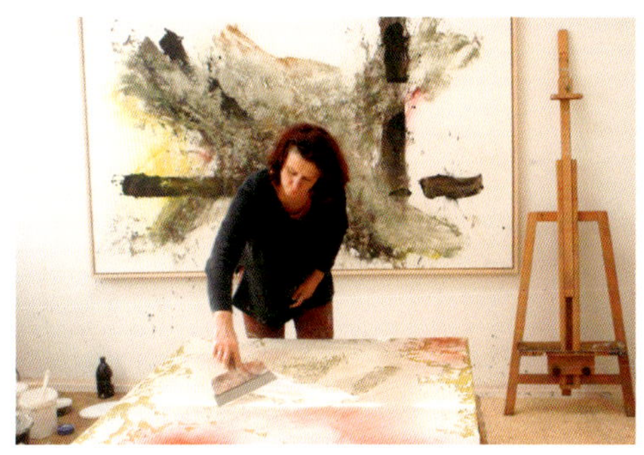

Gipshaftputz- und Marmormehl-Spachtelmasse mit Pigmenten und Sanden... wartet auf weitere Bearbeitung...

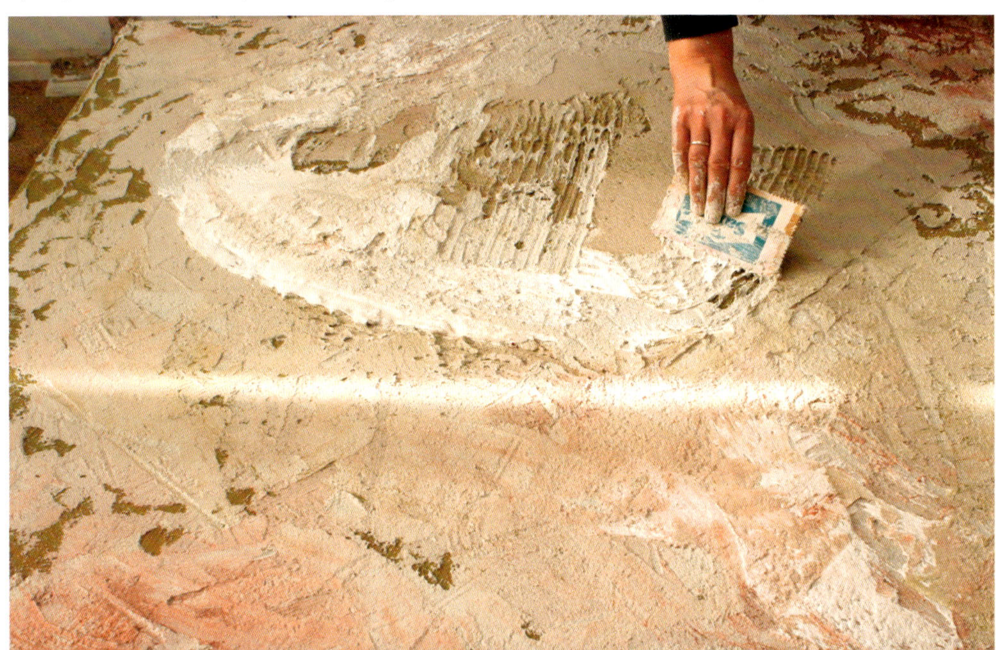

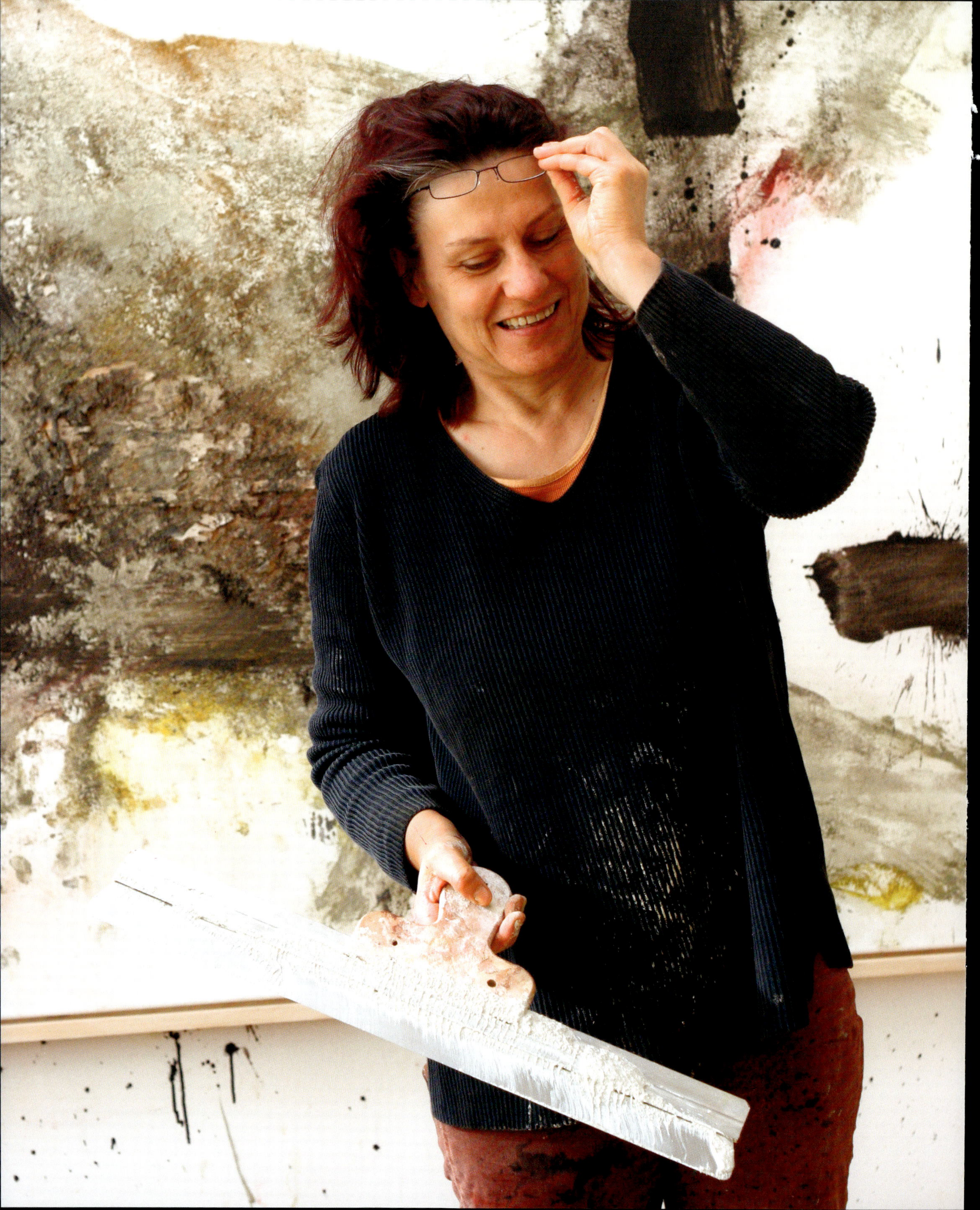

„Ein Bild wird nicht aus „Tun und Machen“ geboren, sondern aus einem Raum dazwischen, einem Raum des Innehaltens und Spürens.“

Gabriele Musebrink

Sich ausprobieren

Wie wird man mutiger?

In diesem letzten Kapitel werde ich im Wesentlichen die Fragen verfolgen, die mir häufig von Studenten gestellt werden: „Wie wird man mutiger?“ und „Wann ist mein Bild fertig?“

Sich ausprobieren hat mit Neugier, mit Wissbegierde, mit Motivation zu tun. Daher ist es sinnvoll, direkt zu Anfang dieses Kapitels darauf einzugehen.

Sie spüren hier in dem Ausgangssatz vielleicht sofort den Freiraum, den dieser Aspekt berührt? Auch wenn Sie sich einer neuen Technik bedienen möchten und diese erst noch lernen müssen, so erleichtern Sie sich den Zugang enorm, wenn Sie dem Material im gedankenlosen Spiel der Praxis Raum geben und es aus sich heraus sprechen lassen können – soweit dies in dem Moment des Arbeitens möglich ist. Kreativität wirkt aus einem Raum des absichtsfreien „Sich-Entwickeln-Lassens“ und dies passiert, wenn es passiert. Der chinesische Dichter Chang Chung-yuan beschreibt diesen Vorgang für den Bereich der Dichtung so: „Aus der Welt des Unbewussten steigen die Strukturen seiner Dichtung ins Bewusstsein auf.“

Ein Ereignis, unlängst passiert in einer großen Gruppe von Menschen bei einer meiner Kunstdemonstrationen, berührt exakt diese beiden eingangs gestellten häufigen Fragen. Eine Teilnehmerin fragte: „Wer sagt mir denn den nächsten Schritt, den ich zu tun habe bei meinem Bild, wenn ich nicht weiter weiß?“ Für einen Moment hielt ich inne und entschied mich dann dafür, ihr keine schnelle und technische Antwort zu geben, die ihr zwar eine einfache Anwendung offeriert, aber sie in Wirklichkeit in solch einer Situation völlig allein lassen würde. Daher erhalten auch Sie als Leser keine technische und kurz gegriffene Antwort, da sie Sie nicht wirklich selbständig macht. Und Ihre Selbständigkeit liegt mir sehr am Herzen.

Meine Antwort lautete an diesem Tag: „Sie selber sagen sich allein den nächsten Schritt. Es gibt niemand anderen, nicht wirklich, denn es ist Ihr Bild. Sie kennen bereits die nächste Handlung, die zu tun ist, obwohl Sie sich nach außen Rat gebend umsehen. Ihr kreativer Ausdruck entspringt einem Fühlen, der Intuition in Ihnen. Stimmen Sie mir soweit zu?“ Sie war erstaunt und dennoch sagte sie: „Ja.“ „Und kennen Sie die Situation, dass Sie vor einer Schwierigkeit im Leben stehen und keine Lösung finden, so intensiv Sie auch darüber nachdenken? Sie kapitulieren irgendwann und sagen sich: Ich gehe jetzt erst einmal eine Runde raus spazieren. Sie gehen spazieren, schauen, denken nicht mehr an das Alte. Und dann plötzlich, ohne dass Sie weiter über das Problem nachgedacht haben, steigt in Ihnen von innen her dennoch eine Lösung auf. Und Sie stellen erstaunt fest, dass Ihr Bauchgefühl bereits lange zuvor schon derartiges angekündigt hatte. Sie hatten nur nicht drauf hören wollen. Kennen Sie das auch?“ „Ja.“ „Sehen Sie, daher geht es im Wesentlichen darum, den Vorhang wieder beiseite zu ziehen, den wir und auch Sie gelernt haben, vor der Intuition und vor diesem Raum der Entscheidungskraft in Ihnen zuzuziehen. In Ihnen ist alles vorhanden, was Sie brauchen. Es geht nur darum, dass Sie darauf vertrauen lernen, dass Sie an einem Punkt der Stagnation loslassen können und die Lösung zu gegebener Zeit ohne Nachdenken von Innen her hochsteigen wird. In diesem Lernprozess erfahren Sie etwas über den ‚Vorhang‘.

Es gibt auch keinen ‚falschen‘ Handgriff. Hätte er nicht angestanden, so wäre er nicht passiert. Denn alles, was geschieht, öffnet Ihnen nur das nächste Lernfeld. Jeder, der malt, kennt es: Manche Bilder rutschen einem geschmeidig heraus, andere sperren sich, bringen einen zur Weißglut. Auch hier können Sie sich auf Ihre Erfahrungen stützen: Hat nicht einiges aus diesem Umfeld sich als sehr fruchtbar herausgestellt im Rückblick?“ „Ja.“ „Sie können also nicht immer wissen, wohin die Dinge führen. Ein kreativer Prozess offeriert Ihnen Neues, Nicht-Bekanntes. Für mich ist es mal überraschend und wunderbar, ein anderes Mal fordert es zu weiteren Schritten auf oder manchmal wandert etwas schlicht in den Mülleimer. Der Schritt vor dem Mülleimer fordert Überwindung – ich schmeiße nicht gerne weg. Danach ist eine Erleichterung zu spüren. Das kennt jeder.

In Ihnen ist alles vorhanden, was Sie für Ihren Ausdruck benötigen. Ein Lehrer kann Ihnen durch verschiedene praktische wie inhaltliche und technische Hilfestellungen zur Seite stehen und Ihnen den Weg bereiten, dass Sie selbst diesem Potential wieder vertrauen lernen. Es ist eine Rückerinnerung, ein Freischälen und ein Darin-Vertrauen. Er ist zudem da, um Ihnen die Dimension künstlerischer Prozesse und technisches Wissen zu vermitteln. Ein Lehrer macht Sie nicht zu ‚kleinen Ebenbildern seiner selbst'. Sie sind in sich einzigartig. Der Lehrer vermittelt seine Disziplin kraft des Raums, aus dem er selbst schöpft. So verstehe auf jeden Fall ich die Aufgabe des Lehrers."

Und nun konkret zu praktischen Aspekten des schöpferischen Arbeitens:

Das Arbeitsumfeld

Den künstlerisch Tätigen kann ich nur darauf hinweisen, dass er sich – ob im Kleinen oder Großen – wie es ihm eben möglich ist, ein persönliches Arbeitsumfeld schaffen sollte, in dem er sich wohl fühlt. Es ist zudem gut, Austausch zu haben, vielleicht sogar eine Arbeitsgemeinschaft zu finden, in der ein Klima der kreativen Entfaltung und des Teilens existiert. In jeglicher Hinsicht: Sorgen Sie für eine gute Arbeitsgrundsituation. Sie erleichtert Ihnen eine technische und inhaltliche Vertiefung.

Soweit Sie an einer Akademie studieren und keinen Dozenten frei wählen können, machen Sie sich klar, dass jede Situation, die Ihnen das Leben gibt, ein Lernfeld bedeutet. Nehmen Sie es so gut Sie können an. Als angehender professioneller Künstler ist man zudem häufig als „Solist" tätig, arbeitet für sich und befürchtet sogar Beeinflussung durch ein Netzwerk und einen Austausch. Tatsächlich ist es so, dass Kunst aus der Kontaktaufnahme mit dem Innersten geschieht und mit sich allein zu sein wesentlich ist. Aus meinen Worten in der Einführung wird vielleicht deutlich, dass ich ebenfalls zu dieser Spezies gehörte, die sich im Atelier quasi verbarrikadierte. Es braucht eben alles seine Reife – auch „mit seiner Art zu sein" nach draußen zu gehen. Manches benötigt Jahre und viele Schleifprozesse. Bildhauer wie Michelangelo wissen um diese Sichtweise: Die Skulptur ist bereits im unbehauenen Stein vorhanden und wird durch den Arbeitsprozess wie freigeschält.

Mit Menschen, die Kunst als intensives Hobby und ernsthaft arbeitender Autodidakt betreiben, erlebe ich im Unterricht häufig sehr viel Frische, Neugier und Experimentierfreude. Sie kommen freiwillig, sie spüren ganz offensichtlich etwas in sich, dass sie noch nicht erprobt haben, dass noch etwas in ihnen brachliegt, möchten etwas für sich tun. Der Druck, dass sie selbst etwas darstellen müssen, dass ein Besonders-Sein als Künstler damit verbunden ist, fehlt vielfach. Lernen kann dadurch leichter geschehen. Sie probieren sich aus, genießen und entspannen im Tun. Und der Umstand, dass alles in dem dafür vorgesehenem Zeitmaß – und für jeden sehr unterschiedlich – geschieht, ist vielfach von vornherein akzeptiert.

Wie lerne ich ein Bild beurteilen?

Auch hier möchte ich aus meinem Unterricht berichten. In der Gruppe der „Klecker-Studiosus" mit Kindern von 10 bis 13 Jahren, saßen wir in der Runde und es ging im Gespräch um kreativen Ausdruck. Ich erzählte ihnen, dass es Erwachsene gäbe, die vor ihrem Bild ständen und sich nicht trauten, einen großzügigen Strich quer über ihr Papier zu machen. Ich fragte sie, was sie wohl dazu meinen würden, weshalb das so schwer wäre für diese Personen. „Na, ist doch ganz klar", meinte die Jüngste sofort, „die denken, es gäbe ein Richtig und ein Falsch. Und das gibt es doch in der Kunst gar nicht."

Ein anderes Mal saßen wir um einen Tisch, auf dem eine Vase mit einer Blume stand. Es ging in diesem Fall um das Sehen. Ich fragte in die Runde, ob wir denn alle die gleiche Vase sähen. „Nein", kam es direkt aus allen Mündern. Und dann folgte eine lebhafte Diskussion darüber, dass Sehen „im

Kopf" entstände und mit unseren gemachten Erfahrungen zu tun hätte. „Wenn zum Beispiel dort eine Kerze stände und ich hätte mich schon mal verbrannt, dann sehe ich die Kerze anders als wenn ich ..." Diese zwei Beispiele bringe ich hier an, da Kindern in einem bestimmten Alter der unmittelbare Kontakt zu direktem Ausdruck und Wahrnehmen noch nicht verloren gegangen ist. Das ändert sich mit dem Erwachsenwerden. Konditionierungen, festgefahrene Gedankenwelten und Identifikationen haben ihren Siegeszug angetreten und der direkte Bezug zum einfachen Wahrnehmen und Ausdruck fällt schwer. Sehgewohnheiten haben sich fest eingerichtet. All dies spielt eine wesentliche Rolle bei der Sicht auf ein Bild und der Frage, ob es fertig ist. Wie in diesem Kapitel zu Anfang beschrieben, kreiert dies alles einen sogenannten Vorhang vor unsere Intuition, obwohl genau aus diesem Raum heraus künstlerisch kreatives Arbeiten passiert.

Es gibt eine einfache Hilfe, Sehgewohnheiten bei der Betrachtung eines Bildes auszuschalten: Sie drehen es auf den Kopf oder schauen es sich im Spiegel – also spiegelverkehrt – an. Sie nutzen somit die Trägheit des Auges, denn so schnell sind Ihre Gehirnfunktionen nicht neu auf die neue Ansicht des Bildes eingerichtet. Schwachstellen in der Komposition oder in der Farbzusammenstellung fallen somit wesentlich leichter auf. Zumindest können Sie zügig diese Stelle bestimmen. Der nächste Schritt ist meist der, dass Sie – noch ungeübt – zwar erkennen können, ob ein Kontrast oder eine Farbe intensiviert werden sollte, doch es besteht große Unsicherheit über das Wie. Hier können Ihnen vielleicht Tipps zu folgenden Aspekten gut weiterhelfen: Das Kompositorische Dreieck, die Bildaufteilung, der Kontrast und die Farbschnipsel.

Das Kompositorische Dreieck

Sie können sich sicher sein, dass ein gestalterisch entscheidendes Element in Ihrem Bild nicht einmal, sondern dreimal vorkommt! Aus der Intuition heraus entwickeln Sie ein gekonntes, harmonisches und interessantes Spannungsverhältnis. Es kommt in einem nichtgleichschenkeligen Dreieck vor. Ich bin keine Psychologin und auch keine Kunsttheoretikerin, die Ihnen nun wissenschaftliche Beweise anführen könnte. Ich bin Praktikerin – sprich Künstlerin – und besitze eine über zwanzigjährige Erfahrung im Unterrichten. Und aus diesem Schatz teile ich Ihnen meine persönlichen Erfahrungen mit. Versuchen Sie selbst, diese anzuwenden und machen Sie Ihre eigenen Erfahrungen. Bislang hatte jeder meiner Studenten und auch ich selbst damit vollen Erfolg.

Ist Ihnen dieses Spannungsverhältnis nicht vollständig geglückt, so ist in Ihnen ein klares Gefühl von: Irgendetwas stimmt noch nicht. Sie kneifen dann die Augen zusammen, stellen Ihren Blick auf Unscharf und suchen das für die Bildkomposition entscheidende Element. Sie haben im Hinterkopf, dass es als Dreieck in Ihrem Bild in Erscheinung treten wird. Jeder Eckpunkt des Dreiecks ist unterschiedlich gewichtet und variiert zwischen stark (ST), mittelstark (MS) und schwach (SW). Nie würde ST und MS in einer Bildhälfte vereint sein und stünden SW als zu schwaches Element gegenüber. Das Spannungsverhältnis, das wir Menschen als harmonisch empfinden, ist stets so geordnet, dass ein klares, kontrastierendes Gestaltungselement ein Gegengewicht bildet: Also MS und SW haben in der anderen Bildhälfte ST gegenüber.

Die Bildaufteilung

Ähnlich verhält es sich mit der gemittelten Bildaufteilung. Auch wenn in der Vorstellungswelt eine Bildaufteilung – zum Beispiel eine Horizontlinie – exakt in der Mitte eine Harmonie verspricht, zeigt die Realität im Bild, dass man diese Aufteilung als schwer und undynamisch empfindet. Die Bildaufteilung, die aus dem Bauch heraus entschieden wird, basiert häufig auf einer 5er- oder 8er-Aufteilung im Verhältnis 2/5 zu 3/5 und 3/8 zu 5/8. Das heißt, dass intuitiv ein ganz klares Spannungsverhältnis in uns angelegt ist.

Der Kontrast

Häufig besteht eine gewisse Ängstlichkeit, dunkle Tiefen oder Konturen zu setzen. In vielen

Malenden herrscht die Vorstellung, dass damit etwas nicht mehr rückgängig zu machen wäre. Fehlen allerdings Kontraste im Bild, steht jeder Akteur wieder vor seinem Bild mit dem Gefühl: Irgendetwas stimmt noch nicht. Das Spiegelbild des Bildes zeigt auch diese Schwäche deutlich auf. Doch hier, im Zusammenhang mit dem Setzen der Kontraste von Licht und Schatten, werden die meisten Kompromisse bei meinen Studenten gemacht: „Ach, es ist ja auch so schon ganz schön. Nachher ist es zu viel, was ich da mache."

Die Farbschnipsel

Der eine Part ist das Erkennen der Schwachpunkte in der Bildkomposition. Der andere Part ist nun die praktische Lösung: Wie viel mehr von dem Gelb nehmen, wie viel mehr kontrastierendes Schwarz, wie lang muss die Linie nun werden und anderes…

Hier rate ich zu Folgendem: Bitte überlassen Sie sich zunächst dem Malprozess und folgen dem, was in Ihnen ist. Es passiert das Richtige für Ihr Werk. Erst wenn Ihre Arbeit eine Reifung erreicht hat, betrachten Sie es unter den zuvor erwähnten Aspekten. Und haben Sie die Knackpunkte erkannt – auch mit Hilfe von anderen Gleichgesinnten – lassen Sie Ihren Bauch aufgrund optischer Hilfsmittel ganz praktisch entscheiden. Sie machen sich Farbschnipsel, halten diese entweder in Ihren Spiegel, sodass Sie das Farbfeld in Ihrem Bild optisch sehen oder Sie heften mit Hilfe von etwas Kleister auf der Rückseite des Schnipsels den Farbschnipsel in Ihre Arbeit.

Für all dieses Schauen nehmen Sie sich Zeit und was bei großen oder stark strukturierten Bildern wichtig ist: räumlicher Abstand. Wenn Sie zu denen gehören, die dazu neigen, eher zu schnell und zu viel einzugreifen, möchte ich Sie zu mehr Reibung ermuntern: Lassen Sie das Bild in Ruhe und stellen es erst einmal weg. Mit dem Abstand von Tagen könnte sich in Ihnen möglicherweise von innen her etwas entwickeln, was den Blick auf Ihr Werk verändert.

Und was nun, wenn „das Kind in den Brunnen gefallen" ist?

Was ist daran wirklich schlimm? Es ist Ihnen etwas nicht so gelungen, wie Sie es sich vorgestellt haben. Ist dieses Verlangen wirklich relevant in der Kunst? Ich sage: „Nein." Wenn es ein Verlangen gibt, dann das, man selbst zu sein und sich authentisch auszudrücken. Authentisch kann es für diesen Moment allerdings sein, dass Ihnen das künstlerische Werk nicht geglückt ist. Leben heißt Lernen. Kleine Kinder, die Laufen lernen, fallen zunächst wieder und wieder hin. Kein Kind käme auf die Idee darüber nachzudenken, dass es bereits das zehnte Mal hingefallen ist und nun nicht mehr aufstehen will. Es steht wieder auf und lernt mit der Zeit das Laufen.

Und so können wir auch das künstlerische Arbeiten begreifen: Als ein sich ständig bewegender, unberechenbarer und kreativer Ausdruck von Leben. Der Motor zu arbeiten ist ein innerer, ein natürlicher Ausdruck dessen, was sich in einem entfaltet hat, wie man Leben in sich verwoben hat und als bildliche Eindrücke sich selbst und anderen wieder erzählt. Kunst ist Sprache. Wenn „das Kind nun in den Brunnen gefallen" ist, so nehmen Sie – nach dem möglicherweise ersten Schreckmoment und der Enttäuschung – den sogenannten „Fehler" einfach als Neubeginn bzw. als die neue Ausgangssituation. Mehr ist es wirklich nicht. Loslassen ist hier wie im alltäglichen Leben das große Lernfeld und birgt letztlich eine ungeheure Freiheit wie Lebendigkeit in sich.

Einen Ausdruck zu finden, der in sich und für sich authentisch ist, ist das Ziel. Und dabei ist nicht das aufgebauschte ferne Ziel in der Zukunft, sondern das schlichte Dasein in dem Moment des Tuns gemeint. Der Weg ist das Ziel. Eine Teilnehmerin aus einer meiner Kunstdemonstrationen gab ihrer Wahrnehmung zum Abschluss Ausdruck: „So zu arbeiten ist ja reine Meditation, das tut schon gut, Ihnen zuzuschauen." Was diese Frau getan hat und weshalb sie sich so äußern konnte: Sie hatte sich einfach selbst in eine Meditation eingefunden, da sie sich vollständig auf das Schauen eingelassen hatte.

Dieser Ansatz des Buches über das Experimentieren mit Strukturflächen ist, wie Sie gespürt haben, neben Anleitung und Technik eben zugleich eine Einladung, sich selbst auszuprobieren und „geschehen zu lassen", was sich aus diesem großen Raum Ihres eigenen Potentials ausdrücken möchte. Wir haben als erwachsene Menschen häufig erneut zu lernen, unserer wahren Natur wieder zuzuhören und in ihr zu entspannen.

Das Beobachten und Verweilen in der Landschaft hat für mich immer schon diese zuvor erwähnte Brücke geschlagen: die Natur draußen – die Natur in mir. Und sie ist und war für mich die Inspiration all meines Arbeitens. Damit stehe ich nicht allein: Diese Faszination für Blumen, Vögel, Gerüche der Erde, Farben und Strukturen von Steinen, Flechten und Moosen, für die verschiedensten Fotoaufnahmen von Wasser oder Abbildungen aus unserem Universum finde ich bei meinen Studenten, Nachbarn, meinem Partner und Freunden überall wieder. Das Erblühen, das Wachsen, das Sterben, die Natürlichkeit der Abläufe, die Urkraft der Gewalten – es zieht alle in ihren Bann.

Zwei Zitate, von Eckhard Tolle und von dem italienischen, an Krebs erkrankten Journalisten Tiziano Terzani, die einfach in diesem Zusammenhang passen, möchte ich Ihnen zum Schluss mitgeben:

„Einem Menschen, der die Schönheit einer Blume sieht, werden dadurch vielleicht – sei es auch nur flüchtig – die Augen geöffnet für die Schönheit seines eigenen tiefsten Wesens, seiner eigenen wahren Natur." (Eckhard Tolle, S.12)

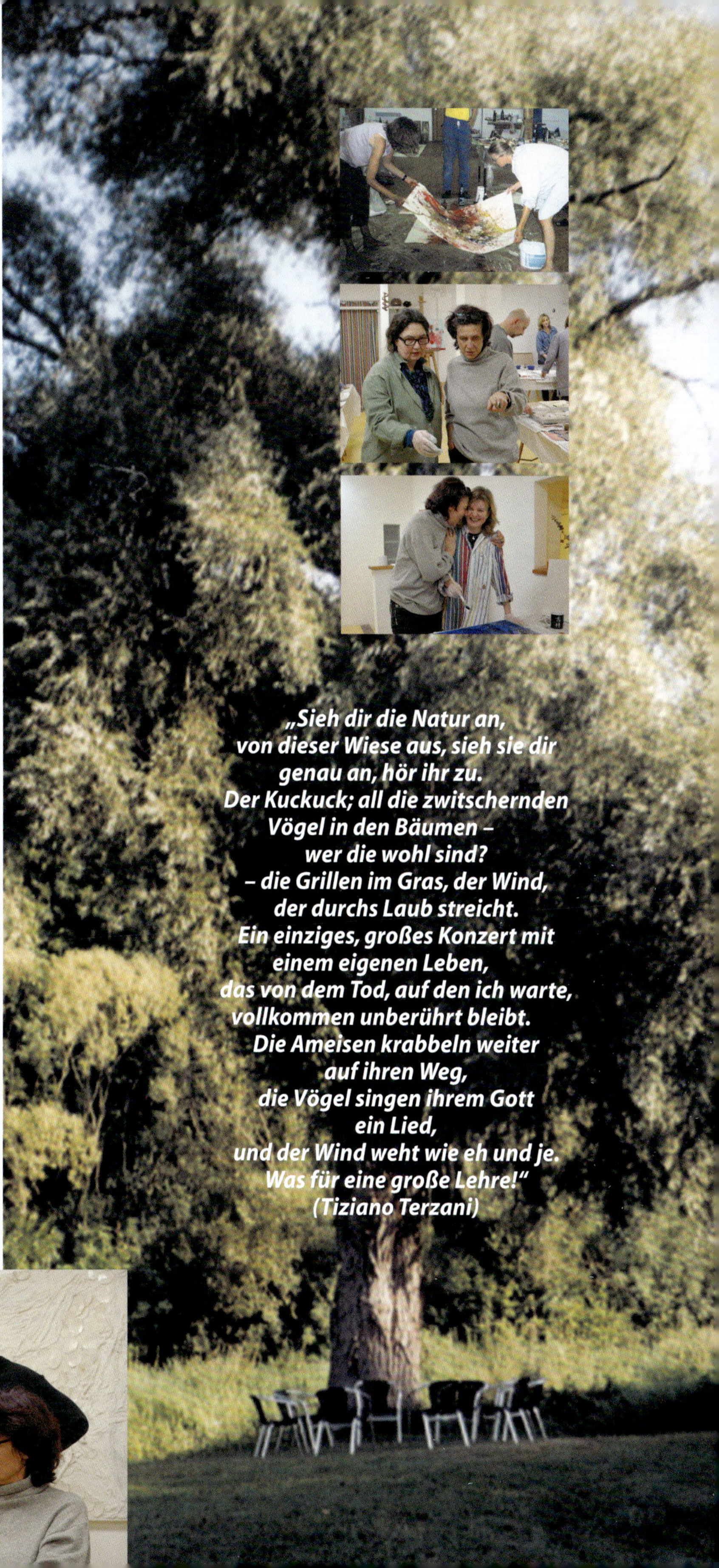

***„Sieh dir die Natur an,
von dieser Wiese aus, sieh sie dir
genau an, hör ihr zu.
Der Kuckuck; all die zwitschernden
Vögel in den Bäumen –
wer die wohl sind?
– die Grillen im Gras, der Wind,
der durchs Laub streicht.
Ein einziges, großes Konzert mit
einem eigenen Leben,
das von dem Tod, auf den ich warte,
vollkommen unberührt bleibt.
Die Ameisen krabbeln weiter
auf ihren Weg,
die Vögel singen ihrem Gott
ein Lied,
und der Wind weht wie eh und je.
Was für eine große Lehre!"
(Tiziano Terzani)***

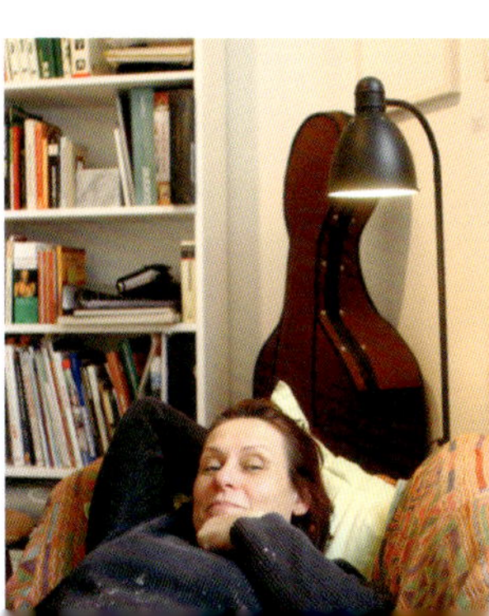

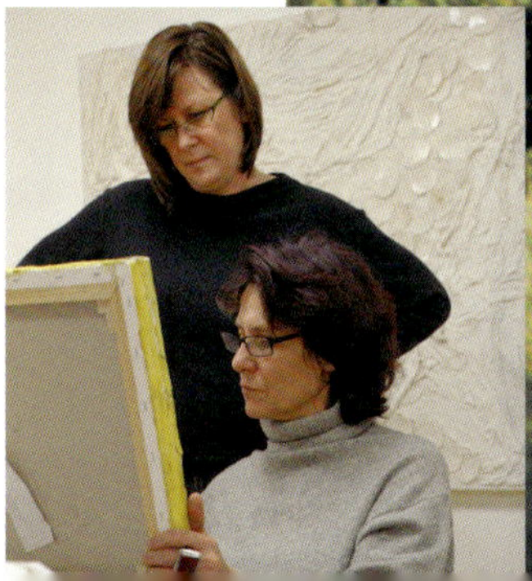

Literaturhinweise | Impressum

Kurt Wehlte:
Werkstoffe und Techniken der Malerei,
Ravensburger Buchverlag, 4. Auflage 1981.
Georg-W. Költzsch:
Willi Baumeister, in: Romain/Bluemler (Hg.):
Künstler, Edition der Verlage Weltkunst und
Bruckmann, München 1988, S. 3-11.
Joachim Büchner:
Emil Schumacher, in: Romain/Bluemler (Hg.):
Künstler, Edition der Verlage Weltkunst und
Bruckmann, München 1988, S. 2-15.
James Lord:
Alberto Giacometti, Knaur Verlag,
Bern und München 1987.
Keith Johnstone:
Improvisation und Theater, Alexander Verlag,
Berlin 1993.
Hélèn Grimaud:
Wolfssonate, München 2006.
Theo Fischer:
Wu wei, Die Lebenskunst des Tao,
Rowohlt Verlag, Hamburg 2003.
Manuel Schoch:
Das Tao des Glücks, AT Verlag, Baden und
München 2007.
Eckhart Tolle:
Eine neue Erde, Goldmann Arkana, München
2005.
Mathias Schreiber:
Tiziano Terzani: Das Ende ist mein Anfang,
Abdruck eines Auszugs seines Buchs in:
Der Spiegel, Nr.15, April 2007, S. 135-137.

Bibliografische Information der Deutschen Nationalbibliothek:
Die Deutsche Nationalbibliothek verzeichnet diese Publikation in der Deutschen Nationalbibliografie; detaillierte bibliografische Daten sind im Internet über http://dnb.d-nb.de abrufbar.

Spachteltechnik
Aufladung | Entladung
Eine Einladung in die Kunstwelten der
Gabriele Musebrink

Konzeption und Text: Gabriele Musebrink
Fotografien: Julia Briggs
Ergänzende Fotografien: Wolfgang Gröne,
Elke Latteck, Hans Steinke, Paul Walther,
Bettina Wolf, Diethelm Wulfert
Gestaltung und Layout: Bettina Wolf
Gesamtherstellung: LD Medienhaus, Ahaus
Printed in Germany
ISBN: 978-3-938193-58-7

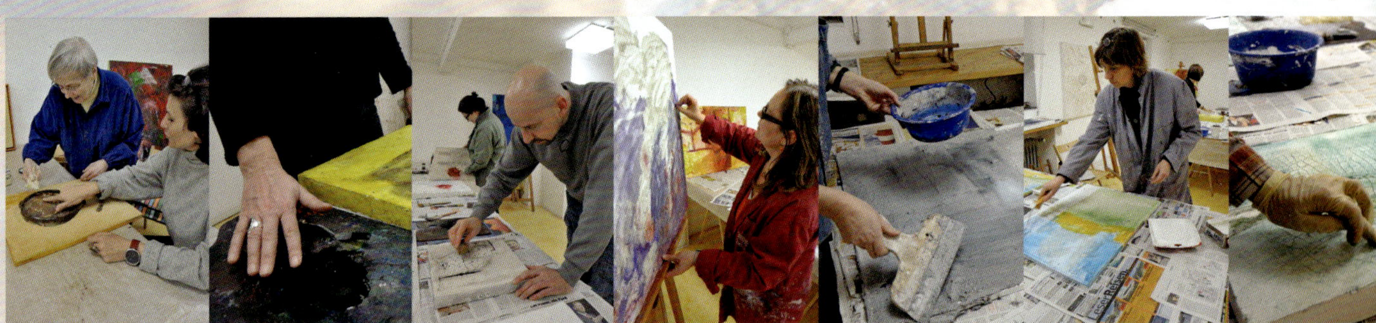